열심히 버는데 나는 왜 부자가 아닐까

첫 월급부터 은퇴까지
평생 돈이 마르지 않는
자산관리 습관

일러두기

―

본 도서는 저자의 집필 의도를 충실히 반영하기 위해,
통상적인 문법 규정과는 다른 띄어쓰기를 일부 적용하였습니다.

열심히 버는데 나는 왜 부자가 아닐까

첫 월급부터 은퇴까지
평생 돈이 마르지 않는
자산관리 습관

임재원 · 나기업 · 나현석 · 이누리 · 천하은 · 황태경

여의도
책방

추천사

자산관리란 삶의 구조를 계획하는 일
— 김광석(한국경제산업연구원 경제연구실장, 한양대학교 겸임교수)

자산관리는 단순한 계산이 아니다. 삶의 구조를 계획하는 일이다. 그것은 선택의 문제이며, 그 선택은 개인의 삶을 둘러싼 구조와 동기, 제약과 가능성 위에서 이루어진다. 이 책은 그 점을 정확히 꿰뚫는다. 단순히 금융 상품을 비교하거나 소비 습관을 조언하는 데 머물지 않는다. 오히려, 경제학의 기본 전제, 희소성과 기회비용, 시간 선호와 위험 회피를 실생활의 언어로 환원시켜, 독자가 자기 삶의 경제적 구조를 성찰하게 돕는다.

특히 흥미로운 것은, 이 책이 독자에게 '나를 아는 것'을 재정 계획의 출발점으로 제시한다는 점이다. 이것은 한 개인의 가치 체계와 삶의 궤적을 자산관리의 전제로 삼는다는 뜻이다. 경제학을 가르쳐 온 사람으로서, 나는 이 책이야말로 교과서에서 이론적으로 설명되는 소비자 선택이 현실에서 어떻게 구현되는지를 가장 설득력 있게 보여주는 사례라 말하고 싶다. 학문과 실천 사이의 틈을 메우고자 하는 모든 이에게 이 책을 권한다.

은퇴 이후를 준비하는 교육의 공백을 채우는 책

— 김병인(전라남도교육연수원장)

현직에 있을 때도, 그리고 연수를 담당하던 시기에도 나는 한 가지 공백을 자주 체감했다. 진로 교육이나 직업 교육은 다양하게 시도되었지만, 정작 삶 전체의 구조를 설계하는 '생애 금융 교육'은 거의 없었다. 특히 은퇴 이후를 대비하는 재정 교육은 교육 현장에서 거의 다뤄지지 않았다.

이 책은 그 공백을 정면으로 다룬다. 자산관리를 단순한 금융 지식의 축적이나 재테크로 보지 않고, 삶의 흐름 속에서 자기를 점검하고 우선순위를 조정하는 작업으로 이해한다. 특히 중년 이후 삶의 구조, 은퇴 시점 전후의 소비 패턴과 자산 배분, 저축과 연금의 관계 등을 구체적으로 설명한다. 이론보다 실제를 중심으로 구성되어 현실적이고 실용적이다.

교사로 살아온 사람으로서 나는 이 책이 교양서로서의 균형을 잘 갖추고 있다고 판단한다. 금융과 자산이라는 주제를 다루지만, 특정 상품이나 기법에 치우치지 않는다. 복잡한 금융 구조를 해설하는 대신, 삶의 방향성을 중심에 두고 필요한 정보만 선별적으로 정리해 준다. 자산관리가 단지 돈의 문제가 아니라 시간과 선택의 문제라는 점을 분명하게 보여준다.

공직 생활이나 교직에 종사하는 사람들에게 이 책은 특히 유용하다. 규칙적인 수입 구조에 익숙한 이들이 은퇴 이후의 불확실성과 마주했을 때 어디서부터 준비해야 하는지를 알려준다. 퇴직금을 어떻게 분배하고, 연금 외에 무엇을 준비해야 하며, 소비 구조는 어떻게 조정해야 하는지를 단계적으로 살펴볼 수 있다.

이 책은 재무적 개입 이전에 필요한 사전 점검서다. 그리고 그 점검은 늦지 않게 시작할수록 유리하다.

투자와 보장의 균형을 제시하는 현실적인 안내서

— 박진석(금융투자협회 변호사)

　금융업에 종사하며 다양한 계약 구조와 투자 상품을 검토해 왔다. 업무 특성상 투자자 보호나 리스크 관리와 관련된 법률 자문을 자주 하게 되는데, 그 과정에서 느끼는 공통된 인상은 하나다. 많은 이들이 자신의 위험을 과소평가하거나, 보장을 지나치게 단순하게 이해하고 있다는 점이다.

　이 책은 그런 오해를 바로잡는 데 유효하다. 자산관리를 투자와 보장의 이분법으로 나누지 않고, 삶의 전체적 안정성을 확보하는 수단으로서 통합적으로 접근한다. 특히 위험 감수 성향의 구분, 투자 가능 자산의 기준, 소득 공백에 대한 대응 방식 등이 실제적인 사례와 함께 제시되어 독자의 현실적 판단을 돕는다.

　보험과 투자라는 주제를 다루면서도 이 책은 어떤 특정한 상품이나 기법에 주목하지 않는다. 오히려 각 재무 수단이 개인의 생애 주기 안에서 어떤 역할을 하는지를 중심으로 설명한다. 예를 들어 실손보험의 구조적 한계와 자기부담금 확대 문제, 진단비나 수술비 담보의 필요성, 투자 포트폴리오 내에서 안전자산이 수행하는 기능 등은 간결하게 정리되어 있으면서도 설득력이 있다.

　법률 전문가의 시선에서 볼 때도 이 책은 구조적으로 탄탄하다. 불필요한 감성적 접근 없이, 정보를 필요한 만큼만 제공하며 독자의 판단을 전제로 구성되었다. 독자 스스로 자신의 상황을 점검하고, 어느 영역에서 어떤 선택을 해야 할지를 자연스럽게 유도하는 방식이다.

특히 일정 수준의 금융 지식을 이미 보유한 사람에게도 이 책은 유용하다. 기초적인 내용을 넘어서 보장과 투자의 접점, 생애 주기별 전략 구성, 위험 관리의 실질적 방식에 대해 균형 잡힌 시각을 제공하기 때문이다. 이 책은 재무 전문가가 아닌 일반 독자에게도 충분히 접근 가능하면서, 동시에 전문가에게도 다시 한번 자신의 관점을 정비할 기회를 준다.

실질적인 대안을 제시하는 책
— 정창욱(공인회계사)

재테크 입문서 중에서, 이 책처럼 구체적이고 실질적인 대안을 제시했던 책이 있을까? 이 책에서 제안하는 '가계용 현금흐름표' 작성은 자산관리를 시작하는 데 좋은 지침이 될 것이다. 자산관리의 4가지 스텝, 위험 관리 방안, 노후를 대비하는 자산관리 시스템도 어렴풋이 안다고 생각하는 내용을 직관적이고 구체적으로 설명하여 이제 막 자산관리를 시작하는 사람에게 추천한다.

프롤로그

불확실한 시대,
흔들리지 않는 삶을 위해

"젊을 때는 인생에서 돈이 가장 중요한 줄 알았는데, 나이가 들고 보니 그것이 사실이었음을 알겠다." - 오스카 와일드

"돈이 없다는 것은 모든 악의 뿌리다." - 버나드 쇼

"돈이 인생에서 가장 중요한 건 아니지만, '꼭 필요하다'는 기준으로 보면 산소 다음쯤 된다." - 지그 지글러

우리는 종종 돈이 전부가 아니라고 말한다. 완전히 틀린 말은 아니겠지만, 돈이 없으면 삶의 선택지 자체가 급격히 줄어드는 것도 사실이다. 아플 때 필요한 치료를 받고, 내 건강과 수명을 깎아먹

는 일을 그만두고, 부모에게 손 벌리지 않고, 배우자나 자녀를 위해 재정적으로 책임지고, 퇴직 후 빈곤하지 않게 살아가는 것은 자산이라는 배경 위에서만 실현될 수 있다. 돈은 삶의 목적이 될 수는 없지만, 삶을 움직이는 가장 강력한 수단임을 부정할 수 없다.

돈이 제대로 관리되지 않을 때 일어나는 일들은 결코 단순한 재무적 문제에 그치지 않는다. 통장의 잔고가 바닥을 드러내고, 감당하지 못할 대출이자에 휘둘리는 상황에서는 삶의 존엄성을 지켜내기 어렵다. 아직 젊거나 당장 수입이 많다면 본인과 상관없는 이야기처럼 느껴질 수 있겠지만, 의외로 그러한 위협으로부터 완전히 자유로운 사람은 그리 많지 않다. 젊었을 때 고연봉을 받던 사람이 아무런 준비 없이 퇴직을 맞이했다가 한순간에 '오늘 하루를 버텨내는 데 급급한' 국면으로 돌입하는 경우는 매우 흔하다.

자산관리는 단지 재산을 증식시키는 기술이 아니다. 자산관리의 가장 기본적이고 본질적인 목적은 (엄청난 부를 일구는 것이 아니라) 예기치 못한 위기에 맞닥뜨려도 쉽게 무너지지 않는 삶의 구조를 만드는 것이다. 불의의 사고, 갑작스러운 소득 단절, 퇴직, 부모의 병환, 자녀 교육비처럼 삶에 불쑥 찾아오는 변수들을 감당할 수 있는 힘은 우연히 생기지 않는다. 오직 치밀하게 설계된 자산구조만이 그런 힘을 갖게 해준다. 그럼에도 많은 이들이 단지 어디서부터 시작해야 할지 몰라 주저한다. 투자, 저축, 보험, 대출, 연금, 세금은 각기 다른 언어처럼 느껴지고, 그 복잡함 앞에서 사람들은 자주 방향을 잃는다. 원칙과 방향이 없다 보니 주변의 방식을 무비판적으로 따르기 쉽고, 자신과 맞지 않는 선택을 반복한다. 그래서는 여유를 찾기 어렵고, 미래는 지금과 같을 수밖에 없다.

자산관리란 '선택의 여지'를 확보하는 일이다. 삶의 주도권을 스스로 되찾고, 존엄을 지킬 수 있는 힘을 기르는 과정이다. 같은 월급을 받아도 누군가는 여유를 유지하고, 누군가는 늘 조급한 이유는 소득의 많고 적음 때문이 아니라, 구조와 태도의 차이 때문이다. 소득보다 지출, 소비보다 설계, 금액보다 방식이 자산관리의 성패를 가른다.

이 책은 그 구조를 만들기 위한 안내서다. 단순히 돈을 모으는 법을 알려주는 데 그치지 않고, 돈을 통해 어떤 삶을 설계하고 싶은지 스스로 고민할 수 있도록 이끈다. 각 장은 자산관리의 핵심 개념을 일상 속 실천과 연결시키며, 금융 투자와 내 집 마련, 은퇴 준비, 보험 설계 같은 실질적인 주제들을 다룬다. 그리고 후반부에서는 실제 사람들의 사례를 통해, 자산관리가 삶의 현장에서 어떻게 작동하고 어떤 변화를 이끄는지를 생생하게 보여줄 것이다.

다 읽고 나면 당신은 더 이상 막연한 불안 속에 머무르지 않을 것이다. 자신만의 구조를 가진 사람으로, 삶을 설계하고 주도하는 이로 변화하기 위해 노력하는 사람이 되어 있을 것이다.

망하지 않기 위해, 그리고 살아남기 위해, 1장부터 단숨에 읽어 나가자.

차례

추천사 ········ 004

프롤로그 **불확실한 시대, 흔들리지 않는 삶을 위해** ········ 008

제1부 30세부터 시작하는 60년 자산관리 로드맵

1 자산만이 내 인생을 지킨다 ········ 015
2 나는 어떻게 벌고 쓰는 사람인가 ········ 019
3 지키고 모으고 불려라 ········ 035
4 투자하는 사람 vs. 투기하는 사람 ········ 044

제2부 돈나무를 키우는 자산관리의 4가지 축

5 저축: 스스로를 믿어서는 안 된다 ········ 063
6 금융투자: ETF부터 가상화폐까지, 스노우볼링의 기초 ········ 083

7 내 집 마련: 저점 매수 타이밍은 언제인가 ……… 202
  8 은퇴 준비: 월급 없는 360개월 어떻게 살까 ……… 220

제3부 사고, 위기, 위험을 대비하는 보험관리의 기술

  9 나와 내 자산을 지켜주는 보험 ……… 245
 10 실손, 특약, 진단비 현명하게 챙기는 법 ……… 254
 11 일상 속 위험과 사고 대비하기 ……… 274

제4부 돈 걱정 없는 노후를 위한 자산관리 시스템

 12 얼마나 버느냐보다 어떻게 쓰느냐가 중요하다 ……… 289
 13 목적과 규모에 따른 중장기, 전환기 재무설계 가이드 ……… 311

에필로그 진정한 시작은 실천과 소유다 ……… 332

◆ 제1부 ◆

30세부터 시작하는 60년 자산관리 로드맵

1

자산만이
내 인생을 지킨다

결혼, 출산, 내 집 마련. 한때 인생의 자연스러운 순서처럼 여겨지던 일들이 이제는 닿을 수 없는 이상처럼 느껴진다. 수도권 집값은 기대를 훌쩍 넘어섰고, 물가는 눈에 띄게 오르며, 금리는 예측을 비웃듯 출렁인다. 과거에는 '성실히 일하고 모으면 이룰 수 있다'고 믿었던 삶의 풍경이 이제는 가장 도달하기 어려운 목표로 보인다. 청년들은 '영끌'과 '빚투' 사이에서 갈피를 잡지 못하고, 중장년층은 퇴직 이후를 둘러싼 불확실성과 마주한 채 하루하루를 살아간다. 고정된 월급만으로는 미래를 설계하기 어렵고, 단순한 저축만으로는 현상 유지조차 버거운 시대다. 돈의 흐름, 자산의 가치, 노동의 안정성, 노후 안전망 등 삶의 토대를 이루던 요소들이 하나씩 흔들린다.

구체적인 단면들을 하나씩 들여다보자. 첫째로 돈의 가치가 점점 사라져 간다. 2024년 한국의 소비자물가상승률은 약 2.3%였고, 같은 해 정기예금의 평균 금리는 약 3.2%였다. 언뜻 보기에 물가보다 높은 금리처럼 보일지 모르나, 여기에 세금과 생활비 인상 등까지 감안한다면 실질금리는 0%에 가깝다. 은행에 돈을 맡겨두는 것만으로는 자산의 실질 가치를 지키기 어렵다는 이야기다.

둘째로, 부동산 가격이 정부의 규제 정책으로 인해 상상 그 이상으로 상승했다. 2024년 서울 아파트의 평균 가격은 불과 4년 전인 2020년에 비해 40% 이상 뛰었다. 연봉 5,000만 원을 버는 직장인이 서울에 집을 마련하려면, 대출을 감안하더라도 25년 치의 소득을 꼬박 모아야 한다.

셋째로, 일자리의 불안정성이 날로 커져간다. '평생직장'이라는 말은 이미 사어(死語)가 된 지 오래다. 대기업에 다니는 직장인조차 마흔 중반을 넘기면 명예퇴직을 걱정해야 하고, 중소기업의 고용 안정성은 더더욱 위태롭다. 최근에는 단기 계약, 프리랜서 같은 불안정 고용 형태가 점차 늘어나, '긱 이코노미'라는 새로운 노동시장이 형성되었다. 게다가 생성형 AI와 로봇 자동화 기술의 발전은 사람의 일자리를 빠르게 대체해 간다. 단순 반복 작업은 물론이고, 창의성과 분석력을 요하는 일조차 기계가 수행할 수 있는 시대가 닥쳐왔다. 언제까지 일할 수 있을지 모르는 세상에서, 길고도 안정적인 인생 계획은 필수다.

넷째로, 국가의 연금 시스템이 한계에 도달한 듯하다. 국민연금의 고갈 시점은 2055년으로 예측되며, 지금의 30~40대가 받게 될 연금은 현재보다 크게 줄어든다. 퇴직연금이라고 해서 상황이 낫지도 않다. 고용노동부에 따르면, 2024년 기준 퇴직연금을 연금 형태로 수령한 계좌의 평균 적립금은 약 1억 3,976만 원에 불과하다. 게다가 이마저도 퇴직 시 일시금으로 인출해 전세 자금이나 생활비로 사용하는 경우가 많다. 국가나 회사에만 의지해서는 안정된 노후를 보장받기 어려운 시기가 도래한 것이다.

이제 각 개인은 '내가 가진 자원을 어떻게 지키고, 늘리고, 지속 가능하게 운용할 것인가'라는 과제를 짊어지고 살아야 한다. 자산관리는 바로 그 질문에 대한 실질적인 해답이다.

자산관리란 무엇인가

자산관리란 돈을 효율적으로 운용해 재산을 늘리는 행위 일체를 뜻한다. 대개 저축·투자 상품을 고르고 금융상품을 운용하는 것부터 생각하지만, 사실 자산을 불리기 위한 실천적 노력은 모두 자산관리에 속한다. 현금흐름표를 기록해 수입과 지출을 명확히 파악하는 것, 불필요한 소비를 줄이고 저축과 투자 간의 균형을 꾀하는 것, 위험자산과 안전자산의 비율을 조정하는 것 등 생활 전반의 경제적 습관을 개선하고자 하는 모든 시도가 곧 자산관리다. 일상에서는 '재테크'라는 말로 표현된다.

재테크는 '재무 테크놀로지(Financial Technology, 財務テクノロジー)'의 줄임말이다. 국립국어원 표준국어대사전은 재무 테크놀로지를 '기업이 자금의 조달이나 운용에 고도의 테크닉을 사용하여 금융 거래에 의한 이득을 꾀하는 일'이라고 정의하면서, '일본 대기업들이 경영 여건의 변화로 정상적인 경영으로는 흑자 유지가 어렵게 되자 기업 성장의 새로운 돌파구를 마련하기 위하여 개발한 방법이다'라고 부연한다. 하지만 줄임말인 '재테크'는 기업 운영의 돌파구라는 의미보다는 일반 가계의 자산관리라는 의미로 사용된다.

집 한 채를 갖기 위해, 은퇴 후 수십 년의 삶을 유지하기 위해, 아이 한 명을 키우기 위해 필요한 비용은 상상 이상으로 높아졌지만, 그에 비해 개인이 감당할 수 있는 소득의 성장 곡선은 지극히 완만하다. 이런 상황에서 자산관리는 단순한 수익 추구를 넘어 '무너지지 않는 삶의 구조'를 스스로 설계하고 지켜내는 행위로서 의미를 갖는다. 예기치 못한 지출에 흔들리지 않는 현금흐름, 감당할 수 있는 수준의 부채 관리, 장기적 목표를 향한 자산의 배분과 점검. 이 모든 것이 자산관리의 영역이다. '잘 사는 법'이 아니라, '버텨내는 법' 또는 '망하지 않는 법'인 것이다.

2

나는 어떻게 벌고 쓰는 사람인가

 존엄한 삶을 지키기 위한 여정은 복잡한 금융상품이나 고급 투자 기법으로 시작되지 않는다. 자산관리의 첫걸음은 뜻밖에도 단순한데, 바로 '나를 아는 것'이다. 다시 말해 지금 내가 얼마를 벌고, 얼마를 쓰며, 얼마를 가지고 있는지 정확히 파악하는 것이다. 이 간단한 점검이 모든 계획의 시발점이자 본질이다.

 가장 기본적인 작업은 '현금흐름표'를 작성하는 것이다. 현금흐름표란 일정 기간 동안 들어온 수입과 나간 지출을 항목별로 체계적으로 정리한 문서로, 돈이 어떻게 들어와 어떻게 나가는지를 한눈에 보여준다. 자신의 재정 상태를 객관적으로 마주하고, 불필요한 지출이나 누수되는 항목을 정확히 짚어낼 수 있게 해주는 도구가 바로 현금흐름표다.

본래 현금흐름표(Cash Flow Statement)란 기업의 재무제표 중 하나로, 일정 기간 동안의 현금 및 현금성자산의 유입·유출을 영업, 투자, 재무라는 세 가지 영역으로 구분해 기록한 문서를 말한다(수익이 아닌 '현금'의 움직임을 중심으로 경영의 건전성을 진단하는 데 활용된다). 그러나 이 책에서는 보다 생활에 가까운 관점에서 이 개념을 사용한다. 여기서 말하는 '현금흐름표'는 회계 전문 용어라기보다는 가계부에 가까운 개념임을 밝혀둔다.

현금흐름표 작성은 단순한 정리가 아니라 자신의 재무 현실을 있는 그대로 마주하는 과정이다. 많은 이들이 자신의 월수입은 비교적 명확히 알지만, 지출 항목과 규모에 대해서는 놀랄 만큼 막연하다. 그래서 현금흐름표를 직접 써보면 예상보다 많은 지출이 있다는 사실에 놀라게 된다. 입문자에게는 자못 불편하고 당황스럽겠지만, 돈이 어떻게 들어오고 어디로 나가고 있는가에 대한 정확한 인식 없이는 계획을 세울 수 없으며, 세우더라도 무의미하다. 많은 이들이 이 중요한 단계를 건너뛴 채 곧장 수익률 높은 투자처나 유명 유튜버 등의 조언을 좇는데, 이는 나침반 없이 조각배에 올라 망망대해로 떠나는 것과 같다. 처음에는 설렘과 용기가 있지만 머잖아 조류에 휩쓸려 방향을 잃고, 물과 식량이 바닥나며, 파도에 배가 뒤집히게 된다. 스스로의 현금흐름을 모른 채 투자와 대출 사이를 오가는 삶은 항해가 아니라 조난이 예정된 표류에 불과하다.

현금흐름표 작성하기

현금흐름표 작성에 절대적 기준은 없다. 여기서 제안하는 양식은 아래와 같다.

수입			지출		
구분	세부 항목	금액	구분	세부 항목	금액
고정 수입	본인 근로소득		저축성 지출	정기적금	
	배우자 근로소득			주택청약	
	사업소득			저축성보험	
	이자/배당소득			적립식 펀드	
	임대소득			개인연금	
	이전소득			대출 상환액(원금)	
	기타			비상금통장 입금	
	고정수입 계	0		저축성 지출 계	0
비정기 수입	본인 상여		비저축성 지출 (고정)	대출 상환액(이자)	
	배우자 상여			임대료(월세)	
	부수입			관리비	
				공과금	
				세금	

				보장성보험	
비정기 수입			비저축성 지출 (고정)	휴대폰/통신	
				가전제품 렌탈	
				교육비	
				고정지출 계	0
			비저축성 지출 (변동)	생활비	
				교통비	
				자기계발	
				꾸밈비	
				남편 용돈	
				아내 용돈	
	비정기수입 계	0		변동지출 계	0
총수입		0	총지출		0

◈◈◈ 표의 좌측에는 실제로 통장에 입금되는 수입을, 우측에는 각종 지출항목을 상세히 기록하면 된다. 미혼인 경우 개인을 기준으로 작성하면 되지만, 기혼자는 부부 양측의 모든 수입과 지출을 합산해 기록하는 것이 경제공동체로서 재무 목표에 더 빠르게 도달하는 데 도움이 된다.

1. 수입

'고정수입'란에는 직업 소득(근로소득과 사업소득)을 비롯해 정기적으로 들어오는 수입을 기재한다. 이때 근로소득은 세후 금액으로, 사업소득은 세전 금액으로 기재해야 한다. 근로소득은 세금이 이미 공제된 상태로 입금되지만, 사업소득은 매출이 먼저 들어오고 세금을 나중에 납부하는 구조이기 때문이다.

보유한 주택을 임대해 얻는 임대료는 원칙적으로는 임대소득란에 기재하지만, 임대 사업자로 등록해 임대료를 받는 경우 사업소득으로 분류해 적어야 한다.

현금흐름표는 일반적으로 한 달 단위로 수입과 지출을 점검해 작성하는 것이 바람직하지만, 사업자나 격월로 급여가 변동하는 직장인은 평균값을 기준으로 직업 소득을 작성하는 편이 좋다. 예를 들어 승무원의 경우 홀수 달과 짝수 달의 급여가 크게 다르므로, 두 달 급여의 평균을 기준으로 수입란을 작성한다. 계절적 요인이 큰 사업자라면 보수적인 관점에서 최저수입을 기준으로 삼아 작성해야 한다. 예를 들어 성수기 수입이 500만 원이고 비수기 수입이 200만 원이라면, 200만 원을 기준으로 삼아야 한다.

정부나 기관으로부터 지급받는 소득, 예를 들어 국민연금, 기초노령연금, 장애인수당, 부모급여, 아동수당 등은 '이전소득'란에 기재한다. 가족이나 친지로부터 정기적으로 받는 양육비나 용돈도 마찬가지다.

'비정기수입'란에는 매달 일정하게 발생하지 않는 불규칙한 수입을 기재한다. 보너스, 연말 정산 환급금, 부업 수입, 명절이나 생일에 받는 용돈 등이 이에 해당한다.

2. 지출

지출은 용처에 따라 저축성 지출과 비저축성 지출로, 사용 패턴에 따라 고정지출과 변동지출로, 목적에 따라 소비지출과 비소비지출로 나뉜다. 앞서 제시한 현금흐름표는 '지출'을 우선 저축성 지출과 비저축성 지출로 나누고, 비저축성 지출을 다시 고정지출과 변동지출로 분류해 구분한 것이다.

:: 1) 저축성 지출

'저축성 지출'란에는 저축과 투자에 투입한 금액을 기입한다. 정확한 기재를 위해서는 우선 저축성 지출과 비저축성 지출을 명확히 구분해야 한다. 금융교육이나 재무상담을 하다 보면 본인은 저축이나 투자를 많이 한다고 자신 있게 말하는 사람들이 많다. 그리고 그중 상당수는 실제로 뭔가 열심히 모으는 것처럼 보인다. 그러나 그 속을 들여다보면 저축성 지출은 0원에 수렴하는 경우가 적지 않다.

저축(貯蓄)의 사전적 의미는 '절약하여 모아둠'이다. 그러나 자산관리와 재무설계에서 본질적으로 **중요한 것은 절약의 목적**(Purpose)이다. '저축 및 투자' 항목에 기입하려면 부동산이나 주식 등 자산으로 전환할 수 있는 목적 자금을 마련하거나, 결혼·출산·육아·

내 집 마련·은퇴 등 인생의 재무 이벤트를 대비하기 위한 지출이어야 한다. 예를 들어 정기적금, 주택청약통장, 펀드 등에 쓰는 돈은 이 항목에 기재할 수 있다. 그러나 여행 적금, 계모임 적금, 소비 목적 적금 등에 들어가는 돈을 여기에 기재해서는 안 된다. 전자는 내 삶의 장기적 안전성을 위한 것이지만, 후자는 필연적인 소비를 단지 미래로 연기하는 것에 불과하기 때문이다. '적금'이라는 텍스트의 장난에 현혹되면 단순한 '소비의 연기'도 저축이나 투자로 착각하게 된다.

현금흐름표를 적절하게 작성하려면 '저축'의 개념 자체를 철저히 재무적 관점에서 정의하는 마음가짐이 필요하다. 지금껏 큰 틀에서 '미래를 위한 투자'나 '위험 발생 대비'를 위한 자금 투입을 모두 저축으로 취급해 왔다면 이제부터라도 그런 생각을 버려야 한다. 눈앞의 소비를 참거나 장래의 생활에 기여한다는 측면만 보고 '거기서 거기'라고 생각해서는 안 된다. 자산적 측면에서 절대 저축이 아닌 것들까지 저축으로 취급하다 보면, 종잣돈 마련이나 은퇴 대비 등 실질적 재무 행위가 전혀 없음에도 스스로 돈을 모으고 있다는 착각이나 자기 위안에 빠지기 쉽다. 흔히 착오하는 예를 몇 가지 들면 다음과 같다.

① 주택담보대출의 원금 상환액은 저축이고, 이자는 지출이다. 원금을 갚는 것은 은행으로부터 빌린 돈을 상환하면서 집을 '내 자산'으로 만드는 과정이지만, 이자를 내는 것은 돈을 빌린 대가로

은행에 지급하는 사용료이기 때문이다. 물론 '저축'을 '자산 확보를 위한 총체적 재무 행위'로 넓게 정의한다면 이자도 '내 집을 갖기 위한 불가피한 비용'이라는 점에서 포괄적으로 저축의 일환(또는 저축을 위한 비용)이라고 할 수는 있겠으나, 엄밀한 회계기준이나 재무설계 이론상 이자는 저축성 지출에 속하지 않는다.

② **보험료**의 경우 목돈 마련이나 연금 수령 등 목적의 보험상품에 투입하는 것은 저축성 지출이다. 반면, 만기 환급금이 없는 보장성 보험상품(특히 질병·상해 보장을 위한 보험, 화재·자동차보험 등)의 보험료는 비저축성 지출이다.

국민건강보험, 국민연금 등 4대보험의 보험료와 세금 역시 비저축성 지출이다. 국민연금 등 공적연금은 법에 따라 의무적으로 납부한 보험료를 국가가 사회 보장 목적으로 운용하고, 추후 연금 수령 시점에 일정한 금액을 지급받는 구조인데, 이 과정은 저축처럼 개인이 직접 자산을 형성하는 행위라기보다는 국가와의 '사회적 계약'에 가깝다. 그리고 반드시 낸 만큼 받는 구조라고 보기도 어렵다. 따라서 국민연금보험료는 '지출'로 분류하고, 나중에 받는 연금은 사회 보장 혜택으로 개인 자산과는 별도로 취급한다.

③ **퇴직연금**(DC/DB)은 납입자가 기업이므로 저축에 포함되지 않는다. 단, 개인형퇴직연금(IRP)에 납입하는 돈은 당연히 저축으로 분류된다. 이에 관해서는 뒤에서 다시 설명할 것이다.

가령 주택담보대출 실행 후 이자만 내는 기간 동안 국민연금 기여금이나 보장성보험료 등만 지출했고 따로 예·적금 등 납입액이 없다면, '미래를 위한 투자'로는 상당한 출혈을 감수했을지 몰라도, '저축'은 안 한 것이다.

:: 2) 비저축성 지출

'고정지출'은 매달 반복적으로 거의 변동 없이 지출하는 항목이다. 일상생활을 유지하는 데 필수적인 비용이라 할 수 있다. 숨만 쉬고 살아도 빠져나가는 돈으로, 개인의 의지로 쉽게 줄이거나 없애기 어려운 성격을 지닌다. 월세, 관리비, 보장성보험료, 통신비, 교육비, 주택담보대출의 이자 등이 여기에 해당하며, 금액의 예측이 용이하다는 점이 특징이다.

'변동지출'은 월마다 지출 규모나 빈도가 달라질 수 있는 항목들로, 비교적 개인의 선택과 통제 가능성이 큰 편이다. 식비, 교통비, 의류비, 미용비 등이 여기에 포함된다. 다만 이 구분은 절대적인 것이 아니라 개인의 생활 방식과 상황에 따라 달라질 수 있다. 예컨대 직업상 매달 정기적으로 헤어 스타일링이나 메이크업을 받는 사람이라면 꾸밈비 역시 고정지출로 분류해야 할 것이다.

고정지출과 변동지출의 구분은 비저축성 지출에 국한된 분류는 아니다. 변동지출인지 고정지출인지는 단지 사용 패턴에 따른 것에 불과하므로, 저축성 지출에서도 이 분류가 사용될 수 있다. 이에 따르면 예를 들어 적금이나 연금저축 투자는 고정지출이고, 수시 입금형 저축이나 일시적 주식 매수는 변동지출이 된다. 다만 저축성 지출에서 다시 고정지출과 변동지출을 나눌 실익은 적다고 본다.

변동지출	고정지출
교통비 식비 문화생활비 의류 및 잡화 병원비, 약값 경조사비	자녀 학원비 가전제품 렌탈비 휴대폰/통신비 보장성보험료 세금, 공과금 관리비, 임대료(월세) 대출 상환액(이자) 개인 용돈

현금흐름표 작성 방법은 사람마다 달라서, 고정지출과 변동지출로 우선 나눈 다음 거기서 다시 소비성 지출과 비소비성 지출을 구분하기도 하고, 소비지출과 비소비지출로 우선 나누어 비소비지출 항목에 저축·투자를 포함시켜 작성하기도 한다. 위 표에서 제시한 방법은 어디까지나 예시이고, 나중에 본인에게 더 적합한 항목 분류를 만들어 사용할 수도 있다.

현금흐름표 분석하기

현금흐름표를 작성하기만 하면 의미가 없다. 많은 사람들이 가계부를 열심히 쓰지만 재무 상황이 개선되지 않는 것은 분석과 평가의 시간이 없기 때문이다. 작성한 현금흐름표를 바탕으로 나의 재무 건정성과 성장 가능성을 확인해야 다음 단계로 나아갈 수 있다. 입문 단계에서 반드시 확인해야 할 항목 몇 가지를 들면 다음과 같다.

1. 순현금흐름

순현금흐름이란 한 달 동안의 총 수입에서 총지출을 뺀 금액이다. 쉽게 말해 '이번 달에 실제로 손에 남는 돈'이라 할 수 있다. 예를 들어 월급 300만 원에 부수입 20만 원이 있었고, 저축 50만 원, 고정지출 80만 원, 생활비 100만 원을 사용했다면, 순현금흐름은 90만 원이다(총 수입 320만 원 - 총지출 230만 원=90만 원).

표면적으로는 순현금흐름이 플러스(+)인 상태가 좋다고 생각할 수 있지만 꼭 그렇지만은 않다. 목표나 계획 없이 단지 자금이 남는 구조라면, 자신의 수입과 지출이 유기적으로 설계되지 않았다는 의미이기 때문이다. 반대로 순현금흐름이 마이너스(-)인 경우에는 적자가 지속된다는 신호다. 신용카드나 대출 같은 부채, 혹은 계획되지 않은 비상금으로 가계를 운영하고 있을 가능성이 크다. 재무 건전성에 위협이 되는 상태인 것이다.

가장 이상적인 상태는 수입과 지출이 정확히 균형을 이루는 '제로(0)'의 순현금흐름이다. 만약 플러스(+)라면, 그 잉여 자금을 비상금 통장, 고금리 부채 상환, 저축·투자 등의 목적으로 재배분해 돈이 제 목적에 맞는 일을 하도록 해야 한다. 반면 마이너스(-)라면 즉시 지출 항목을 점검해야 한다. 일시적인 비정기 지출(명절, 경조사, 여행 등)로 인한 적자라면 비상 자금을 활용해 다음 달 재무 균형을 회복해야 한다.

적자가 반복되는 구조적 문제라면, 고정지출 중 과도한 항목을 조정하거나, 변동지출 중 통제 가능한 항목을 절제하는 노력이 필요하다. 도저히 지출을 조정할 수 없는 상태라면 부수입을 창출해 수입을 늘려서라도 순현금흐름이 0이 되도록 만들어야 한다.
많은 사람들이 수입에 비해 월세가 과도하거나 자녀 교육비로 지나치게 많은 돈을 쓴다. 월세가 과도하다면 출퇴근 시간이 늘어나는 것을 감수해서라도 조금 저렴한 곳으로 옮기기를 권한다. 그리고 자녀 학원비도 합리적인 수준으로 재조정하는 편이 좋다.

2. 저축률

'저축률'은 총 수입 중 얼마만큼이 저축 또는 투자로 전환되는지를 보여주는 비율로, 자산 증식 가능성을 판단하는 데 중요한 기준이 된다. 일반적으로 저축률이 30% 이상일 때 재무적으로 건실하다고 본다. 다만 미혼이거나 아직 자녀가 없는 기혼 가정은 자산 형성의 골든 타임에 있는 만큼, 50% 이상의 고저축률을 목표로 하는 것이 권장된다. 저축률이 지나치게 낮다면 수입이 아무리 늘어나도 자산은 기대만큼 증가하지 않으며, 그로 인해 장기적인 재무 목표 달성에도 차질이 생기게 된다.

저축성 지출 항목에 들어가는 금액은 많을수록 좋지만, 개인이나 가구마다 소득 수준과 환경이 다르므로 특정 금액을 기준으로 세울 수는 없다. 안정적인 경제 생활을 이어가기 위해서는 소득 대비 저축·투자 비율을 적절히 유지하면서도 필요한 지출을 감당할 수 있는 구조를 갖추는 것이 중요하다. 지출이 과도하면 미래를 위한 자산 축적이 어려워지겠지만, 반대로 지출을 지나치게 억제하면 삶의 질이 저하되기 때문이다. 때문에 저축·투자의 적정선은 특정 금액이 아니라 저축률, 즉 소득 대비 저축성 지출의 비율로 평가한다.

미혼이나 무자녀 기혼이라면 고정지출 비중이 상대적으로 낮기 때문에 생활비만 적절히 절약하면 저축·투자에 유리한 조건을 갖추게 된다. 특히 미혼인데 부모에게서 독립하지 않았다면 소득의 절반을 저축하는 것은 어렵지 않을 것이다.

이론상으로는 부모로부터의 주거 독립을 늦출수록 저축에 유리하다. 다만 장기적 관점에서 보자면, 이른 독립이 소득 수준과 저축 규모를 늘리는 데 도움이 될 수도 있다. 생활비 지출 구조가 명확해지면서 자신의 소비 패턴과 지출 습관을 직접 관리할 수 있게 되고, 스스로 주거비·공과금·식비 등 고정 비용을 부담함으로써 재정 계획 수립과 예산 관리를 체득하게 되기 때문이다. 더욱이 자립을 위해 부수입을 찾거나 추가 노동을 하는 등 소득을 다변화하려는 동기도 강해진다.

반면, 자녀가 있다면 교육비와 생활비가 급격히 증가하기 때문에 같은 기준을 적용할 수 없다. 이 경우 소득의 30% 이상을 저축하는 것이 적정하고, 40% 이상 저축하는 것을 이상적인 수준으로 평가한다.

| 적정 저축률 |

구분		저축률
미혼		50% 이상
기혼	무자녀	
	유자녀	30% 이상

3. 부채 상환 금액의 적정성

다음으로 매월 부채 상환 금액이 현재의 수입 구조에서 감당 가능한 수준인지 따지는 것이다. 이때 부채는 소비성 부채, 주거 관련 부채, 총부채 세 가지 항목으로 나눌 수 있다.

① 먼저 소비성 부채 상환 비율은 월 순수입 대비 소비성 부채 상환액이 차지하는 비중을 의미하며, 20% 이내가 적정하다. 신용카드 할부, 현금서비스 상환금, 자동차 할부금 등은 모두 여기에 포함된다. 이들 부채는 미래의 소득을 당겨서 쓰는 개념이며, 비중이 클수록 미래의 재정 부담은 가중된다.

② 다음으로 주거 관련 부채는 주택담보대출이나 전세 자금 대출처럼 주거 비용을 위해 발생한 부채다. 원리금 상환액은 총소득의 20~30% 이내, 이자상환액은 15% 이내에서 관리하는 것이 바람직하다. 이보다 더 많다면 다른 소비가 억제되고 삶의 질이 저하될 수 있다. 이자율이 더 낮은 대출로 갈아타거나, 주거 규모를 조정하는 것을 고려해 볼 시점이다.

③ 마지막으로 총부채상환비율(DTI)은 소비성 부채와 주거 관련 부채를 포함한 전체 부채의 월 상환액을 월 총소득으로 나눈 수치로, 35% 이내로 유지하는 것이 좋다. 이 비율이 높을수록 수입 대부분이 부채 상환에 사용된다는 뜻이다. 장기적 자산 축적에 제약이 되는 상태인 것이다.

4. 보장성보험

끝으로 보장성보험의 적정 비중을 살펴보아야 한다. 실손, 암, 상해보험 등 실제 위험을 보장해 주는 보험에 한해 총소득의

8~10% 정도가 적정한 보험료 수준이다. 연금보험이나 저축성보험은 계산에서 제외한다. 예를 들어 월 500만 원을 버는 가정이라면 보장성보험료는 월 40만 원에서 50만 원 사이가 적절하다. 보장성보험료가 총소득의 20%를 넘는다면 중복된 보장이나 불필요한 특약이 포함되어 있을 가능성이 크므로 반드시 점검이 필요하다.

3

지키고 모으고 불려라

◇◇◇◇◇◇◇◇

 이제 현금흐름표를 통해 스스로의 재무 상황을 진단할 수 있게 되었다. 많은 독자들은 아마도 순현금흐름이 0이 아니거나, 0이더라도 저축률이 지나치게 낮을 것이다. 저축률이 0%에 수렴하는 경우도 적지 않을 것이다. 본격적인 자산관리에 들어가기에 앞서 우선 이 문제부터 해결해야만 한다.

왜 모으지 못하는 걸까?

 저축률이 낮은 데는 크게 세 가지 이유가 있다. 첫째는 소득과 지출에 대한 명확한 계획 없이 무분별하게 소비한다는 것이고, 둘째는 늘 그럴듯한 이유를 내세워 스스로를 합리화한다는 것이며, 셋째는 적은 금액의 지출을 대수롭지 않게 생각한다는 것이다. 자산을 형성하지 못하는 근본 원인은 바로 자신에게 주어진 경제적 자율성에 대한 방임과 오용이다. 스스로 명확한 목적과 목표금액을 설정하고, 체계적 계획 안에서 지출을 관리하지 않고서는 자산을 증대할 수 없다.

혹자는 '버는 돈이 적어서' 저축률이 낮은 것이라고 반론하기도 한다. 물론 적게 벌면 적게 저축하고, 많이 벌면 많이 저축하는 것이 이치상으로는 당연하겠으나, 현실에서는 꼭 그렇지만은 않다. 사실 연봉이 상승한 만큼 저축률이 늘어나는 사례가 오히려 드물다.

연봉이 높아지면 대부분의 사람들은 저축액을 늘리기보다는 우선 소비 수준을 높이기 시작한다. 이른바 '품위 유지비'라는 이름의 지출이 슬그머니 늘어나는 것이다. 더 나은 자동차, 더 넓은 집, 상급지로 이동, 더 고급스러운 취미와 여가, 자녀교육비까지. 이 모든 것이 '연봉에 걸맞은 삶'이라는 이름으로 정당화된다. 게다가 SNS 속 세상은 모든 사람들이 풍요롭고 여유 있는 삶을 누리는 듯한 착시를 주며 그러한 소비를 더욱 부추긴다(그리고 만약 여러분이 높아진 소비 수준을 반영하는 사진을 SNS에 올린다면, 다른 사람들 역시 그걸 보고 소비를 늘릴 것이다). 그렇게 소비 수준이 높아지고 나면, 소득이 줄어도 다시 이전의 소비 수준으로 돌아가기 어렵다. 쾌락 적응으로 인한 톱니 효과 때문이다.

톱니 효과(Ratchet Effect)는 미국의 경제학자인 듀센베리가 자신의 박사학위논문에서 처음으로 언급한 경제학 용어로, 어떤 상태에 도달하고 나면 다시 원상태로 되돌리기 어렵다는 특성을 가리키는 말이다. 주로 한 번 높아진 소비 수준이 다시 원래대로 되돌아가기 어려운 현상을 가리킬 때 쓴다.

월 500만 원을 벌던 사람이 월 300만 원을 저축한다면 저축과 지출의 비율은 60:40이지만, 소득이 월 700만 원으로 올랐는데도 지출을 전혀 늘리지 않고 증가분을 모두 저축을 늘리는 데 할애한다면 저축과 지출의 비율은 약 71:29가 되고, 자산 증가 속도는 거의 배가 될 것이다. 그러나 여기서 '지출을 전혀 늘리지 않는다'는 전제를 지키는 사례가 그리 많지 않다. 소득이 늘었는데 소비 수준을 종전과 동일하게 유지한다는 것은 인간의 본성에 어긋난다. 수입이 늘면 자연스레 출퇴근길에 택시를 타는 빈도가 높아지고, 점심 메뉴와 커피가 비싸지며, 지인에게 보내는 기프티콘 선물이 부쩍 늘어난다. 돈은 많이 버는 것 같은데(생활 수준은 높은 듯한데) 막상 가진 것은 없는 사람들의 생활상을 자세히 관찰해 보면, 대부분은 이처럼 저축률 올리기를 대신해 소비 수준을 올린다. 굳이 연봉 상승까지 갈 필요도 없다. 당장 우연히 얼마간의 돈이 수중에 들어왔을 때 그 돈을 저축·투자에 쓰는 사람은 많지 않다.

자산관리에서 스스로의 자율성과 자제력을 지나치게 신뢰해선 안 된다(뒤에서 설명하겠지만, 그래서 저축은 정기적금으로 시작해야 한다). 대개 본인은 예외일 것이라고 생각하지만, 우리가 교육하고 상담한 수천 명 중 실제로 그런 예외에 해당하는 사람은 거의 없었다.

월 소득을 올리는 것도 물론 중요하지만, 그보다 선행되어야 할 것은 현재 수입 수준에서 저축률을 최대한 늘리고, 그 생활에 익숙해지는 것이다. '나는 지금보다 1단계 아래의 삶을 살 수 있다'는 태도를 가지고, 실제로 그 태도를 장기간 실천하며 살아야 한다. 월 300만 원을 벌어 180만 원을 저축·투자에 쓰는 사람(저축률 60%)이, 월 500만 원을 벌어 150만 원을 저축·투자에 쓰는 사람(저축률 30%)보다 우위에 있다. 지금의 수입 상태에서도 본인보다 잘 버는 사람들보다 더 많이 모으고 빨리 부자가 될 수 있음을 상기해야 한다.

현재 수입이 만족스럽지 않더라도 저축률을 최대화한 상태에서 오랜 시간 인내하고 버텨내는 삶에 적응하고 나면, 연봉이 오른 뒤에도 소비 습관을 이전 수준에 머무르게 하(거나, 소비 수준을 아주 조금만 올리)기에 현저히 수월하다. 월 300만 원을 벌 때 150만 원을 모으지 못하는 사람은 월급이 500만 원으로 늘어도 300만 원을 모으기 어렵다.

선저축 후지출 원칙

동서고금을 막론하고 저축률을 높이는 데 가장 기초가 되는 방법론은 '선(先)저축 후(後)지출'이다. 월급이 들어오면 가장 먼저 저축부터 하고, 남은 금액으로 생활을 계획해야 한다. 지출을 마친 뒤 남는 돈을 저축하겠다는 자세는 늘 실패를 부른다. 그때마다 생기는 '어쩔 수 없는 사정'이라는 이름의 핑계로 자신과의 타협을 정당화하면 결국 고정적 저축이 방해되고, 아무리 시간이 흘러도 목표 자금이 채워지지 않는다. 다소 극단적인 예시를 들자면, 여러분이 TV를 편하게 보기 위해 소파를 구입하는 동안, 누군가는 저축액을 늘리려 집에 있던 TV를 더 비싼 값에 팔고자 중고시장에서 흥정을 하고, 경조사비 지출을 줄이기 위해 최소한으로만 교분을 쌓거나 심지어 원래 있던 인간관계까지 정리하고 있을지 모른다.

똑같이 월 500만 원을 버는 사람이라도 급여일에 280만 원(정기적금 150만 원+월적립식펀드 100만 원+주택청약금 10만 원+개인연금 20만 원)을 자동이체 설정해 두고 잔여 금액 220만 원으로 고정지출 및 생활비를 해결하는 사람과, 우선 지출을 해결한 후 남은 돈을 저축하는 사람의 자산 형성 속도는 비교할 수 없다. 남은 돈을 저축하는 것은 고사하고 저축할 돈 자체가 남지 않는 경우가 허다하다.

저축에서 티끌은 모아도 티끌이지만, 지출에서는 티끌을 모으면 태산이 된다. 저축률을 높이려면 돈이 빠져나가는 경로를 최대한 막아야 한다. 테이크아웃 커피를 자제하고, 저녁은 가급적 집에서 해 먹고, 자차 대신 대중교통을 이용하고, 좋아하는 장르의 영화가 개봉했더라도 꾹 참고 나중에 집에서 보고, SNS를 위한 비싼 취미는 과감히 단절하고, 외식과 배달 음식은 최소한으로 줄여야 한다. 미식에 익숙해진 혀라도 시간과 인내심만 있다면 급식실 스파게티만 먹어도 행복한 초등학생의 입맛으로 돌아갈 수 있다.

영화, 드라마, 음악 스트리밍, E-BOOK 구독 서비스는 최소한으로만 가입하고, 활용도가 낮은 서비스는 과감히 해지하자. 무료 체험 중인 상품이 있다면 기간이 지나 자동 결제가 시작되기 전에 중단해야 한다. 스마트폰 구입 시 할인 조건으로 가입한 요금제와 유료 서비스가 있다면 의무 사용 기간을 상시 확인해야 한다.

만보기나 설문조사 등 수익 발생 앱을 적극적으로 활용하고, 같은 물건이라면 포인트 적립제를 운영하는 쇼핑몰에서 구입하고(네이버 포인트의 경우 구매뿐 아니라 후기 작성 또는 영수증 리뷰, 네이버 플레이스 정보 수정 제안 등을 통해서도 얻을 수 있다), 쓰지 않는 물건을 그냥 버리기보다는 중고거래(당근마켓, 리클, 판다헤이, 알라딘중고서점 등)를 통해 판매하기를 권한다. 이런 식으로 얻을 수 있는 돈 자체는 그리 많지 않지만, 무의식 중에 불필요한 지출을 자제하게 되는 효과가 있다. 번거로움을 감수하고 아주 작은 단위의 돈을 직접 벌어들이는 경험을 반복하다 보면 '작은 돈의 무게'를 체감하게 되고, 어느 순간 편의점에서 무심코 꺼낸 2,000원짜리 커피가 상당히 크게 와닿는다. 소비의 무게감이 커지면서 '이걸 사도 될까?' 하는 인지적 브레이크가 작동하는 것이다.

통장 나누기

머릿속으로 '선저축 후지출'이라고 되뇌기만 하는 것은 의미가 없다. 선저축 후지출 원칙을 실천하려면 자금흐름 시스템 자체를 그에 부합하게끔 설계해 강제성을 부여해야 한다. 그러려면 목적에 따라 통장을 네 개로 나누는 것이 필수적이다. 급여통장, 지출통장, 저축·투자통장, 비상금통장이 그것이다.

1. 급여통장(수입이 들어오는 통장)

급여가 입금되는 기본 통장이다. 수입이 들어오는 출발점이라고 할 수 있다. 이 통장은 돈이 들어오자마자 곧바로 잔액을 '0원'으로 만들어야 한다. 고정지출(공과금, 통신비, 보험료)은 자동이체로 처리하고, 남은 금액은 지체 없이 나머지 세 개의 통장으로 이체시키자. 저축할 금액은 저축·투자통장으로, 남는 금액은 비상금통장으로 옮겨야 한다. 순현금흐름을 0으로 만들기 위한 기본 전제라 할 수 있다.

2. 저축·투자통장(적금&펀드 등)

선저축 후지출 원칙을 실천하기 위한 가장 중요한 공간이다. 급여통장에 돈이 들어오는 즉시, 정해진 금액을 이 통장에 입금시켜야 한다. 적금, 펀드, 주식 투자 등을 위한 금액은 이 통장에서 빠져나가게 하며, 가능한 한 자동이체 설정을 해두자. 이 통장이 있어야 '남는 돈을 저축'하는 방향에서 '쓸 돈을 남기는' 방향으로 사고가 전환된다.

3. 지출통장(생활비통장)

직장인 자산관리의 핵심은 변동지출 특히 생활비를 잘 통제하는 것이다. 재정위기를 차단하고 저축률을 높여 빠르게 자산을 형성하려면 소득에 비해 과도한 지출을 미리 봉쇄해야 한다. 식비, 교통비, 쇼핑, 여가비 등 생활비는 이 통장으로만 사용하도록 한다. 미래의 구매력을 앞당겨 사용하는 수단인 신용카드는 가급적 사용을 자제하고, 대신 지출통장과 연동된 체크카드를 활용해 생활비를 쓰는 방식을 권한다. 카드사의 적립이나 할인 혜택 등을 이유로 신용카드를 사용해야 한다면, 정해진 생활비 범위 내로 카드 한도를 낮춰둬야 한다.

변동지출 중 생활비는 월 소득의 25% 이내로, 고정지출 중 보장성보험료는 앞서도 언급했듯 월 소득의 8~10% 이하로 설정하는 것이 적절하다.

4. 비상금통장(예비 자금)

예기치 못한 돌발 지출이 생기면 지출통장의 균형이 쉽게 무너질 수 있다. 이런 상황에 대비해 비상금 통장을 만들고, 여기에 평균 생활비의 최소 3~6개월치 자금을 보관해 두도록 한다. 매달 지출통장에서 발생하는 잉여 자금을 이체시켜 준비하면 된다. 사회 초년생의 경우 간혹 무리하게 저축을 시도하다가 어쩔 수 없이 적금이나 펀드를 중도해지하는 일이 생기는데, 적은 금액이라도 매달 비상금 통장에 꾸준히 자금을 마련해 두면 이러한 불상사를 예방할 수 있다.

비상금통장은 분기, 반기별 평잔액의 0.1% 수준의 이자를 지급하는 일반 보통예금보다는, 하루 단위로 이자가 발생하는 CMA계좌나 파킹통장으로 개설하는 것이 효율적이다.

비상금통장에 목표금액이 쌓였다면, 이후 지출통장에서 발생한 잉여 자금은 추가 저축이나 투자금으로 활용해 수익성을 높이는 데 쓰도록 한다.

4

투자하는 사람 vs. 투기하는 사람

나는 왜 돈을 모으는가

많은 사람들이 '재테크는 저축부터 시작한다'고 배운다. 그래서 보통 별다른 고민 없이 가장 먼저 은행 창구부터 찾아가며, 창구 직원이 추천해 주는 1년, 2년짜리 적금상품에 가입한다. 그리고 그것이 안전하고 현명한 첫걸음이라고 생각한다. 그러나 은행에 가기 전에 반드시 스스로에게 해야 할 질문이 있다.

"나는 이 돈을 왜 모으려 하는가?"

이 물음에 대한 대답 없이 시작하는 자산관리는 방향을 잃은 항해와도 같다. 출항은 했지만 목적지도 항로도 없으니 필시 동력을 잃고 출발지로 되돌아오거나 표류할 가능성이 높다. 어딘가에 도

착한다 해도 그것이 원하는 종착지였는지는 알 수 없는 일이다.

  사람마다 돈을 모으는 이유는 다르다. 누군가는 자산 증식 그 자체를 위해, 누군가는 창업을 위해, 또 누군가는 자녀 교육비나 은퇴 후의 삶을 위해 저축을 결심한다. 이처럼 재무 목표가 각기 다르다면 당연히 자산운용 방식이나 수단도 달라야 한다. 그리고 목표에 따라서는 저축 그 자체가 부적절한 수단이 될 수도 있다. 그런데 많은 이들은 이 부분에 대한 깊은 고민 없이 순서를 뒤집어 실행을 한다. 목적을 정하기에 앞서 금융상품부터 고르는 것이다. 이 경우 십중팔구 자신도 모르는 사이 적금이니, 펀드니, 보험이니 하는 상품 그 자체가 목표가 되기 쉽다.

  자기 삶의 목적이나 재정 목표를 고민하지 않고 금융상품 판매자의 조언에 따라 길을 잡아선 안 된다. 각종 재테크 책이나 방송에서 전문가로 소개되는 이들, 혹은 은행, 보험사, 증권사의 상담사들은 저마다 요즘 뜨는 상품이라며 다양한 금융상품을 권유한다. 공모주, 인덱스 펀드, 변액보험, 저축보험, 연금저축펀드, IRP 등 이름도 복잡한 상품들이 쏟아진다. 이들은 하나같이 "지금이 기회"라며 설득하려 들고, 사람들은 막연히 '그래도 전문가니까'라는 생각에 그 말에 귀를 기울이게 된다.

  그러나 반드시 기억해야 할 것은, 소위 '금융 전문가'들의 궁극적 목적은 당신의 자산 증식이 아니라는 사실이다. 그들은 대체로 자신들이 몸담은 금융기관의 실적, 그리고 자신들의 성과급을 위해 움직인다. 고객의 투자수익이나 재무 목표 달성이 아니라 특정 상품을 얼마나 많이 판매하거나 유치했는지가 자신들의 수입으로 직결된다(물론 이런 구조는 불가피한 것이기는 하다). 그들이 내놓는 조언이 정말로 당신의 삶과 목적에 초점을 맞춘 것일 확률은 높지 않다.

40대 맞벌이 부부가 몇 년간 착실히 적금상품에 납입해 종잣돈 7,000만 원을 만들었다고 하자. 처음부터 이 부부의 목적은 뚜렷했다. 서울에서 내 집을 마련하는 것이다. 이해관계 없는(즉, 이 부부에게 상품을 판매할 목적이 없는) 금융 전문가라면, 애초에 집을 마련하겠다는 일념으로 몇 년간 적금으로 돈을 모은 것은 (물론 그 꾸준함과 성실함은 마땅히 높이 평가돼야 하겠지만) 지나치게 길을 돌아가는 선택이었고, 처음부터 최대한의 레버리지를 활용해 비인기 지역의 작은 집이라도 구매하는 편이 나았으며(적금을 붓는 그 몇 년간 집값은 현저히 올랐을 것이다), 지금이라도 늦지 않았으니 서둘러 그렇게 하라고 조언할 것이다(왜 이렇게 해야 하는지는 뒤에서 다시 설명하겠다). 그러나 이 부부가 은행에 간다면 아마 상담사는 이제는 펀드를 해보라며 주식형 펀드 몇 개를 권할 것이다. 그렇게 돈을 모으는 것 자체는 물론 가치 있는 것이지만, 문제는 그 권유를 받아들이는 순간 이 부부의 내 집 마련 꿈은 더 멀어질 수밖에 없다는 것이다.

그러니 저축이나 투자를 시작하기에 앞서 반드시 내가 이 돈을 왜 모으려 하는지 깊이 생각해야 한다. 흔히 설정하는 재무 목표 몇 가지를 예시로 들어 보자.

만약 목적이 내 집 마련이라면, 최대한 빠른 시일 내에 본인의 여력이 허용하는 한도 내에서 가능한 한 많은 자금을 조달하는 전략이 필요하므로 적금 등 저축상품을 우선 고려할 일이 아니라 내 소득 수준에 맞춰 제도권 레버리지를 어떻게 활용할 수 있을지, 또 어떤 정책적 금융 지원을 받을 수 있을지를 우선적으로 고민해야 한다. 지방이라면 이야기가 다르겠지만, 수도권 내 집 마련을 목표로 종잣돈을 모은다는 것은 지금의 재정확장 환경과 부동산 시장에서는 그 자체가 모순이다. 조금이라도 먼저 그리고 빨리 내달려도 모자란 레이스에서 몸 풀기를 위해 제자리에서 준비 운동을 하는 것과 같다.

목적이 금융상품 투자를 위한 시드머니 마련이라면, 종잣돈을 꾸준히 그리고 안전하게 모으는 방향으로 포트폴리오를 구성해야 하니 저축은 적절한 선택지이고, 그중에서도 (정기)적금이 1차적 선택지가 될 것이다.

주식, 펀드, ETF 등 투자를 위한 자금을 준비하는 과정에서 흔히 범하는 실수가 바로 주식에 돈을 넣어 수익률을 추구하는 것이다. 그러나 금융상품 투자금 마련을 위해 금융상품에 투자하는 것은 상당히 위험한 일이다. 주식 투자 자금은 실제로 시장에 들어가기 전까지는 안정적인 수단으로 차곡차곡 모아가는 것이 바람직하다. 본격적으로 시장에 진입하기 전까지는 단순한 적금이나 단기 예금, 또는 원금보장형 금융상품처럼 수익률은 낮더라도 자산의 안정성이 확보되는 수단이 적합하다.

목적이 창업이라면, 저축 자체는 필요하지만 적금은 적절한 수단이 아닐 수 있다. 창업 자금 마련을 위한 포트폴리오는 유동성과 자금 회전율에 집중해야 하고, 특히 자금 투입 시점을 스스로 결정할 수 있는 권한을 확보하는 데 중점을 두어야 하기 때문이다.

대부분의 창업은 계획대로 흘러가지 않고, 아이템을 검토하는 기간이 길어지거나 예기치 않게 좋은 사업 기회가 나타나는 경우도 많다. 이럴 때 자금이 일정한 만기에 묶여 있다면 기회를 놓치거나 불리한 조건에서 대출을 받게 될 수 있다. 따라서 창업 자금은 정기예금이나 적금처럼 묶어두기보다는, 언제든 인출이 가능한 수단에 분산해 두는 것이 바람직하다. 파킹통장, CMA계좌, 발행어음, RP, 단기채권 등이 좋은 예다. 매달 일정 금액을 적립하되, 그 자금이 잠기지 않도록 관리해야 한다.

목적이 은퇴 준비라면 적금 같은 미시적 금융상품이 아니라 수십 년에 걸친 장기 실행을 전제로 복리 효과와 세제 혜택을 최대한 활용할 수 있는 상품 위주로 포트폴리오를 짜야 한다. 단지 돈을 모으는 것을 넘어 은퇴 이후의 현금흐름을 설계해야 하기 때문이다(가장 대표적인 수단이 뒤에서 설명할 연금저축펀드와 IRP 같은 상품들이다). 그리고 초기에는 주식형 자산을 중심으로 높은 수익률을 추구할 수 있지만, 은퇴 시점이 가까워질수록 채권형 자산으로 비중을 조정해 안정성을 확보해야 하고, 이 모든 과정에서 자산이 중간에 해지되지 않도록 묶어두는 것도 중요하다.

아무런 지식이 없어도 얼마간의 시간을 투자해 리서치를 하면 어느 정도 방향을 잡을 수 있는 시대다. 목적이 분명해야 수단이 흔들리지 않는다. 금융회사의 조언을 듣기 전에, 먼저 자기 삶의 방향을 가늠하고 그 목적에 맞게 자산 전략을 설계해야 한다.

저축만 할 수는 없다

자본주의 체제에서 인플레이션은 필연적이다. 기업은 더 많은 이윤을 내기 위해 생산을 늘리고, 고용을 확대하며, 투자를 촉진한다. 이 과정에서 사람들의 소득이 상승하고, 그에 따라 소비도 늘어나 수요가 증가한다. 수요가 증가하면 (특히 공급이 그 속도를 따라가지 못할 경우) 자연스럽게 물가가 상승한다. 한편, 정부나 중앙은행이 경제성장을 지원하거나 경기침체를 막기 위해 금리를 낮추고 시중에 유동성을 공급하면, 화폐의 양이 증가하고 화폐가치가 하락해 역시 자산이나 소비재의 가격이 오른다.

　이윤 추구와 소비 촉진, 화폐 공급 증가 등을 통해 끊임없이 성장을 추구하는 자본주의 시스템은 반드시 일정한 수준의 물가상승을 동반할 수밖에 없다. 이는 긍정적인 순환이지만, 동시에 우리의 자산이 점점 그 가치를 잃어가는 과정이기도 하다. 오늘 1,000원으로 살 수 있었던 물건이 내년에는 1,100원이 되고, 몇 년 뒤에는 1,500원이 될지도 모른다. 돈을 그냥 두는 것만으로도 자산은 서서히 줄어드는 셈이다.

　인플레이션이라는 거대한 흐름에서 가라앉거나 뒤처지지 않으려면, 내가 가진 돈이 스스로 가치를 보존하고 나아가 증식할 수 있게 해야 한다. 그러려면 자산을 정지 상태에 놔둬서는 안 된다. 자산은 시간의 흐름 속에서도 구매력을 유지하거나 확대할 수 있도록 끊임없이 '움직여야' 한다. 이처럼 돈을 단순히 보관하거나 축적하지 않고 생산적 활동이나 자산에 배분함으로써 미래의 수익을 기대하는 행위를 '투자'라 한다.

　예·적금 등 저축상품은 이율이 아무리 높아도 자산 증식에는 한계가 있다. 반면, 투자는 복리 효과라는 강력한 메커니즘을 통해 자산을 시간이 흐를수록 눈덩이처럼 불릴 수 있다. 이전에 얻은 수익이 다시 자본이 되어 추가 수익을 만들어 내기 때문이다. 저축은 씨앗이 묘목 수준까지 자라나는 과정이고, 투자는 나무가 크게 자라고 나뭇가지에서 다시 새로운 가지가 뻗어 나와 아름드리가 되는 과정이라 할 수 있다. 투자를 오래 유지할수록 자산은 선형이 아니라 기하급수적으로 성장하게 된다.

복리 효과의 본질은 '시간을 아군으로 만드는 것'이다. 하루하루는 미미해 보여도, 오랜 시간이 지나면 투자 원금보다 훨씬 큰 덩어리의 자산이 형성된다. 이 효과는 단순한 저축에서는 결코 발생하지 않는다. 예·적금의 이자는 자산의 구조 자체를 변화시키지는 못한다. 반면, 투자에서는 이익이 재투자되고, 그 재투자수익이 다시 자산을 불리는 순환 구조를 형성한다. 진정한 복리 효과는 오직 투자라는 동력 위에서만 작동하며, 이 점에서 저축과 투자는 본질적으로 다른 결과를 낳는다.

투자의 목적은 단지 인플레이션 속에서 실질 가치를 보전하는 차원을 넘어 삶의 선택권을 넓히는 데 있다. 투자를 통해 자산을 꾸준히 성장시킬수록 삶의 질은 높아지고, 큰돈이 필요한 순간(학자금, 주택 구입, 은퇴 자금 마련 등)이나 예기치 못한 위기에 맞닥뜨렸을 때 여유롭게 대처할 수 있으며, 인생의 전환기에 과감히 새로운 도전을 시작할 수 있다.

자본주의 사회에서 돈이 나를 통제하는 것이 아닌 내가 돈을 통제할 수 있는 삶으로 진입하려면 투자는 필수적이다. 경제적 자유를 위한 질문은 '투자를 할 것인가, 말 것인가?'가 아니라 '어떻게 투자할 것인가?'다.

투자와 투기는 어떻게 다른가

투자와 투기의 차이는 오랜 세월 경제학자와 금융 전문가들 사이에서 다양한 측면에서 논의되어 왔다. 둘 다 자산을 사고파는 행위라는 점에서 유사해 보이지만, 그 내면을 들여다보면 엄연히 차이가 있다는 것이다. 정부가 부동산 정책이나 금융 정책을 펼 때에도 '투자'는 장려하거나 보호할 대상이고 '투기'는 근절할 대상이라고 한다. '투자'를 하는 사람은 보호해야 할 '투자자'인 반면, '투기'를 하는 사람은 세상에서 소멸시켜야 할 '투기꾼'이라는 것이다.

이 두 용어를 어떻게 대하는지는 자산관리에 임하는 자세, 나아가 자본주의 사회를 살아가는 삶의 태도과 직접적으로 관련된다. 본격적으로 자산에 관해 이야기하기 전에 우선 이 둘의 개념부터 짚고 넘어가기로 한다.

1. 투자와 투기의 구별 기준

보통 '투기'를 '이성적인 가치 판단보다는 순간적인 시장 분위기와 감정에 휘둘려 행해지는 매매 행위'라고 설명한다. 가격이 오를 것이라는 막연한 기대감에 기반해 충동적으로 이루어지는 것이 투기이고, 자산이 지닌 내재적 가치를 분석해 이루어지는 것이 투자라는 것이다.

하지만 가치란 시장 참여자 모두의 기대와 해석이 반영된 상대적 개념일 뿐이고, 가격을 기준으로 삼는 것이 가치 기반 사고와 전혀 유리되어 있다고 할 수도 없다. '가치'는 결국 시장에서 실현되는 '가격'을 통해 드러나기 때문이다. 가격은 단지 외부적 현상이 아니라, 그 자체로 시장 참여자들이 인식한 가치를 반영하는 실체이기도 하다.

실제로 내재가치에 대한 분석 없는 자금 투입임에도 투자로 인정되는 영역이 적지 않다. 예를 들어 모멘텀 투자는 자산의 가격 추세에 따라 매수·매도하는 전략으로, 내재가치보다는 시장의 기술적 신호에 집중한다. 또 인덱스 투자는 전체 시장을 따라가는 것이지 개별 자산의 내재가치를 분석하지는 않지만, 그럼에도 명백히 투자의 영역으로 인정된다.

투자와 투기의 차이를 '시간의 길이'에서 찾는 사람들도 있다. 단기간 하락하더라도 장기적으로 가치가 상승하리라 기대해 자산을 보유하는 것이 투자라면, 단기간의 시세차익을 노리고 빈번히 사고파는 행위는 투기라는 것이다. 이 정의에 따르면 장기 보유는 투자, 단타는 투기가 된다(따라서 주식을 하는 사람들 중 단타 경험이 있는 사람들은 모두 전현직 투기꾼인 셈이다).

물론 조급해하지 않고 장기적 관점에서 바라보는 관점은 투자를 위해 기본적으로 장착해야 할 마음가짐 중 하나임에 틀림이 없다(이 점은 뒤에서 다시 한번 강조할 것이다). 하지만 단기 매매가 투자인지 투기인지는 그와는 별개의 문제다. 더욱이 위와 같은 관점에서는 장기 투자를 예상하고 자금을 투입했는데 당초 예측과 달리 단기간에 급등해서 매도하는 경우를 설명하기 어렵고, 무엇보다도 장기와 단기의 구분 자체가 상대적이라는 문제가 있다.

① 가치투자의 대명사로 알려진 워런 버핏은 장기 보유의 아이콘처럼 여겨지지만, 실제로는 시장 상황에 따라 보유 주식을 비교적 빠르게 처분하는 경우가 많다. 가치가 상승했다고 판단되면 적극적으로 차익 실현에 나서는 그는 투기꾼일까, 아니면 투자자일까? ② '퀀트 투자'의 대가인 제임스 사이먼스는 수학과 통계, 컴퓨터 알고리즘을 바탕으로 밀리초 단위의 초단타 매매를 수행함으로써 엄청난 수익을 거두었다. 외견상으로는 단기간 시세차익을 노린 고빈도 투기처럼 보이겠지만 실상은 그 어떤 투자자보다 냉정하고 과학적인 분석에 근거한 결정으로 이루어진 매매였다. 이것은 투기일까, 아니면 투자일까?

그런가 하면, '투기'란 고위험 고수익 자산에 대한 자금 투입을 의미한다고 보는 입장도 있다. 하지만 이 역시 정확하지 않다. '고위험 고수익'의 판단 역시 상대적일 뿐더러, 무엇이 고위험이고 무엇이 저위험인지를 평가하는 것 자체가 어려운 경우가 많기 때문이다. 외견상 위험도가 높아 보이지만 실제로는 오랜 세월의 합리적 분석에 따른 투자인 경우가 있는가 하면, 통상 안전하다고 생각하지만 그 시기의 경제 상황이나 시장 구조에 비추어 실은 고위험자산인 경우도 있다.

1992년의 블랙 웬즈데이(Black Wednesday) 사례를 보자. 당시 영국의 파운드화는 유럽환율메커니즘(ERM)을 방어하려는 영국 정부의 노력에도 급격히 가치가 하락했고, 결과적으로 영국은 ERM에서 탈퇴하는 수모를 겪었다. 미국의 금융인 조지 소로스는 오랜 기간의 분석 끝에 고정환율을 유지하려는 영국 정부의 정책이 실물경제의 흐름과 괴리되어 있으며 결국 시장의 압력 앞에 정책이 무너질 수밖에 없다고 판단했다. 그는 독일 마르크화에 비해 상대적으로 고평가되어 있던 파운드화의 구조적 취약성과, 당시 영국이 겪고 있던 높은 실업률과 낮은 금리라는 이중 고통을 근거로 약 100억 달러 규모의 공매도 포지션을 취했다. 영국 정부가 환율 방어를 위해 막대한 외환보유액을 투입하면서도 결국 정책을 철회할 수밖에 없게 되자, 그는 하루 만에 10억 달러에 이르는 수익을 거뒀다. 당시 사람들의 눈에 이는 국가를 상대로 한 도박이자 '투기'였겠지만, 수십 년이 지난 지금에 이르러 사람들은 그것이 거대한 정책적 허점을 정확히 간파한 고도의 전략적 '투자'였다고 말한다.

한편, 대출을 일으키거나 선물계약에 증거금을 걸고 거래를 확대하는 등의 '레버리지 전략'을 사용하는 행위를 투기라 부르기도 한다. 그러나 수많은 글로벌 헤지펀드들은 정교한 위험 관리 체계를 갖춘 상태에서 파생상품과 레버리지를 활용해 자산을 운용하며, 그중 상당수는 지속적으로 안정적인 수익을 기록해 왔다. 이들을 겨냥해 '투기'라 부르지는 않는다.

주택 시장 역시 마찬가지다. 우리나라에서는 '빚을 내어 집을 산다'는 행위가 매우 부정적으로 인식되는 경향이 있으나, 국제적인 기준에서 고비율의 주택담보대출은 매우 보편적인 자금 조달 방식이다. 독일, 영국, 네덜란드 등 주요 선진국 대부분은 총부채상환비율(DTI) 등 일정한 상환 능력만 입증되면 20~30년에 걸쳐 분할 상환하는 모기지론을 통해 주택가격의 80~110%를 대출해 준다. 예를 들어 런던에서는 주택 구매 시 집값의 약 95%를 대출로 조달할 수 있으며, 네덜란드에서는 취득세와 중개수수료까지 포함해 실제 집값보다 많은 금액을 빌릴 수 있다. 만약 '레버리지 활용'이라는 기준만으로 투기를 규정한다면, 이들 국가는 투기를 조장하는 나라로 간주되어야 할 것이다. 그러나 그런 식으로 비판하는 사람은 없다.

2. 유일한 기준은 인간 심리

투자와 투기의 구분에 관해 오랜 시간 많은 시도가 있었음에도 아직까지 명확한 기준이 나오지 않는 것은 경제학자들과 금융 전문가들이 불성실했기 때문이 아니라 애초에 '구분을 하려는 시도 그 자체가 틀렸기 때문'이다.

이 책에서는 '투자'와 '투기'를 각각 다음과 같이 정의하고자 한다. ① 먼저 '투자'란 '불확실한 미래에 대한 예측에 기반한 자본 배분 행위', 즉 '현재의 소비를 유보해 미래에 더 큰 수익이나 가치를 얻기 위해 자원을 투입하는 행위'를 말한다. 일반적으로 통용되는 전통적인 개념 정의와 동일하다. ② 다음으로 '투기'란, '자신은 수익이 저조한 상태에서 타인이 높은 수익을 올리는 모습을 보며 느끼는 상대적 박탈감, 또는 자본 규모의 차이에서 비롯된 수익 격차에 대한 질투심에 기초해, 일정 규모 이상의 투자를 도덕적으로 비난하려는 하향평준화적 심리(나 이를 이용해 이익을 취하려는 정치적 의도)에서 투자를 지칭하는 용어'를 가리킨다.

'투자'에 대응하는 영단어는 있지만(investment), '투기'에 대응하는 영단어는 존재하지 않는다. 시세차익을 노리고 행해지는 추측성 매매를 'speculation(또는 speculative trading)'이라 부르는데, 이는 한국어의 '투기'와는 달리 중립적 뉘앙스의 용어다.

결론적으로 투자와 투기 사이에는 단지 심리와 시선의 차이만 존재한다. 이 둘을 구분해 투자는 좋은 것, 투기는 나쁜 것이라고 생각하는 가치관은 나의 자산을 지키고 늘리는 데 도움이 되지 않고 국가적으로도 바람직하지 않다. '투기'라는 말에는 스스로의 수익을 올리기보다는 수익을 잘 내는 사람들을 끌어내려서 격차를 맞추려는 의도가 숨어 있다. 그런 의도는 그 자체가 윤리적으로 바람직하지 않을 뿐 아니라 현실에서 이를 실천해 격차를 줄이기도 어렵다.

사실 그런 시도는 오히려 격차를 늘리는 데 일조하며, 대부분의 경우 그렇게 격차를 늘리려는 교묘한 목적하에 기만적으로 이루어진다. 예를 들어 LTV 축소, 재건축 초과이익 환수제, 주택 수 제한 제도, 높은 세금 등은 모두 희소성 프리미엄을 강화해 집값 상승을 부추기는 정책들이지만, 정치적으로는 집값을 안정시키거나 투기를 척결한다는 명분으로 시행돼 왔다.

나는 아직 종잣돈이 없는데 다른 사람들이 열심히 스노우볼링을 하는 것을 보면 부러울 수 있다. 동서고금을 막론하고 투자와 투기의 구분은 이 심리에서 잉태된다. 그러나 그 사람들에게도 종잣돈 마련을 위해 분투하는 시기가 있었다. 만약 물려받은 것이라면, 앞 세대에서 그러한 과정을 거쳤을 것이다. 물론 앞 세대와 지금 세대의 시드머니 확보 난이도는 분명히 다르지만, 누군가를 원망하거나 부러워하는 것은 아무것도 해결해 주지 못할뿐더러, 우리들에게는 그럴 시간도 여유도 없다. 사람의 힘으로 안 되는 것에 매달리지 말고 꾸준히 저축해서 최대한 빨리 투자를 시작하는 것이 정답이다.

합법적 테두리 안에서 이루어지기만 한다면, 이른바 '도덕적 잣대'로 스스로의 투자에 죄책감을 느끼거나 남의 투자에 질투심을 느끼는 것은 바람직하다고 할 수 없다. 시세차익은 당연히 노려야 하며, 많이 거둘수록 좋다. 필요하다면 매매 기간을 짧게 가져가야 할 때도 있다. 내재가치에 대한 분석 없이 가격이나 시장의 분위기, 심리적 요인을 기준으로 삼아 매매해야 하는 상황도 있다. 확신만 있다면 레버리지를 일으켜도 상관없다. 오직 중요한 것은 얼마나 정확하게 판단하는가, 그리고 얼마나 효율적으로 위험을 잘 분산하는가이다. 이 책에서도 오직 그것 하나만을 기준으로 삼아 설명할 것이다.

리스크가 큰 영역에 자금을 공급하는 것은 비윤리적인 행위가 아니다. 그런 투자는 경제 시스템의 기술적 혁신과 구조적 전환을 촉진할 수 있다. 일반 투자자들이 쉽게 참여하지 않는 시장에 자금을 투입하면 시장 유동성이 증대되고 가격의 괴리가 줄어들어 자산의 공정한 가치 발견이 수월해진다. 이 과정이 있어야 일반 투자자들도 나중에 안전하게 시장에 참여할 수 있게 된다.

다주택을 보유하는 것 역시 마찬가지다. 주택을 보유하면 취등록세와 보유세를 납부해 국가와 지자체의 재정에 기여하고, 공인중개사나 인테리어 업자 등에게 일감을 제공하며, 자가에 거주할 수 없는 사람들에게 임대 매물을 내놓게 된다. 지역 공동체에 기여한다는 측면에서 전월세 거주자는 결코 자가 보유자에 비견될 수 없다.

자본주의 사회에서의 합리적 자산관리는 이런 경제 행위들이 그 자체가 윤리적인 부가가치 창출 행위라는 점을 인정하는 것에서 시작된다.

◆ 제2부 ◆

돈나무를 키우는
자산관리의 4가지 축

5

저축:
스스로를 믿어서는 안 된다

저축 입문

'저축'이라는 단어는 다양한 맥락과 의미를 품었다. 종잣돈을 성공적으로 모아 본격적인 금융상품 투자에 나선 사람들에게는 그 투자 행위 자체도 넓은 의미에서 '저축'이다. 리스크를 감내하더라도 자산을 증식시키겠다는 결단 아래 이루어지는 의사결정은 엄연히 저축의 확장된 형태라고 볼 수 있다. 나아가 은퇴를 준비하는 사람들이 연금저축펀드나 개인형퇴직연금(IRP) 같은 상품에 자금을 꾸준히 납입하는 것도 전통적인 저축의 정의에 속한다. 일정한 목적과 기간을 설정한 후 자금을 묶고 불리는 과정이니 우리가 흔히 말하는 '저축'의 원형을 충실히 따르는 것이다.

그러나 금융상품 투자나 은퇴 준비에 관해서는 뒤에서 따로 다루도록 하고, 우선 여기서는 원금이 보장되고 비교적 안정적 형태를 띤 금융상품인 예·적금과 발행어음에 대해 설명한다. 이 책을 읽는 독자 대부분은 아마도 현재 자산관리를 시작하려는 입장에 있으며, 기초적인 재무 습관을 형성하고 단기적인 목표를 위해 자금을 모으려는 단계에 있을 것이기 때문이다. 아직 투자 경험이 부족하거나, 시장 변동성에 대해 막연한 불안을 가진 사람들에게는 이들 상품이야말로 가장 친숙하고 신뢰할 수 있는 입문 지점이 된다.

예·적금은 일정한 금액을 정해진 기간 동안 묶어두고, 확정된 이자를 통해 자금을 차곡차곡 축적하는 가장 기초적이고도 전통적인 저축 수단이다. 단순한 구조와 예금자보호 제도 등으로 인해 금융상품에 대한 이해도가 높지 않더라도 쉽게 접근할 수 있다. 그리고 소액부터 시작해도 돈을 모으는 감각을 익힐 수 있다는 점에서 특히 입문자에게 적합하다.

발행어음은 예·적금과 유사한 운용 방식하에 조금 더 높은 수익률을 추구할 수 있는 저위험 상품으로, 예금과 투자 사이의 '중간지대'에서 중요한 역할을 한다. 리스크는 낮추되 수익성은 일정 수준 확보하고 싶은 사람에게 유용하며, 특히 자산 배분 초기 단계에서 투자성과 안정성 사이 균형을 도모하는 수단으로 의의가 있다.

예금과 적금

1. 예·적금의 진짜 가치

넓은 의미에서 예금(預金)의 사전적 정의는 '은행에 돈을 맡기는 것'이다. 여기에는 요구불예금(입출금이 자유로운 예금)과 저축성예금(자금 축적을 목적으로 저축을 통해 이자를 획득하는 예금)이 있고, 저축성예금은 다시 적립식예금과 거치식예금으로 나뉜다. 금융상품을 말할 땐 적립식예금을 '적금', 거치식예금을 '예금'이라 부른다.

'거치식'과 '적립식'은 납입 방식에 따른 분류이고, '적금'과 '예금'은 상품 유형에 따른 분류이기에, 이 둘이 완전 일치하는 것은 아니다. 하지만 금융 실무나 일반적 맥락에서는 '예금=거치식예금', '적금=적립식예금'이라고 생각해도 무방하다. 물론 예금상품인데 적립식 형태를 포함하는 하이브리드 형태도 있기는 하지만, 이런 상품은 일반적이지 않다.

저금리 시대에 접어들면서 많은 사람들이 상대적으로 낮은 이자율을 제공하는 예·적금을 외면하고 주식이나 펀드처럼 수익률이 높은 투자 상품으로 눈을 돌리는 경향이 있다. 그러나 예·적금의 가치를 단순 이자율만으로 평가해서는 곤란하다. 예·적금은 기본적으로 만기와 금리가 명확하게 정해져 있으며, 원금 손실 위험이 없고, 예금자보호법에 따라 일정 한도 내에서 보호받는다는 강력한 장점을 지니기 때문이다.

무엇보다 예·적금은 자산을 처음 쌓아가는 사람에게 필수적인 훈련장이다. 많은 사람들이 종잣돈이 모이지도 않은 상태에서 성급하게 투자에 나섰다가 손실을 겪고, 그로 인해 '주식은 망한다'는 잘못된 결론에 도달하거나 손실을 만회하기 위한 도박성 투자에 빠지는 경우가 적지 않다. 아무리 소액이어도 투자에는 준비가 필요하고, 그 준비는 단지 지식의 습득이 아니라 돈을 모으고 관리하는 태도와 습관의 형성에서부터 출발한다. 이를 위한 도구로 예·적금만한 것이 없다. 매달 얼마를 꾸준히 저축하면 몇 개월 후 얼마가 쌓인다는 것을 몸소 체험함은, 단순한 수익의 문제가 아니라 금전 감각을 기르고 목표 달성의 성취감과 자신감을 쌓아가는 과정이다.

이런 기초가 형성되지 않은 상태에서 이루어진 고위험 고수익 투자가 바늘구멍 같은 확률을 뚫고 성공할 수도 있겠지만, 그것이 장기적 관점에서 좋은 결과를 가져오기는 어렵다. 긴 시간 꾸준히 종잣돈을 모으다 보면 저축이 단지 의무가 아닌 재미와 보람으로 다가오게 되고, 궁극적으로 돈에 대한 태도와 습관 자체가 긍정적으로 바뀐다. 더욱이 어렵게 모은 목돈인 만큼, 자연히 조심스럽고 신중한 자세로 운용하게 된다. 이로써 다음 단계인 투자와 자산 증식으로 나아가는 데 훌륭한 정신적 기초를 갖게 되는 것이다. 그런데 이러한 무형의 기반을 얻지 못한 채 요행히 시드머니를 얻어 자산 증식 과정에 뛰어든다면, 눈앞의 허황된 이익을 좇아 잘못된 의사결정을 할 가능성이 높아지게 된다. 그런 사례는 아주 흔히 볼 수 있다.

더욱이 예·적금은 단지 '첫걸음'에만 그치지 않는다. 충분한 종잣돈이 마련되어 주식이나 펀드 등 다양한 금융상품에 대한 투자가 본격화된 이후에도 예·적금은 포트폴리오 내에서 중요한 역할을 한다. 단기 유동성 자산으로 활용되거나, 시장의 급격한 하락에 대비한 안전자산으로 기능하는 등, 안정성과 접근성을 바탕으로 자산운용의 균형을 유지하는 데 큰 도움을 주기 때문이다.

2. 금리는 통제할 수 없어도 습관은 통제할 수 있다

적금(적립식예금)은 매달 일정한 금액을 불입하고 만기 시점에 원금과 이자를 함께 돌려받는 구조의 저축상품으로, crack게 자유적립식(자유적금)과 정액 적립식(정기적금) 두 종류로 나뉜다.

- ⊙ 자유적립식: 매달 얼마를 납입할지 자유롭게 정할 수 있다.
- ⊙ 정액적립식: 매달 정해진 금액을 납입한다. 보통 자유적금보다 이자가 높으며 약속된 날짜에 입금하지 않을 시 지연일수만큼 만기일이 늘어난다.

자산 형성 초반에 가장 믿어서는 안 될 것이 바로 '스스로의 의지'다. 자유적립식은 유연하다는 장점이 있지만, 그만큼 자신과의 약속을 지키지 못할 가능성도 커진다. 반면, 정액적립식은 매달 고정된 금액을 강제적으로 납입해야 하기에, 저축 의지를 다지고 습관을 만드는 데 더 효과적이다. 납입만 성실히 한다면 정기적금은 그 어떤 금융상품보다 안전하고 예측 가능하게 이자를 획득하며 종잣돈을 쌓아가는 가장 확실한 수단이다.

물론, 직업의 특성과 현금흐름에 비추어 예외를 두어야 하는 경우도 있다. 정기적인 고정수입을 가진 직장인은 불입 금액을 제때 납입하는 데 큰 무리가 없지만, 월 현금흐름이 불규칙한 사업자나 프리랜서에게는 정기적금이 자칫 큰 부담으로 다가올 수 있다. 수입이 없거나 적은 기간이 장기화되어 중도해지하는 사례도 더러 볼 수 있다. 만약 그러한 직업을 갖고 있다면, 정기적금은 매달 불입 가능한 최소한의 액수로 가입하고, 자금 사정이 넉넉한 시기를 위한 자유적금을 하나 더 보유함으로써 2층 구조의 적금 계좌를 세팅하는 편이 낫다.

적금상품을 선택할 때 금리가 높은 특판상품을 찾는 데 너무 많은 시간과 에너지를 허비하는 것은 바람직하지 않다. 중요한 것은 표면상의 금리가 아니라 저축 금액 자체를 조금이라도 더 늘리는 일이다. 금리가 높더라도 납입 한도가 낮다면 기대할 수 있는 이자 수익은 제한적이지만, 금리가 다소 낮더라도 저축 금액이 크면 그 효과는 매우 크게 나타난다. 예를 들어 월 20만 원씩 적금을 붓던 사람이 5만 원을 추가로 저축한다면 납입 금액은 연 240만 원에서 연 300만 원으로 늘어나는데, 이율이 아무리 높은 상품이라도 이처럼 원금 자체를 60만 원 추가하는 효과를 넘어설 수는 없다. 금리를 올리는 것은 개인의 힘으로 할 수 없지만, 납입 금액을 늘리는 것은 의지와 습관의 영역이다.

금융기관은 결코 손해 보는 장사는 하지 않는다. 금리가 높은 특판상품은 대개 납입 한도가 낮거나 만기가 짧은 것은 물론, 자동이체 설정·카드 개설·실적 충족·연계상품 가입 등 각종 부수 조건이 붙어 있는 수가 많다. 납입 한도가 낮거나 만기가 짧으면 금리가 높아도 절대적 이자 수익은 얼마 되지 않고, 복잡한 부가 조건이 붙으면 금리를 얻기 위해 따로 소비나 금융 활동을 해야만 하는 등 금리로 얻는 이익보다 더 큰 지출이 발생하기 쉽다.

3. 금리가 같아도 이자는 다르다

예금은 일정 금액의 목돈을 한 번에 예치하고, 정해진 기간이 지난 후 원금과 이자를 받는 상품이다. 금리 산정 방식에 따라 확정금리형과 변동금리형(회전식금리형)으로 나뉜다. 확정금리형의 경우, 가입할 때 제시된 금리가 1년 내내 변하지 않고 유지된다. 예를 들어 1,000만 원을 연이율 3.5%의 확정금리형 예금에 넣으면, 1년 후 총 1,035만 원(원금 1,000만 원+이자 35만 원)을 받게 된다.

반면 변동금리형의 경우, 일정 주기마다 (시장 금리에 따라) 금리가 다시 책정된다.

예금은 이자 산정 방식에 따라 단리식과 복리식으로도 나뉜다. 단리 예금의 경우 최초 납입한 원금에 대해서만 이자가 계산되는 반면, 복리 예금의 경우 매년 발생한 이자가 원금에 편입되어 이듬해부터는 그 총액에 대해 다시 이자가 붙는 방식이다. 예를 들어 연 10% 확정금리형 예금상품에 가입해 100만 원을 단리로 3년간 예치할 경우, 매년 발생하는 이자 10만 원이 3년 동안 동일하게 유지되어 총 30만 원의 이자가 붙는다. 같은 조건에서 복리로 3년간 운용할 경우, 첫 해에는 100만 원의 10%인 10만 원의 이자가 발생한다. 둘째 해에는 최초 원금 100만 원과 전년도에 이자 10만 원을 합산한 110만 원이 원금으로 계산되고, 그 10%에 해당하는 11만 원의 이자가 발생한다. 셋째 해에는 12만 1,000원의 이자가 발생한다. 3년 만기 후 총이자는 33만 1,000원이 된다.

예치 금액이 커질 경우 이자 차이가 더 두드러지므로 동일 금리 조건에서는 당연히 복리 방식이 단리보다 유리하지만, 통상의 예금상품은 단리를 적용한다.

적금과 예금은 입금액·이자율·만기가 모두 같아도 실제로 받는 이자액이 다르다. 같은 기준금리가 적용된다고 해도 보통 적금

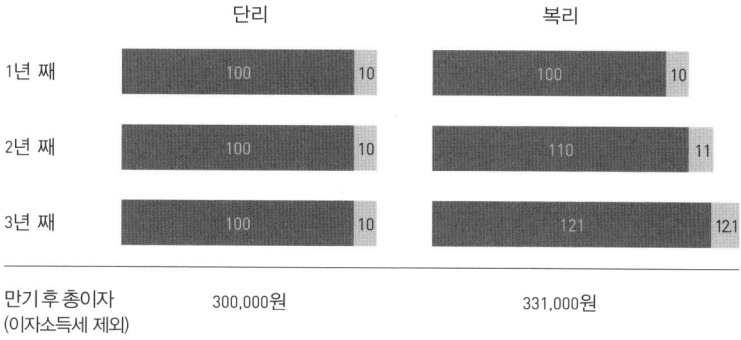

보다는 예금이 수령액 측면에서 유리하다. 예를 들어 기준금리가 2.75%이고, A상호금융기관의 적금 금리는 3.5%이며, 예금 금리는 3.0%라고 가정해 보자. 언뜻 보면 적금 쪽이 금리가 더 높아 이득일 것 같지만 실수령액을 비교해 보면 그렇지 않다.

- 적금(월 100만 원씩 12개월 납입): 세전 이자 약 13만 원, 세후 약 1,211만 원
- 예금(1,200만 원을 한 번에 예치): 세전 이자 약 24만 원, 세후 약 1,220만 원

결과적으로 예금 수령액이 약 9만 원 더 많다. '이자율'이 '연 이자율'을 의미하기에 이런 차이가 발생하는 것이다. 적금은 매월 돈

을 분할해서 납입하므로 1회 차 납입금에 대해서는 12개월간의 이자가 적용되지만, 2회 차 납입금은 11개월간의 이자만 적용되고, 마지막 12회 차 납입금에 대해서는 이자가 거의 붙지 않는다. 뒤로 갈수록 연이율 적용이 온전히 적용되지 않으므로, 근소하게 더 높은 금리 조건에서도 예금에 비해 수령액이 낮아지는 것이다. 통상 적금 이자가 예금 이자보다 높으려면 적금 금리가 예금 금리의 1.85배는 되어야 한다(간단히 말해 적금 이자는 예금 이자의 절반 수준이라고 이해하면 된다). 결국 적금은 목돈을 만들기 위해, 예금은 그렇게 모은 목돈을 더 크게 불리기 위해 가입하는 상품이라 할 수 있다.

금융기관별 예·적금 금리를 확인할 수 있는 사이트로 금융감독원의 '금융상품한눈에'(https://finlife.fss.or.kr/finlife/main/main.do?menuNo=700000)를 들 수 있다. 신속한 공시일자별 업데이트로 정확도가 가장 높고, 예·적금뿐 아니라 펀드, 대출, 연금, 보험 등 다양한 금융상품을 한곳에서 검색하고 비교할 수 있도록 구성돼 있다. 다만 거래 조건은 수시로 변경되기에 지연 공시되는 경우도 있으므로, 검색 결과에만 의존하지 말고 거래 전 반드시 해당 금융기관에 직접 확인해야 한다.

4. 금리만 보지 말고 세금도 보자

동일한 상품(금액, 금리, 기간이 같은 상품)에 가입했는데도 받는 이자액이 달라질 수 있다. '절세'가 만들어 내는 차이다.

예·적금의 만기 이자에는 이자소득세 14%와 지방소득세 1.4%를 합쳐 총 15.4%의 세금이 부과된다. 만기 이자가 100만 원이라면, 세금 15만 4,000원을 차감한 84만 6,000원을 수령하는 것이다. 과거에는 이자만으로도 자산을 불릴 수 있었지만, 지금 같은 저금리 시대에 세금을 공제하고 나면 이자는 보관료 수준밖에 되지 않는다. 그런데 이렇게 억울한 이자소득세를 줄일 수 있는 확실한 방법이 있으니, 바로 **상호금융기관을 활용**하는 것이다.

금융기관은 제1금융권과 제2금융권으로 구분된다. 시중은행·지방은행·인터넷전문은행 등은 제1금융권에, 상호금융기관·저축 은행·카드사·캐피탈사 등은 제2금융권에 속한다(여기 속하지 않는 고금리·고위험 금융기관들을 '제3금융권'이라 부르기도 하지만 정식 용어는 아니다). 그중 상호금융기관은 지역 주민, 조합원, 소상공인 등을 위한 금융기관으로 농협(지역 농·축협), 수협, 산림조합, 신용협동조합, 새마을금고 등이 이에 속한다. 대부분 지역 주민들이 출자해 만든 협동 조합으로, 해당 지역 사람들끼리 예금을 하고, 이를 바탕으로 대출을 하는 방식으로 운영된다.

상호금융기관은 조합원에게 연간 3,000만 원 한도 내에서 이자소득세 14%를 면제하는 세금 우대 혜택을 제공한다(단, 농촌특별세 1.4%는 별도 부과). 미성년자를 제외한 조합원 전원에게 적용된다.

세금 우대 혜택을 받으려면 각 기관의 조합원이 돼야 한다. 그러려면 출자금통장을 개설하고, 해당 기관이 정한 최소 출자금(평균 2~10만 원 수준)을 예치해야 한다. 출자금통장은 관할 시·군·구 내에 거주하거나 해당 지역에 직장이 소재한 경우에만 가입이 가능하며, 지역 조건을 충족하지 못하면 조합원 자격을 얻을 수 없다.

출자금통장은 상호금융의 조합원이 되기 위해 조합에 일정 금액을 납입하는 통장이다. 상호금융기관을 방문하면 창구에서 조합원 가입을 유도하며 출자금 납입을 권유하는 경우가 많고, 이를 장려하기 위한 이벤트도 수시로 진행된다. 그러나 출자금은 일반 예·적금과 달리 예금자보호 대상이 아니며, 배당금 또한 직전 사업 연도의 결산 결과에 따라 지급 여부가 달라지고 금액 역시 일정하지 않다. 따라서 수익을 기대하기보다는 조합의 구성원이 되기 위한 자격 수단 정도로 이해하고, 예·적금의 대체 수단으로 활용하기보다는 최소한의 금액만 납입하는 것이 바람직하다.

연 3,000만 원 한도의 세금 우대는 저축의 효율성을 높이는 데 매우 유리한 제도가 아닐 수 없다. 연간 납입 한도액까지는 상호금융기관의 예·적금을 우선순위로 활용할 만하다. 2025년까지는 1.4% 저율과세가 적용되지만 2026년부터는 내 소득에 따라 세율이 인상될 수 있으니 제도 변경 여부를 사전에 확인할 필요가 있다.

유의할 점은, 위 세금 우대 혜택은 상호금융기관 전체의 예·적금을 합산한 금액에 적용된다는 것이다. 즉 새마을금고, 신협, 수협 등 상호금융기관별로 각각 적용되지 않는다. 여러 기관에 나누어 예치하더라도 합산 금액이 3,000만 원을 넘는다면 그 초과분에는 일반과세가 적용된다.

출자금통장 자체가 저축 수단이 될 수도 있다. 출자금통장에 금액을 예치할 경우 2,000만 원 한도 내에서 배당소득에 대해 비과세 혜택이 적용된다. 예를 들어 배당률이 연 5%라면, 2,000만 원 예치 시 100만 원의 배당금을 세금 없이 수령할 수 있다. 같은 조건에서 상호금융기관의 정기예금은 1.4% 저율과세 적용 시 약 98만 4,000원, 일반 금융기관의 정기예금은 15.4% 과세 시 약 84만 6,000원의 이자를 수령하게 된다. 다만 출자금은 원금이 보장되지 않고, 배당의 지급 여부와 수준 역시 매년 달라질 수 있으므로, 세제 혜택만 보고 접근할 것은 아니다.

5. 갑작스럽게 돈이 필요하다면

내년 혹은 몇 개월 후 만기인 예금이 있는데 갑작스럽게 목돈이 필요하다면 예금 해약을 고민하게 된다. 그러나 정기예금을 중도해약하면 대개 약정 금리가 아니라 중도해지 이율(보통 0.1~1%)이 적용되어 실질 수익률이 크게 떨어진다. 이럴 때는 해약보다는 우선 담보대출을 고려하는 편이 좋다.

예·적금 담보대출이란 내가 예치한 금액을 담보로 일정 비율까지 돈을 빌리는 것을 말한다. 중도해지 없이 예금의 혜택을 유지하면서도 유동성을 확보할 수 있는 수단으로써 단기적 자금 수요가 발생했을 때 효과적이다. 대출 한도는 예금 종류와 은행 정책에 따라 차이가 있으나 통상 원금의 최대 90%까지 대출 가능하다. 일시적으로 자금이 필요한 상황에서 이 대출을 활용한 뒤 며칠 내로 상환할 경우 그 며칠 분의 이자만 내면 되고, 금리도 해당 예·적금의 이자율에 1~2%포인트를 가산한 수준에 불과해 일반적인 신용 대출에 비해 낮다. 더욱이 신용점수에 영향을 주지 않고, 별도의 심사 없이 간단한 절차로 빠르게 대출금을 수령할 수 있다는 장점이 있다.

뒤에서 언급할 연금저축보험, 연금보험, 보장성보험 등 보험상품들도 이와 비슷하다. 해약 시 사업비 등을 제외하고 해약환급금이 지급되므로, 내가 낸 돈보다 적게 받을 수 있다. 따라서 급전이 필요하다면 보험 담보대출을 우선 고려하는 편이 좋다.

발행어음

은행의 예·적금과 유사한 방식으로 자금을 운용할 수 있으면서도 더 높은 수익을 기대할 수 있는 상품으로 증권사의 '발행어음'이 있다. 이는 대형 증권사만 취급할 수 있는 단기금융상품으로, 모집된 자금을 대출이나 부동산 등에 투자하고, 이를 통해 발생한 수익을 투자자에게 돌려주는 구조다.

1. 예금과 주식 사이

발행어음의 가장 큰 장점은 시중은행 예·적금 대비 높은 금리다. 시중은행의 1년 정기예금 금리가 연 2~3% 수준에 머물 때, 발행어음의 금리는 통상 3~4%다. 동일한 기간에서 수익률이 1~2%포인트 높다는 것은 결코 사소한 차이가 아니다. 특히 복리효과가 작동하는 중장기 자산운용에서는 이 격차가 수백만 원 이상의 차이로 이어지기도 한다.

높은 금리는 발행어음의 운용 구조에서 비롯된다. 시중은행은 예금으로 모은 돈을 주로 가계 대출이나 기업 대출로 운용하지만, 발행어음을 판매하는 증권사는 해당 자금을 다양한 단기금융시장(CP, RP, 단기채권 등)에서 보다 적극적으로 운용한다. 위험도는 약간 올라가지만 그만큼 기대 수익도 커진다. 이 수익이 일정 부분 투자자에게 돌아가는 것이기에 발행어음은 구조적으로 예·적금보다 높은 금리를 제공할 수 있다.

대개 높은 수익률에는 그에 상응하는 리스크가 따른다. 발행어음은 은행의 예금처럼 예금자보호법상 보호 대상이 아니기에 원금 손실 가능성이 이론상으로는 존재한다. 그러나 실제로는 상당한 안정성을 갖췄다고 평가되는데, 이유는 다음과 같다.

첫째로, 발행어음은 대형 증권사가 자기 신용으로 직접 발행하는 상품(자산 규모 4조 원 이상의 증권사만 발행할 수 있다)이다. 이는 회사채와 유사한 구조이지만, 만기가 짧고(보통 1년 이내), 증권사의 신용등급이 매우 높기 때문에 사실상 은행 예금에 준하는 안정성을 기대할 수 있다. 실제로 투자 위험 등급에서도 발행어음은 원금 손실 가능성이 상대적으로 낮은 5등급에 해당한다.

둘째로, 금융 당국은 발행어음을 취급할 수 있는 증권사를 소수에 한정하며, 이들에 대해서는 유동성 규제, 내부통제 시스템, 신용 평가 등을 엄격히 요구한다. 이러한 규제하에 놓였다는 점도 상품의 안정성을 보완하는 요소다. 구조적 붕괴 가능성이 극히 낮다는 것이다.

셋째로, 실제 사례를 보면 지금까지 주요 발행어음에서 원금 손실이 발생한 전례는 없으며, 대부분 만기 시 원리금이 정상적으로 지급되어 왔다. 이런 과거 실적은 투자자에게 신뢰를 주는 근거가 된다.

모든 자산을 예·적금에만 넣는 것은 심리적 안정에는 도움이 될 수 있으나 장기적으로는 자산을 불리는 데 한계가 있다. 반대로 모든 자산을 주식이나 펀드 같은 고위험 상품에 넣는 것은 시장 변동성에 지나치게 노출되는 위험을 초래한다. 이럴 때 중간 지대에 위치한 발행어음은 매우 유용한 자산군이 된다. 특히 자산을 예금과 주식 사이에 적절히 분산하고 싶은 사람, '지나치게 보수적이지도, 과감하지도 않은' 투자 성향을 가진 사람에게는 발행어음이 합리적인 선택이 된다. 낮은 위험으로 예금보다 높은 수익을 기대할 수 있으면서도, 전체 포트폴리오의 변동성을 낮추는 안전 장치 역할을 하기 때문이다.

2. 다양화된 운용 방식

발행어음은 운용 방식에 따라 수시형, 적립형, 약정형으로 나뉜다. 수시형은 365일 만기 구조를 가지면서도 자유로운 입출금이 가능해 유동성이 높은 자금 운용에 적합하고, 적립형은 매달 일정 금액을 불입하여 자산을 점진적으로 늘리고자 하는 사람에게 유리하다. 약정형은 정해진 기간 동안 자금을 묶어두고 일정 수익률을 제공받는 방식으로, 단기 고정 수익을 원하는 이들에게 적합하다. 수시형은 자유적금, 적립형은 정기적금, 약정형은 예금과 비슷하다고 할 수 있다.

만약 외화 자산을 보유하고 있다면 '외화 발행어음'을 고려할 수 있다. 외화 발행어음은 외화 자산을 단기 고수익 상품에 예치하는 형태로, 이자 수익뿐 아니라 환차익까지 노려볼 수 있다. 환율이 고점에 도달했거나 하락이 예상되는 시점에 투자하면 유리하며, 환율이 안정적이면서 외화 금리가 높은 상황에서도 효과적인 수단이 될 수 있다.

자금을 1~3개월 이내의 짧은 기간 동안 안전하게 보관하면서 소폭의 수익을 기대하고 싶을 때 고려해 볼만한 선택지로, 증권사에서 제공하는 RP(환매조건부 채권)를 들 수 있다. RP는 단기금융상품의 일종으로, 증권사나 은행이 일정한 조건 아래 일정 기간 후 다시 사들이기로 약속하고 투자자에게 채권을 매도하는 구조를 띤다. 일정 기간 동안 채권을 담보로 자금을 예치하고, 만기 시 약정된 금액을 돌려받으며 그에 따른 이자를 받는 것이다. 이 과정에서 투자자는 자금을 잠시 '빌려주는' 형태가 되며, 금융기관은 이를 단기 유동성 확보의 수단으로 활용한다.

이 상품은 예금자보호 대상은 아니지만, 국채나 공사채 등 우량채권을 담보로 하기에 실질적인 원금 손실 가능성이 극히 낮아 안정성을 중시하는 투자자에게 적합한 선택지로 여겨진다. 제공되는 금리는 일반적으로 시중 정기예금보다 소폭 높은 수준으로 형성되어 단기 운용 목적 자금에 대해서는 나름의 수익성도 기대할 수 있다.

RP의 만기는 보통 1일, 7일, 30일, 91일 등으로 매우 짧으며, 일부 상품은 최장 1년까지 설정되기도 한다. 다양한 기간 옵션은 투자자의 자금 계획에 유연하게 대응할 수 있도록 돕는다. 특히 금리상승기에는 비교적 높은 수익률을 기대할 수 있어, 단기금융상품 중에서도 주목할 만한 대안이 된다.

RP는 별도로 상품에 가입하지 않더라도, 일반적인 증권사의 CMA(수시 입출금식 계좌)에 연계되어 자동으로 운용되는 경우가 많다. 예컨대, CMA계좌에 400만 원을 예치해 두었는데 어느 날 평가 금액이 그 이상으로 나타난다면, 이는 RP를 통해 운용되면서 이자가 발생한 결과일 수 있다.

| 발행어음과 RP 비교 |

구분	발행어음	RP(환매조건부 채권)
정의	증권사가 투자자에게 일정한 만기일에 원금과 이자를 지급하겠다고 약정하고 자체 신용을 바탕으로 발행하는 단기금융상품	증권사가 보유한 채권을 투자자에게 매도한 뒤, 정해진 기일에 다시 되사기로 약정한 거래 방식
운용 구조	증권사가 투자자로부터 모은 자금을 다양한 자산에 투자하여 수익을 창출	투자자가 채권을 일시적으로 보유하고 정해진 기한 후 증권사가 다시 매입
수익 원천	증권사의 운용 수익	채권의 환매 차익(이자 수익)
보호 장치	무담보	채권(국채, 우량채권 등)
위험 수준	증권사의 신용 위험	담보가 있기 때문에 상대적으로 낮음
수익률	높은 편	낮은 편(예외도 있음)
유동성	낮음(대부분 중도해지 불가)	높음(단기 중심)
운용 기간	보통 1개월~1년 이내	대부분 1일~3개월 이내 (일부는 최대 1년까지 설정 가능)
판매 주체	종합 금융 투자 사업자 자격을 가진 대형 증권사	일반 증권사, 은행 등
예금자 보호	해당 없음	
적합 대상	초단기, 안정성 중심 투자자	단기, 고금리 추구 투자자

6

금융투자: ETF부터 가상화폐까지, 스노우볼링의 기초

　예·적금과 발행어음처럼 안정적인 자산운용 수단은 돈을 천천히 모아 나가는 데에는 탁월한 역할을 하지만, 그것만으로는 미래의 자산을 키워가기에 충분치 않다. 저축은 현재의 자산을 보존하기 위한 수단이라면, 투자는 다가올 내일을 준비하고 가능성을 확장하는 여정이다. 자산의 일부를 안정적으로 운용해 심리적 안정을 확보하는 것은 물론 중요하지만, 미래를 위한 성장 동력을 확보하려면 반드시 '투자'라는 도구를 활용할 줄 알아야 한다. 수익보다는 안정성을 추구하는 사람이라도 저축과 투자 두 축이 상호 배타적이어서는 안 된다.

금융상품 투자의 기초

1. 시장에 임하는 마음가짐 5가지

투자를 시작하기에 앞서 가장 중요한 것은 올바른 마음가짐(Mindset)이다. 투자는 단순히 돈을 불리는 행위가 아니라 자산을 체계적으로 관리하고 미래를 설계하는 과정의 일환이다. 적절한 사고방식과 태도가 없다면 시장이 주는 기회를 제대로 활용하지 못할 뿐 아니라 오히려 불안과 실수로 손실을 보게 된다. 성공적인 투자를 위해 반드시 갖춰야 할 마음가짐은 크게 다섯 가지로 요약할 수 있다.

:: 1) 장기적 관점으로 바라보기

단기간에 큰돈을 벌겠다는 생각으로 접근하면 안 된다. 투자에서 실패하는 가장 흔한 이유는 조급함이다. 빠르게 수익을 내겠다는 욕심으로 성급하게 움직이면, 단기적 시장 변동에 휘둘려 손실을 보기 쉽다. 앞서 언급했듯 단기간에 큰돈을 버는 사람들도 있고, 때에 따라서는 급히 팔아야 하는 상황을 마주할 수도 있지만, 그런 사례는 예외적이다. 기본적으로는 나 그리고 내가 처한 상황과는 일단 무관한 이야기라고 생각해야 한다.

초심자에게 투자의 핵심은 시간을 활용해 자산을 천천히, 꾸준히 불려나가는 것이다. 시장의 일시적인 등락에 흔들리지 않고, 장기적인 목표를 세우고 이를 묵묵히 실천하는 자세가 필요하다. 앞서 언급했듯, 복리 효과는 시간이 흐를수록 위력을 발휘한다. 투자에서 '시간'은 가장 강력한 자산이다.

:: 2) 나에게 맞는 '위험-수익 균형' 찾기

모든 투자에는 위험이 따르지만, 위험을 무조건 피하기만 하면 수익을 얻을 수 없다. 위험 회피를 지상 과제로 삼으면 저축과 투자의 구분이 무의미해지고, 고수익만 추구해 감당할 수 없는 수준의 위험을 떠안는다면 애써 모은 시드머니가 공중분해될 수도 있다. 따라서 자신이 감당할 수 있는 위험의 수준을 정확히 이해하고, 안정성과 수익성을 동시에 고려한 균형 잡힌 포트폴리오를 구성해야 한다.

| 자산 유형별 위험 수준 비교 |

위험 수준	자산 유형
낮음	저위험 채권(국고채, 우량 회사채), MMF, 국고채 ETF, 금 (예·적금, 발행어음, RP 등 저축상품들도 넓은 의미에서 여기 해당한다)
보통	배당주, 대형 우량주, 글로벌 대형주 ETF, 리츠
높음	성장주, 신흥국 주식, 고위험 채권, 테마형 ETF, 레버리지 ETF, 가상 자산(비트코인, 이더리움 등)

:: 3) 감정에 휘둘리지 않기

시장은 끊임없이 출렁이며, 그 파도는 수많은 사람들의 예측을 비웃으며 고요함과 격랑을 오간다. 중요한 것은 그 한가운데서 자신을 지키는 것이다. 주가가 떨어졌을 때 불안에 휩싸이지 않으려면 주가가 올랐을 때 지나친 희열을 느끼지 않아야 한다. 하락장에서 공포에 휘말리지 않으려면 상승장에서 탐욕을 부리지 말아야 한다. 감정의 진폭이 크면 시장의 파도에 집어삼켜진다.

시장의 흐름에 일희일비하지 않고 장기적 시야로 냉정하게 판단하는 것은 인간 본성과는 맞지 않는다. 본래 사람은 고통을 피하고 쾌락을 좇기 때문이다. 그러나 시장에서 성공하려면 그 본능을 거슬러야 한다. 워런 버핏이 닷컴 버블의 광란 속에서도 자신의 원칙을 지켰듯, 투자자는 유혹을 뿌리치고 공포를 감내할 수 있어야 한다. 이는 단번에 얻어지는 능력이 아니라 의식적인 훈련, 감정의 자각, 수없이 반복되는 자기 통제로 단련되는 능력이다.

1990년대, 인터넷의 확산과 함께 막대한 관심과 투자가 몰리며 '닷컴 버블'이 형성됐다. 당시 인터넷 산업은 최고의 블루오션이었기에, 실질적 수익 모델이나 기술적 기반이 부족한 상태에서도 사람들은 앞다투어 자금을 투자했다. 뚜렷한 수익 구조 없이도 수백만 달러의 투자를 유치하는 기업들이 많았고, 나스닥 지수는 1995년부터 2000년까지 400% 이상 급등했다. 그런데 이 시기 워런 버핏은 인터넷 관련 기술주를 외면하고 전통 산업 위주로 투자해 많은 비난을 받았다. 버핏이 주로 투자한 다우존스 종목들은 주가가 지지부진했다.

그런데 당시 인터넷 인프라는 느린 속도와 제한된 접근성으로 인해 웹 서비스의 품질이 기대에 미치지 못했고, 그에 따른 실망감과 반감이 누적되면서 버블이 꺼지기 시작해 2001년에 이르러 시장이 붕괴됐다. 2001년을 전후로 나스닥은 역대 최고치에서 78%나 하락했고, 수많은 닷컴 기업들이 연쇄 파산하면서 투자자들은 총 5조 달러에 달하는 손실을 입었다. 버핏의 판단이 옳았던 것이다.

:: 4) 지속적으로 공부하고 성장하기

배우지 않으면 성공할 수 없다. 경제와 금융시장의 흐름, 기업의 내재가치, 다양한 투자 상품의 특성과 위험을 이해하지 못한 채 시장에 발을 들이는 것은 별과 나침반 없이 큰 바다 위를 떠도는 것과 같다. 성공적 투자를 위해서는 끊임없이 배우고 성장해야 한다. 경제 서적을 꾸준히 읽고, 신문과 리서치 자료를 통해 시시각각 변하는 시장의 맥을 짚어 내며, 실제 투자를 통해 체득한 경험을 토대로 나만의 통찰을 쌓아가야 한다.

처음엔 어렵고 낯설게 느껴지지만, 시간을 들여 꾸준히 익히다 보면 어느 순간 시장의 언어가 귀에 익게 되고, 눈앞에 펼쳐지는 숫자와 지표들이 하나의 이야기처럼 읽히기 시작한다. 그 배움은 단순한 지식의 축적에 그치지 않고 수익이라는 구체적인 보상으로 돌아올 것이다.

:: 5) 명확한 목표와 계획이 있어야 한다

방향 없는 투자는 언제든 시장의 파고에 휘말리기 쉽다. '왜 투자하는가', '무엇을 이루고 싶은가'라는 질문에 답할 수 있어야 작은 가격 변동에 쉽게 흔들리지 않는다. 투자는 단순한 수익 추구가 아니라 삶의 계획을 실현하기 위한 수단인 만큼, 무엇을 위해 언제까지 어떤 방식으로 자산을 운용할 것인지를 미리 확정하고 그것을 끝까지 지켜야 한다.

중장기적 목표를 염두에 둔다면 투자의 핵심은 '꾸준함'과 '분산'이다. 시장의 흐름을 완벽하게 예측하는 것은 불가능에 가깝기에, '정해진 금액을, 정해진 주기로' 투자하는 적립식 투자와 분산 투자를 습관화해야 한다. 감정을 배제한 자동적이고 규칙적인 투자는 일시적 변동성에 대한 내성을 키우고, 장기적으로는 복리의 힘을 가장 안정적으로 누릴 수 있는 길이 된다.

지금까지 설명한 다섯 가지는 유기적으로 연결된 하나의 사고 체계다. 장기적 관점을 가져야 순간의 변동에 휘둘리지 않게 되고 이를 위해서는 명확한 목표와 계획이 필요한데 그러려면 자신의 성향을 파악해 위험과 수익의 균형점을 알아야 한다. 이 모든 것은 꾸준한 공부를 통해서만 가능하다.

2. 실패하지 않기 위한 습관: 경제 신문 읽기

투자의 여정을 시작하는 순간부터 수많은 선택과 고민의 기로에 놓이게 된다. 어떤 기업에 자본을 맡길지, 어느 산업에 집중할지를 판단하는 일은 단순한 결정이 아니다. 이 복잡한 문제에 대한 해답을 얻기 위해 반드시 갖추어야 할 습관이 하나 있다면, 바로 경제 신문을 꾸준히 읽는 것이다.

경제 신문은 세계 경제의 흐름과 산업의 변화, 그리고 개별 기업의 성과와 정책 동향을 포괄적으로 담아내어 투자자에게 길잡이 역할을 한다. 비록 처음에는 전문 용어와 낯선 개념들이 난해하게 느껴질지라도, 끈기 있게 읽어 나가다 보면 점차 경제를 이해하는 눈이 트이고, 투자에 대한 확고한 통찰과 자신감이 서서히 다져지게 된다.

우선 하루에 세 개 정도의 기사를 선정해 읽는 것부터 시작하자. 종이 신문 전체를 처음부터 정독할 필요는 없다. 인터넷 신문 경제 섹션에서 관심 가는 기사만 골라 집중해도 충분하다. 모르는 경제 용어가 등장하면 별도의 '경제 단어장'에 정리해 학습 자료로 삼도록 한다.

| 경제 신문에서 눈여겨볼 키워드 |

구분	키워드	투자적 시각
시황	GDP 성장률	경제의 확장 정도나 소득 증가 속도를 가늠하는 핵심 지표다. 성장률이 높다는 것은 경기 확장세를 의미한다. 성장률이 둔화되면 필수 소비재 같은 방어적 산업군이 유리한 투자처가 된다.
	금리	금리가 인상되면 소비자와 기업의 지출이 줄어들며 경기 위축 효과를 낳는다. 금리인하는 미래 수익을 중시하는 성장주의 밸류에이션*에 긍정적일 수 있다
	환율	환율은 기준금리 차이, 경기 둔화, 수출 감소 등 복합적인 요인에 따라 움직이며, 기업의 수익성에 영향을 준다. 원화 약세 시 수출 중심 산업, 원화 강세 시 내수 산업에 투자 심리가 유리하게 작용할 수 있다.
	물가상승률 (인플레이션)	물가가 상승하면 실질 구매력이 감소하며, 중앙은행이 금리를 인상하게 되는 요인이 되어 금융시장에 부담을 줄 수 있다.
	고용 지표	실업률, 취업자 수 등을 통해 소비 여력과 경기 흐름을 알 수 있는 자료다. 고용이 개선되면 소비가 확대되며, 경기 회복의 긍정적인 신호로 간주된다.
	유가	원자재, 항공, 운송, 화학 등 산업에 직간접적으로 영향을 미치는 변수다. 유가 상승 시 생산 비용 증가로 인플레이션 압력이 커진다. 유가 하락 시 원가 부담이 줄어들며 소비와 투자 여력이 늘어난다.
	국채 금리	정부의 자금 조달 비용이자 시장의 금리 수준을 보여주는 지표다. 장기 금리상승 시 시중 자금이 주식시장보다 채권 시장에 몰리는 경향이 있다.
	금리차	국가 간 금리 차이는 자금의 이동과 환율에 큰 영향을 미친다. 금리차 확대 시 외국인 자금 유출입이 변동될 수 있다.

시황	유동성	시중에 풀린 자금의 양을 의미한다. 유동성이 많을수록 증시나 부동산으로 자금이 유입되기 쉽다.
	달러 인덱스 (DXY)	달러 강세는 신흥국 증시 및 수출 기업에 부정적이며, 원자재 가격 하락을 불러온다. 달러 약세는 위험자산 선호 심리 강화 요인이다.
	리세션 (Recession)	공식적 경기침체. GDP 2개 분기 연속 마이너스일 경우 발생한다. 자금을 방어주로 이동시킬 타이밍이다.
	스태그 플레이션	경기침체와 물가상승이 함께 나타나는 현상이다. 소비 위축과 기업 수익성 악화를 동반하므로 투자에 부정적인 환경이다.
	중앙은행 발언	중앙은행의 발언은 시장의 방향성과 기대 심리에 결정적 영향을 미친다. 특히 금리인상/인하 관련 언급은 주식, 채권, 외환 등 금융 자산의 움직임을 좌우한다.
산업	반도체	시사에 따라 빠르게 반응하는 경기 민감 산업이다. 수요 확대와 공급 부족이 동시에 나타날 경우 실적과 주가가 큰 폭으로 움직일 수 있다. 글로벌 공급망 변화와 기술 주도권 이슈도 투자에 중요한 변수로 작용한다.
	전기차	배터리와 반도체 수요를 동시에 유발하는 산업으로, 친환경 정책이나 보조금 확대 등 정부 정책에 따라 성장성이 결정된다. 배터리와 충전 인프라, 원자재인 리튬·니켈의 가격 변동은 해당 산업 주가에 직접적인 영향을 미친다.
	2차 전지	전기차, ESS 등 다양한 분야에서 배터리 수요가 증가함에 따라 실적 성장 가능성이 높은 산업이다. 배터리 소재, 장비 등 관련된 공급망 전반에 걸쳐 투자 기회가 분포되어 있다.
	필수 소비재	경기변동과 무관하게 안정적인 매출을 유지하기에 방어 자산의 역할을 한다.
	헬스케어	바이오, 의료 기기, 제약 등 다양한 분야로 구성되어 있다. 고령화, 구조적 수요 증가 등 장기적인 관점에서 주목할 필요가 있다.

산업	인공 지능 (AI)	생성형 AI, AI 반도체, 서비스 자동화 등 다양한 분야로 확장되고 있다. 기술력과 데이터 보유량이 우수한 기업에 주목할 필요가 있다.
	로봇	생산성 향상(제조, 물류 등 분야 자동화 확대)과 고령화 대응을 위해 수요가 꾸준히 증가하고 있다.
	메타버스	메타버스는 실시간 3D 콘텐츠와 VR·AR 산업을 포함한다. 다소 관망세인 산업이지만 게임, 교육, 산업 훈련 등 다양한 분야에서 활용이 점차 확대되고 있다. 기술 성숙도가 낮고 상용화까지는 시간이 걸릴 수 있다.
	우주	위성 통신, 발사체, 지구 관측 등 민간 우주 개발이 본격화됨에 따라 각국의 투자가 크게 늘어나고 있다.
	방산	지정학적 긴장과 군비 확장에 따라 성장성이 결정되며, 무기 수출 확대와 함께 국내 방산 기업들의 실적 개선도 기대할 수 있는 분야다. 특정 시기에는 경기 방어적 성격도 지닌다.

◈◈◈ Valuation: 특정 자산이나 기업의 가치를 평가하는 과정

어느 정도 익숙해졌다면 종이 신문을 구독해 읽는다. 처음에는 몇몇 기사만 골라 읽는 것으로 시작해 차츰 신문 전체를 처음부터 끝까지 섭렵하는 방향으로 확장하면 된다.

신문 전체를 보는 단계에 접어들었다면 '탑다운(Top-Down)' 방식으로 읽는 것이 효과적이다. 탑다운 방식이란 거시경제 지표(금리, 환율, 물가, 정부 정책 등)를 통해 시장 전반의 방향성을 파악한 뒤, 산업별 영향과 개별 기업의 성장 가능성 순으로 분석하는 방법이다.

:: 1) 시황

우선 시황을 살핀다. 여기서는 금리, 환율, 물가상승률, 정부 정책 변화 등 주요 거시경제 지표에 주목해야 한다. 이 지표들은 시장 전체의 방향을 가늠하는 중요한 나침반 역할을 하며, 향후 자산 가격의 움직임을 예측하는 데 귀중한 단서를 제공하기 때문이다.

:: 2) 산업

다음으로 거시 변화가 산업 전반에 미치는 영향에 눈을 돌린다. 산업마다 경기 민감도가 다르기 때문에, 동일한 경제 환경에서도 주가 흐름은 각기 다르게 나타날 수 있다.

예를 들어 금리가 상승하는 시기에는 자금 조달 비용이 높아지면서 기업의 투자 활동이 위축되고 소비자 역시 대출 부담 증가로 소비를 줄이는 경향이 나타난다. 이로 인해 자동차, 가전 등 소비재 산업과 부동산 산업이 타격을 입기 쉽다(특히 부동산 시장은 대출 의존도가 높아 금리변동에 민감하게 반응한다). 반면 식료품이나 생필품 등 필수 소비재 산업은 경기변동과 무관하게 꾸준한 수요를 유지하므로 비교적 안정적·방어적인 성격을 지닌다. 따라서 경제 불확실성이 커지는 시기에는 그런 산업에 투자자들의 관심이 집중된다.

금리가 인하되는 국면에서는 상황이 달라진다. 기준금리인하는 경기 부양을 위한 정책으로, 시중 유동성을 증가시키고 자금 조달을 용이하게 만든다. 이에 따라 소비와 기업 투자가 활성화되면서 경기에 민감한 산업들이 수혜를 입는다. 대표적 수혜 산업으로는 자동차, 가전, 레저·여행 등이 있으며, 대출 금리 하락에 따른 거래 증가로 건설 및 부동산 산업도 강세를 보인다. 특히 기술주(IT, 바이오 등)나 성장주는 금리인하 국면에서 더욱 주목받는데, 같은 돈이라도 금리가 낮을수록 먼 미래에 벌어들일 돈의 가치가 현재 기준으로 더 크게 계산되기 때문이다. 예를 들어 3년 뒤에 100만 원을 벌 수 있다고 가정하면, 금리가 높을 때는 그 돈을 지금 가치로 환산하면 70~80만 원 정도이지만, 금리가 낮을 때는 90만 원 이상으로 계산된다. 그렇기 때문에 금리인하기에는 나스닥 같은 기술주 중심 시장이 강세를 나타낸다.

:: 3) 기업

마지막으로, 선정한 산업 내에서 비교적 돋보이는 개별 기업을 가려낸다. 개별 기업에 대한 평가를 위해서는 물론 재무제표나 상세한 IR 자료가 필요하지만, 경제 신문 기사 속에서 포착할 수 있는 단서들이 분명히 있다. 유달리 자주 언급되는 기업, 정부 정책이나 산업 변화 속에서 핵심 수혜주로 거론되는 기업, 신기술 개발이나 글로벌 진출 등으로 주목받는 기업 등을 찾아보자. 대기업과의 협업, 수주 계약 체결, 사업구조 재편, 부채비율 감소 등 재무

구조 개선, 기술 인증 획득 등 이슈가 있는 기업들도 확인한다. 이런 정보들은 해당 기업의 성장성과 시장 내 위상을 가늠할 수 있는 유의미한 신호다.

이처럼 '시황 → 산업 → 기업' 순서로 큰 그림을 그려가며 읽는 과정을 꾸준히 반복한다면, 어느 순간부터 시장의 흐름이 자연스럽게 보일 것이다.

3. 한국 시장을 좌우하는 미국의 핵심 경제 지표

우리나라 주식시장에서 외국인 투자자가 차지하는 비중은 매우 크다. 한국거래소 자료에 따르면, 2024년 7월 기준 코스피 시장의 외국인 보유 비중은 약 36%에 이른다. 이처럼 외국인의 영향력이 큰 시장에서는 미국 연방준비제도의 금리 정책, 고용 상황, 인플레이션(물가상승) 같은 핵심 경제 지표의 변화에 따라 외국인 자금이 급격히 들어오거나 빠져나갈 수 있고, 이는 국내 증시의 흐름에도 직접적인 파장을 미친다.

연방준비제도(Federal Reserve System, "Fed")는 미국의 중앙은행 시스템으로 '연준'이라 약칭된다. ⓐ 연방준비이사회(Board of Governors), ⓑ 12개 지역의 연방준비은행(Federal Reserve Banks), ⓒ 연방공개시장위원회(Federal Open Market Committee, "FOMC")로 구성된다.

ⓐ 워싱턴 DC에 위치한 연방준비이사회에서는 전국적 차원에서 통화 정책을 수립하고 금융기관을 감독한다. 대통령이 지명하고 상원이 인준한 7명의 이사로 구성되며, 각 이사는 14년의 임기를 보장받는다.
ⓑ 뉴욕·시카고·샌프란시스코·달라스 등 지역에 위치한 12개의 연방준비은행에서는 각 지역의 경제 정보를 수집하고 정책에 반영하며, 지역 내 금융기관을 감독하는 역할을 한다. 가장 영향력이 큰 것은 뉴욕 연방준비은행이다.
ⓒ 연방공개시장위원회는 기준금리와 통화 정책 방향을 결정하는 역할을 한다. 위원회는 연준 이사회 7명 전원과, 12개 지역의 연준은행 총재 중 5명으로 구성된다. 뉴욕 연은 총재는 항상 포함되고(뉴욕 연방준비은행은 국채 매입·매도 등 실제 공개 시장 조작을 수행하는 핵심 역할을 하기 때문이다). 나머지 4명은 1년 단위로 순환 참여한다. 뒤에서 다시 설명하겠지만 연방공개시장위원회는 연 8회 정기 회의를 열어 기준금리를 조정하고 경제 전망을 공개해 시장과 소통한다.

따라서 투자자라면 미국의 경제 지표 변화를 면밀히 살필 필요가 있다. 연준은 기준금리를 결정할 때 여러 경제 지표를 종합적으로 고려하는데, 그중 핵심적인 6가지 지표는 반드시 챙겨봐야 한다. 이러한 지표의 발표 일정과 구체적 수치는 Investing.com 등 금융정보 플랫폼을 통해 확인할 수 있다.

| 핵심 경제 지표 6가지 |

구분	경제 지표	발표일
고용 지표	비농업 부문 고용보고서	매월 첫 번째 금요일
	주간 실업수당 청구 건수	매주 목요일
물가 지표	소비자물가지수(CPI)	매월 둘째 주 화요일 또는 수요일
	개인소비지출지수(PCE)	매월 마지막 주 목요일 또는 금요일
경기침체 지표	ISM 제조업 구매관리자지수 (ISM Manufacturing PMI)	매월 첫 영업일
	ISM 비제조업 구매관리자지수 (ISM Services PMI)	매월 세 번째 영업일

◈◈◈ 이들 수치는 전월 기준임에 유의해야 한다.

∷ 1) 고용 지표

① 비농업 부문 고용보고서 미국 경제의 숨결을 가장 생생하게 전해주는 지표 중 하나가 바로 매달 첫 번째 금요일에 발표되는 「비농업 부문 고용보고서」다. 이 보고서는 특히 미국 시장에 투자하는 이들에게는 가장 중요한 지표로 여겨진다. 미국은 전체 GDP의 약 70%가 소비에 의해 움직이는 '소비 대국'인 만큼, 소비를 떠받치는 노동 소득은 연준의 정책 방향을 결정하는 핵심 변수라 할 수 있다.

「비농업 부문 고용보고서」는 미국 내 고용이 얼마나 건강하게 성장하고 있는지를 보여준다. 전년 대비 고용 증가율과 전월 대비 증감폭 모두 경제 활력을 판단하는 중요한 잣대다. 예상보다 고용이 크게 늘었다는 소식은 경제가 튼튼히 성장하고 있다는 신호이기에 시장에 긍정적인 에너지가 퍼진다. 사람들이 더 많은 일자리를 얻어 소득이 늘면 자연스럽게 소비가 증가하고, 그 결과 기업 매출이 상승한다. 이처럼 고용이 늘어나면 '소비 확대 → 매출 증가 → 경제성장'으로 이어지는 선순환이 완성된다. 반대로 고용이 예상에 못 미치거나 감소하면, 소비자들은 지갑을 닫고 경제는 숨고르기에 들어간다.

이 보고서는 단순히 고용 수치만을 다루지 않는다. 실업률과 임금 상승률 등 세부적인 데이터를 함께 포함하기에 미국 경제의 전

비농업 부문 고용보고서 발표(2024년 12월)					
22:30	USD	★★★	미국 평균 시간당 임금 (MoM) (11월)	0.3%	0.4%
22:30	USD	★★☆	미국 평균 시간당 임금 (YoY) (11월)		4.0%
22:30	USD	★☆☆	평균주당근무시간 (11월)	34.3	34.3
22:30	USD	★☆☆	정부 급여 (11월)		40.0K
22:30	USD	★☆☆	제조업 급여 (11월)		-46K
22:30	USD	★★★	비농업고용지수 (11월)	202K	12K
22:30	USD	★★☆	경제활동참가율 (11월)		62.6%
22:30	USD	★★☆	민간 비농업부문 고용 변화 (11월)	160K	-28K
22:30	USD	★★☆	U6 실업률 (11월)		7.7%
22:30	USD	★★★	실업률 (11월)	4.2%	4.1%

◆◆◆ 출처: Investing.com

반적 상황을 파악하는 자료로도 활용된다. 예를 들어 고용이 증가하고 임금 상승률이 높게 나타날 경우, 사람들이 더 많은 돈을 벌게 되고 소비 여력이 커져 경제에 긍정적인 영향이 나타날 것을 기대할 수 있다. 반면 고용은 증가했지만 임금 상승이 기대에 못 미친다면 경제성장에 제약이 생길 수 있다. 이 보고서에 포함된 실업률이 (연준이 안정적 수준으로 간주하는) 4%대에 근접하는지는 경제 안정성 판단에 중요한 기준이 된다.

② 주간 실업수당 청구 건수 미국의 주간 실업수당 청구 건수는 매주 목요일에 발표된다. 이 지표는 노동시장의 변화를 신속하게 파악할 수 있는 긴요한 자료로, 경제가 회복 중인지 아니면 둔화되는지를 파악할 수 있다. 경기변동을 즉각적으로 반영하는 만큼 경기침체가 시작되는 초기 신호를 포착하는 데 유용하다.

주간 실업수당 청구 건수를 분석할 때는 청구 건수의 증가·감소 추이를 살펴보는 것이 중요하다. 청구 건수의 감소는 노동시장이 개선되고 있으며 큰 틀에서 미국 경제가 강함을 의미한다. 청구 건수의 증가는 고용시장이 악화되고 경기가 침체된다는 신호로 해석할 수 있다.

고용 지표는 금리변동에 민감하게 반응한다. 노동시장의 상황은 경기 방향성과 물가, 통화 정책에 미칠 영향을 예측하는 데 중요한 단서가 된다.

:: 2) 물가 지표

① 소비자물가지수   먼저 소비자물가지수(Consumer Price Index, "CPI")는 소비자가 실제로 구입하는 상품과 서비스의 가격이 전반적으로 어떻게 변하는지(쉽게 말해 '생활비가 얼마나 올랐는지')를 측정하는 지표로, 인플레이션을 판단하는 데 핵심적인 역할을 한다. 매월 중순 무렵인 둘째 주 화요일이나 수요일에 발표된다.

연준은 CPI를 통해 물가가 자신들이 설정한 목표 범위 안에 있는지를 점검한다. CPI가 높게 나오면, 연준은 인플레이션을 잡기 위해 기준금리를 인상할 가능성이 커진다. 반대로 CPI가 안정되거나 하락세로 접어들면, 연준은 금리인상 압박에서 벗어나 기존의 긴축 정책을 완화할 수 있는 여지를 얻게 된다.

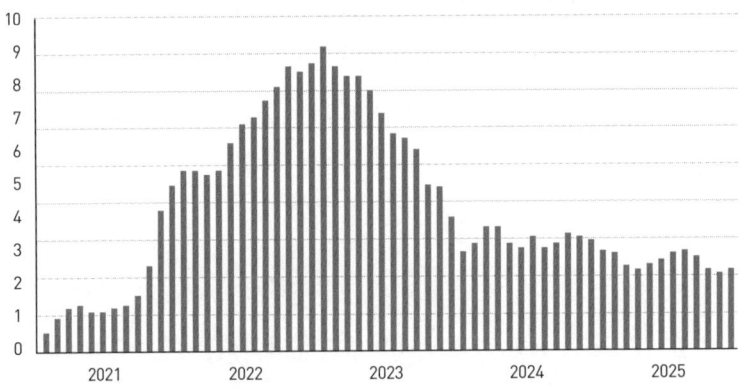

| 미국 소비자물가지수 전년 대비 차트(2025년 6월 기준) |

◈◈◈ 출처: Investing.com

CPI를 분석할 때는 우선 전월 대비 수치가 상승했는지, 하락했는지를 살펴야 한다. 전달보다 물가가 0.3% 올랐다면 단기적 인플레이션 압력이 존재하는 것으로 볼 수 있다. 다음으로는 장기적 흐름, 즉 수개월에 걸친 추세선이 상승 곡선을 그리는지를 확인해야 한다. CPI가 일시적으로 낮아졌더라도 전체 흐름이 여전히 우상향이라면 물가상승 압력은 여전히 살아 있는 것으로 해석할 수 있다.

② 개인소비지출지수   다음으로, 개인소비지출지수(Personal Consumption Expenditures, "PCE")는 미국 소비자들이 한 달 동안 실제로 지출한 금액의 총합을 나타내는 지표로, 매월 마지막 주 목요일이나 금요일에 발표된다(예를 들어 6월 말에 발표되는 PCE는 5월의 소비 흐름을 반영한다).

겉보기엔 소비자물가지수(CPI)와 비슷해 보이지만, 그 범위와 계산 방식에서 몇 가지 차이가 있다. CPI는 소비자가 지갑을 열고 직접 결제한 항목만 반영한다. 반면 PCE는 간접적 지출까지 반영한다. 여기에는 고용주가 직원 대신 납부한 건강보험료, 정부가 지출한 일부 의료서비스, 비영리단체의 소비 항목 등도 모두 포함된다. 이처럼 현실의 소비 구조를 보다 넓게 포착하기에 PCE는 경제 전체의 물가 흐름을 보다 정교하게 반영한다고 할 수 있다.

또 하나의 특징은 유연성이다. PCE는 소비 항목의 비중을 보다 자주 조정해 최신 소비 트렌드를 반영한다. 예를 들어 한 시점에서 소비자들이 육류 소비를 줄이고 곡물 소비를 늘렸다면, PCE는 이에 맞춰 가중치를 빠르게 재조정한다. CPI가 정해진 틀을 일정 기간 고수하는 방식이라면, PCE는 틀 자체를 계속해서 갱신하는 셈이다. 이런 점에서 연준은 CPI보다 PCE를 더 신뢰하는 경향이 있고, 실제로 연방공개시장위원회가 기준금리를 결정할 때 참고하는 핵심 물가 지표도 CPI가 아니라 PCE다.

특히 주목할 부분은 '근원 PCE'다. 근원(Core)이라는 이름에서 알 수 있듯, 이는 변동성이 크고 일시적인 영향을 줄 수 있는 식료품과 에너지 항목을 제외한 수치를 말한다. 날씨, 지정학적 변수 등에 따라 요동치는 요소들을 제외함으로써 물가의 기저 흐름을 더 명확히 읽을 수 있는 것이다. 근원 PCE가 상승하면, 일시적 외

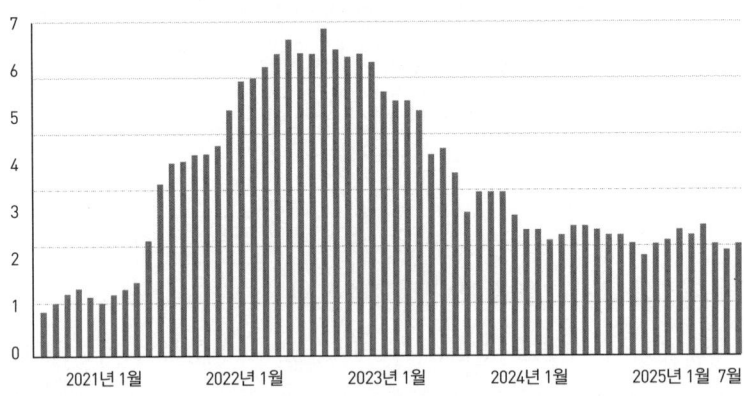

| 미국 Core PCE 5년 차트(2025년 6월 기준) |

◈◈◈ 출처: Investing.com

부 요인과 무관하게 인플레이션 압력이 심화된다는 신호로 해석된다. 반대로 하락하면 물가상승세가 둔화된다는 의미다. 연준이 설정한 이상적인 근원 PCE 기준은 연 2%다.

:: 3) 경기침체 지표

① 제조업 PMI ISM 제조업 구매관리자지수(Manufacturing Purchasing Managers' Index, "제조업 PMI")는 미국 공급관리협회(ISM)가 매달 약 400개 제조업체를 대상으로 설문조사를 실시해 산출하는 경기 선행 지표다. 생산, 신규 주문, 고용, 공급자 배송시간, 재고 등의 항목을 바탕으로 제조업 현장의 체감 경기를 수치화한 것으로, 매월 첫 영업일에 발표된다.

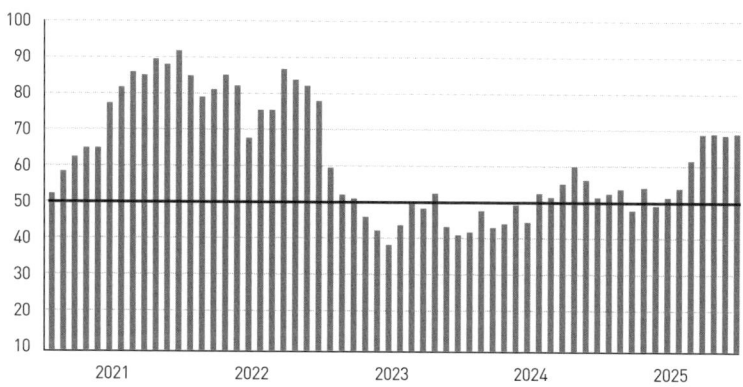

◈◈◈ 출처: Investing.com

② 서비스업 PMI ISM 비제조업 구매관리자지수(Non-Manufacturing Purchasing Managers' Index, "서비스업 PMI")는 미국 공급관리협회가 매달 약 370명 이상의 비제조업(서비스업) 분야의 구매 및 공급·관리 임원을 대상으로 조사해 발표하는 지표다. 서비스 산업 전반의 체감 경기를 수치화한 것으로 매월 셋째 영업일에 발표된다. 앞서도 언급했듯 미국은 GDP의 약 70%가 소비에 기반하는 경제 구조이기에, 미국 내 소비 및 내수 경기 흐름을 가늠하는 지표인 서비스업 PMI에 특히 주목할 필요가 있다.

이 지표들은 비교적 직관적이고 해석하기 쉽다. PMI 수치는 0부터 100 사이의 값으로 제시되며, 기준선은 50이다. 50을 초과하면 경기

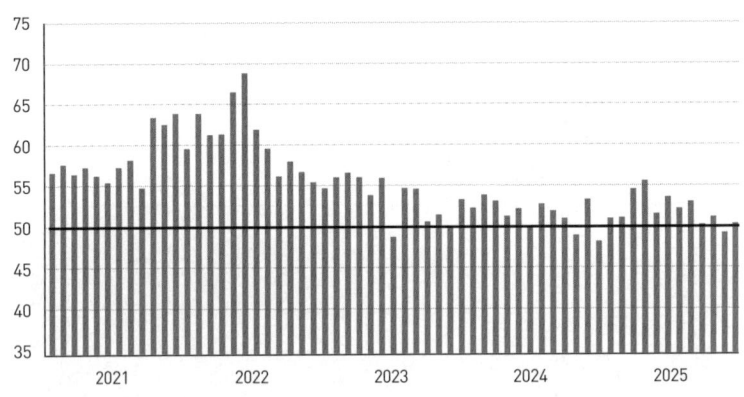

| 미국 ISM 비제조업 PMI 5년 차트(2025년 7월 기준) |

◈◈◈ 출처: Investing.com

확장을 의미하고, 50 미만은 경기 위축을 뜻한다. 예를 들어 55라는 수치는 서비스 산업이 비교적 활발히 성장하고 있음을, 45는 수축 국면에 접어들고 있음을 나타낸다. 다만 한두 달 동안 50을 넘거나 밑돈다고 해서 경기가 즉각적으로 전환된다고 단정 짓기는 어렵다. 역시 장기적 추세를 살펴야 경제의 전반적인 방향성을 알 수 있다.

4. 미국 금리에 따라 바뀌는 자산 배분 전략

앞서도 설명했듯 미국의 금리는 연준이 결정한다. 구체적으로는 연준 이사회 산하에 있는 연방공개시장위원회(FOMC)에서 매년 8차례(1월, 3월, 5월, 6월, 7월, 9월, 11월, 12월) 열리는 회의를 통해 기준금리를 결정한다. 1월, 3월, 6월, 9월, 12월 회의 후에는 금리 결정과 함께 의장의 기자 회견이 열리며, 경제 전망 자료와 함께 '점도표(Dot plot)'가 공개된다. 점도표란 FOMC 위원들이 각자 예상하는 기준금리 수준을 시각적으로 표시한 도표를 말한다. 위원들은 향후 몇 년간 그리고 장기적으로 연준이 어느 수준의 기준금리를 유지할 것으로 보는지를 각자 점으로 표시하고 이 점들이 모여 하나의 도표가 되는데, 그 모습이 마치 별자리를 찍어놓은 것 같다고 해서 위와 같이 불린다. 시장은 이를 바탕으로 금리 방향성을 가늠하게 된다.

2025년 3월에 발표된 점도표를 보자. 총 19개의 점이 표시되어 있다.

Figure 2. FOMC participants' assessments of appropriate monetary policy: Midpoint of target range or target level for the federal funds rate

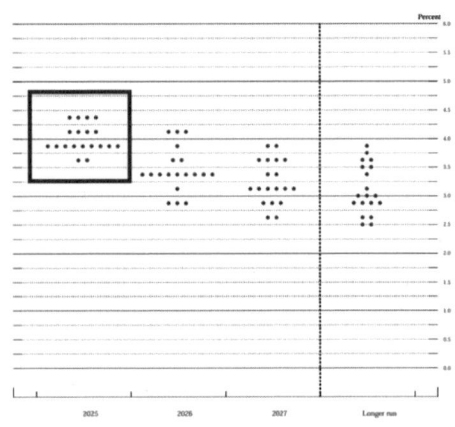

이는 당시 금리 결정권을 가진 19명의 위원이 제시한 2025년 말 금리 전망을 나타낸 것이다. 9개의 점이 3.75~4.00% 구간에 몰려 있는데, 이는 절반 이상인 9명의 위원이 2025년 말까지 기준금리가 현재보다 0.50%p(50bp) 인하될 것으로 봤음을 의미한다. 한편, 4명은 금리를 현재 수준(4.25~4.50%)에서 유지해야 한다고 봤고, 또 다른 4명은 1회 인하(4.00~4.25%)를, 2명은 3회 인하(3.50~3.75%)를 예상했다. 이렇게 분포된 점도표에서 가장 많이 몰린 구간, 즉 중앙값(Median)은 시장의 기준점 역할을 하며, 그 방향성에 따라 인상 또는 인하 기대가 형성된다. 중앙값이 하락하면 금리인하 가능성으로, 상승하면 금리인상 가능성으로 해석된다.

금리 발표 그 자체보다도 더 시장의 주목을 받는 것은 기자 회견에서 의장이 내놓는 경제 해석과 향후 금리 정책의 지속 여부에 대한 발언이다. 또한 회의 종료 약 3주 후 수요일에는 'FOMC 회의록'이 공개되는데, 표면적으로 발표되지 않았던 위원들의 발언, 고민, 쟁점 등을 여기서 볼 수 있다. 연준 내부 분위기와 정책 방향을 엿볼 수 있는 것이다.

연준 위원들의 입장은 보통 두 부류로 나뉜다. 매파(Hawk)는 인플레이션 억제를 위해 금리인상을 선호하는 반면, 비둘기파(Dove)는 경기 부양을 위해 금리인하에 우호적인 입장을 취한다. 기자 회견과 회의록에서 어떤 입장이 우세하게 나타나는가에 따라(매파와 비둘기파 사이의 중도파 인사들의 입장이 결론을 좌우하는 경우가 많다) 시장의 기대심리가 크게 달라진다. 이러한 금리 결정과 그에 따른 메시지는 미국 경제뿐만 아니라 세계 금융시장에 막대한 영향을 준다. 금리인상이 예상되면 전 세계 자금이 높은 수익률을 좇아 미국으로 유입되고, 그 결과 우리나라를 포함한 신흥국에서는 외국인 자금이 빠져나가며 증시 하락이 초래되기도 한다.

지금부터 미국 금리의 인상과 인하가 자산 배분 전략에 어떻게 직결되는지를 설명할 것이다. 이번에 소개하는 내용을 지금 당장 모두 이해할 필요는 없다. 그러나 언젠가 마치 체화된 공식처럼 자연스럽게 입에서 흘러나올 정도로 익숙해져야 할 것이다.

:: 1) 금리인상

　미국의 금리인상은 '돈의 가격이 높아졌으니 보다 신중하라'는 메시지로 해석된다. 통화긴축의 신호이자 위험자산에 대한 경고음이라 할 수 있다. 금리가 오르면 기업과 가계는 대출에 부담을 느껴 소비와 투자를 줄이게 되고, 이는 전체적으로 자금 흐름의 둔화를 초래하기 때문이다. 이에 따라 투자자들은 장기채 비중을 줄이고, 단기채나 머니마켓펀드(MMF)같이 변동성에 민감하지 않은 자산으로 저울추를 이동시킨다. 주식시장에서는 미래 성장에 대한 기대가 높은 성장주보다 현재의 수익과 배당을 안정적으로 제공하는 가치주나 방어주가 선호된다. 자산의 유동성과 보존을 우선시하는 흐름 속에서 현금성자산의 역할 또한 강화된다. 파도가 거세질 것을 예상하고 배의 짐을 낮게 실어 중심을 잡는 것과 같다.

　단기채(Short-term Bonds)란 만기가 짧은 채권을 말한다. 보통 만기가 1년 이하이거나 최대 3년 이하인 채권을 가리킨다고 보면 된다. 대표적으로 국고채, 기업어음(CP), 양도성예금증서(CD) 등이 이에 속한다. 단기채는 금리상승기에도 가격 하락이 크지 않고, 유동성이 좋아서 현금화가 쉽다.

머니마켓펀드(Money Market Fund, "MMF")는 단기금융상품에 투자하는 초단기형 펀드로, CP, CD 등 안정적인 단기 자산에 투자해서 은행 예금보다 약간 더 높은 수익을 주는 상품이다.

가치주(Value Stocks)란 현재 주가가 기업의 내재가치에 비해 저평가된 주식을 말한다. 실적도 괜찮고 자산도 많은데 주가는 싼 경우다. 가치주는 가격 변동성이 적은 대신 안정적이다.

방어주(Defensive Stocks)란 경기의 영향을 덜 받는 기업들의 주식을 말한다. 식품, 통신, 전기, 가스 등 산업들이 이에 속한다. 변동성이 낮은 대신 경기침체기에도 매출과 배당이 꾸준하다.

대체 자산에 대한 판단도 달라진다. 금리가 오르면 부동산이나 사모펀드 등 자산의 투자 매력이 감소한다. 해외 자산에서는 달러 강세 추세를 활용해 달러 표시 자산이나 미국 ETF의 비중을 늘림이 바람직하다고 평가된다. 그리고 글로벌 자금이 미국으로 빨려 들어가는 시점이니, 신흥국보다는 선진국 중심 전략이 비교 우위를 갖는다.

∷ 2) 금리인하

금리인하 국면은 정반대의 흐름을 연출한다. 자금을 빌리는 비용이 하락하므로 투자와 소비에 대한 유인이 강화되기 때문이다. 이 시기 투자자들은 보다 공격적인 자산 배분 전략을 취한다. 중장기 채권의 경우, 금리 하락에 따른 자본 이익을 기대할 수 있어 비중이 늘어나고, 주식시장에서는 성장 잠재력이 높은 성장주와 중소형주가 투자의 중심으로 부상한다. 신흥국 주식이나 하이일드 채권 등 리스크가 높은 상품의 선호도가 올라간다.

하이일드 채권(High-yield Bonds)은 신용등급이 낮은 기업이 발행하는 고위험 고수익 채권으로, 정크본드(Junk bond)라고도 불린다. 금리인하기에는 비교적 매력적이지만, 금리상승기에는 위험도가 커져서 기피하는 경향이 있다.

대체 자산에서도 변화가 뚜렷하다. 금리 하락은 리츠(REITs)나 원자재 같은 실물 기반 자산의 상승 여건을 조성한다. 이들은 낮은 금리 환경에서 상대적으로 높은 수익을 제공하기에 자본의 유입이 활발해진다.

리츠(Real Estate Investment Trusts, "REITs")란 여러 사람이 돈을 모아 부동산에 투자하고, 그 수익(임대 수익, 매각 수익)을 나눠 가지는 회사 또는 펀드를 말한다. 금리가 낮아지면 자본 조달 비용이 줄어들어 부동산 가격이 오르기에 리츠 수익도 증가한다.

달러 약세가 나타나기 시작하면 투자자들은 신흥국 통화 표시 자산이나 달러 약세 수혜국의 채권에 주목하게 된다. 고금리를 제공하는 신흥국 채권이나, 통화 가치 상승 여력이 있는 국가의 자산이 기회의 창이 된다.

자산군	금리인상기	금리인하기
채권	단기채, MMF 비중 확대	중·장기채 비중 확대
주식	성장주 비중 축소, 배당주·방어주 확대	성장주 및 중소형주 비중 확대
대체자산	부동산 및 고위험자산 비중 축소	리츠, 금, 원자재 투자 확대
해외자산	달러 표시 자산 및 미국 시장 ETF 비중 확대	신흥국 통화 표시 자산 및 달러 약세 수혜국 투자 확대

5. 부를 키우는 만능 계좌, ISA

개인종합자산관리계좌(Individual Savings Account, "ISA")는 예금, 펀드, ETF, 주식 등 다양한 금융상품을 하나의 계좌에서 운용하면서 세제 혜택까지 누릴 수 있는 투자 수단이다. 특히 절세와 자산 증식을 동시에 추구할 수 있어 중장기 투자에 유리하다.

∷ 1) ISA의 장점

① 비과세 혜택 ISA의 가장 큰 장점은 바로 비과세 혜택이다. ISA로 번 수익은 최대 200만 원까지 세금을 내지 않아도 된다. 서

민형 계좌의 경우에는 비과세 한도가 400만 원으로 더 넉넉하다. 만약 비과세 한도를 초과하는 수익이 발생하면, 9.9%의 낮은 세율로 분리과세된다. 고소득자의 경우 금융소득종합과세 대상에서 제외된다. 일반적인 국내 주식형 ETF는 매매차익에 대해 양도소득세가 부과되지 않고, 배당소득에 대해서만 15.4% 과세된다. 반면 국내에 상장된 해외 ETF의 경우 매매차익과 배당소득 모두 15.4% 세율이 적용된다. 따라서 ISA 계좌를 활용하면 이 같은 세금 부담을 크게 줄일 수 있다.

② 과세이연 ISA는 가입자가 유지하는 동안 발생한 매매차익에 대해서는 과세가 이연되며, 실제 세금은 해지 시점에 일괄적으로 부과된다. 따라서 운용기간 동안에는 세금 부담 없이 수익금을 재투자할 수 있어 장기적으로 수익률을 높이는 효과가 있다. 나아가, 해지한 후에 연금저축펀드나 IRP 계좌로 자금을 이전하면 추가적인 세제 혜택을 받을 수 있다(만기 후 60일 이내에 이전할 시 이전 금액의 10%(최대 300만 원)에 대해서 소득에 따라 13.2~16.5%를 추가 세액공제 받을 수 있다).

③ 손익 통산 일반적인 주식 계좌에서는 손실 여부와 관계없이 이익에 대해서만 과세가 이루어진다. 예를 들어 100만 원의 이익과 50만 원의 손실이 동시에 발생하더라도, 손실은 세금 계산에서 반영되지 않고 이익 100만 원 전액에 대해 세금이 부과된다. 그러나 ISA 계좌는 다르다. ISA에서는 계좌 전체의 손익을 통산하여 순이

익(이익에서 손실을 뺀 금액)을 기준으로 과세가 이루어진다. 따라서 손익을 합산함으로써 실제 투자자가 부담하는 세금을 줄일 수 있는 효과가 있다. 다만, 국내 주식이나 국내 주식형 ETF의 매매차익은 원래도 비과세이기 때문에 ISA 손익 통산 계산에는 포함되지 않고, 배당소득만 과세 대상이 된다. 이렇게 하나의 계좌 안에서 손익 통산이 가능하여 일반 주식 계좌보다 세금 부담이 적어지는 것이다.

④ 중도 인출　ISA는 납입 원금 범위 내에서 자유로운 중도 인출이 가능하다. 가입자 본인이나 부양가족의 중대한 질병 치료비, 학자금, 결혼 자금, 주택 구입 등에 사용할 수 있다. 예상 가능한 지출이 있을 경우, 일부 금액을 수시 입출금이 가능한 상품(RP, 예금성 상품)으로 구성하는 것이 좋은 전략이 될 수 있다.

∷ 2) ISA의 유형

① 가입자의 조건에 따른 분류　ISA는 가입자의 조건에 따라 일반형, 서민형, 농어민형으로 구분된다. 서민형은 만 19세 이상이면 소득이 없어도 가입할 수 있다. 직전 연도에 근로소득이 있었던 만 15세 이상 19세 미만의 대한민국 거주자 역시 서민형 또는 일반형 ISA를 개설할 수 있다. 일반형은 별도의 소득 증빙 없이 간편하게 가입할 수 있지만, 서민형은 '소득확인증명서'를 제출해야 하며, 농어민형은 여기에 더해 '농어업인확인서' 또는 '농어업경영체 등록확인서'가 필요하다.　1인 1계좌만 개설 가능하며 3년 내 금

| ISA 유형별 비교 |

구분	일반형	서민형	농어민형
가입 대상	만 19세 이상 거주자 최근 1년간 소득 기준 • 근로소득 5,000만원 초과 • 종합소득 3,800만원 초과 * 근로소득이 있는 만 15세 ~18세도 가입 가능	만 19세 이상 거주자 최근 1년간 소득 기준 • 근로소득 5,000만원 이하 • 종합소득 3,800만원 이하 * 소득이 없는 경우도 가능 (소득확인증명서 제출 필요)	최근 1년간 소득 기준 • 농어업에 종사하는 자 • 종합소득 3,800만원 이하 (소득확인증명서, 농어업인확인서 또는 농어업경영체등록확인서 필요)
가입 기간	최소 3년간 유지 의무 이후 자유롭게 해지 가능		
공통 사항	전 금융기관 1인 1계좌, 최근 3년간 1회 이상 금융소득과세대상자일 경우 가입 불가		
연간 납입 한도	최대 2,000만 원 (5년간 최대 1억 원) 연 납입 한도 내에서 미납된 금액은 다음 해로 이월 가능		
비과세 한도	200만 원	400만 원	400만 원
비과세 한도 초과분	초과분에 대해 9.9% 세율로 분리과세 적용		
중도 인출 가능 여부	납입한 원금 범위 내에서는 제한 없이 출금 가능 단, 출금한 금액만큼 납입 한도 복구 불가		
특별 중도 해지	가입자의 사망, 해외 이주 시에는 기간 제한 없이 신청 가능 천재지변, 퇴직, 폐업, 3개월 이상의 입원 또는 요양을 요하는 상해·질병, 저축취급기관의 영업정지 또는 파산의 경우, 그 사유 발생일로부터 6개월 이내 신청 가능		

융소득종합과세대상자(이자 소득과 배당소득 등 금융 소득의 합계가 연 2,000만 원을 초과하는 사람)의 경우 ISA 가입이 불가하다.

증권사마다 신청 방식과 심사 절차가 다를 수 있으므로 정확한 안내를 위해서는 거래를 원하는 증권사에 사전 문의해야 한다.

② 운용 방식에 따른 분류 ISA는 운용 방식에 따라 크게 중개형, 신탁형, 일임형으로 나뉜다. 각 유형은 투자자의 성향과 재정 여건에 따라 선택의 기준이 달라지며, 운용 방식과 수수료 구조, 상품 선택권의 범위에서 차이를 보인다.

⊙ 중개형 ISA: 투자자가 직접 금융상품을 선택하고 운용을 주도하는 방식이다. ISA 중 유일하게 국내 상장 주식에 투자할 수 있다. 별도의 운용수수료가 없다는 점에서 비용 부담이 적으며, 시장 상황에 따라 포트폴리오를 능동적으로 조정할 수 있어 자율성과 수익성을 중시하는 투자자에게 적합하다.

⊙ 신탁형 ISA: 투자자가 일부 상품만 선택하면, 나머지는 금융회사가 신탁 방식으로 운용하는 구조다. 투자 대상이 예금, 채권, 펀드 등 안정적인 자산으로 제한되며, 연 0.2% 수준의 낮은 수수료가 특징이다. 위험을 최소화하려는 보수적인 투자자나 초보 투자자에게 적합한 유형이다.

⊙ 일임형 ISA: 금융회사의 자산운용 전문가가 전반적인 포트폴

리오 구성을 맡아 관리해 주는 방식으로, 투자자가 직접 상품을 고를 필요가 없다. 운용 전략이 체계적이고 전문성이 높다는 장점이 있으나, 상대적으로 수수료가 높으며 자산운용에 대한 주도권이 제한된다는 점에서 투자 결정을 위임할 수 있는 신뢰 기반이 필요하다.

이들 중 추천하는 것은 중개형 ISA다. 국내 주식에 직접투자할 수 있다는 이점이 있고, 수수료가 신탁형, 일임형에 비해 매우 낮아 비용 부담이 적으며 유연한 운용 전략을 펼칠 수 있어 투자 주도권과 성장 잠재력을 모두 누릴 수 있기 때문이다. 2025년 기준으로 ISA 신규 가입자의 80% 이상이 중개형을 선택하고 있다.

:: 3) 주의할 점

① 의무 가입 기간　의무 가입 기간이 최소 3년이다. 이 기간 내에 해지하면 기존에 받은 세제 혜택을 모두 돌려줘야 하며, 수익에 대해 15.4%의 이자소득세가 부과된다.

② 해외 주식 직접투자 불가　ISA를 통해 미국, 일본 등 해외 주식에 직접투자하는 것은 불가능하다. 예를 들어 엔비디아나 애플, 테슬라 같은 해외 주식에 투자할 수는 없다. 다만 국내에 상장된 해외 주식형 ETF(나스닥100 ETF나 S&P500 ETF 등)에는 투자할 수 있다.

③ 중도 인출 시 납입 한도 복구 불가　중도 인출을 할 경우, 납입 한도가 복구되지 않는다. ISA의 연간 납입 한도는 2,000만 원이고 5년간 총 1억 원까지 투자할 수 있는데, 만약 1,000만 원

을 납입한 후 500만 원을 인출했다면 그 해에는 1,000만 원만 더 납입할 수 있다.

6. 계좌 개설부터 첫 매매까지

주식 계좌를 열기로 처음 결심했을 때 가장 먼저 고민하게 되는 건 바로 '어떤 증권사를 선택해야 할까'다. 국내에는 20여 개가 넘는 증권사가 있고, 그들 모두 각기 다른 강점과 특색을 지녔다. 수수료, 모바일 앱의 사용 편리성, 리서치 자료의 질 등 여러 요소를 고려해 자신에게 가장 잘 맞는 증권사를 골라야 한다.

:: 1) 수수료가 저렴한 증권사

초보 투자자라면 빈번한 거래 때마다 부담되는 수수료가 꽤 크게 느껴질 수 있다. 그래서 기본 수수료가 낮거나 수수료 할인 이벤트가 자주 있는 증권사를 고르는 편이 유리하다.

2025년 4월 기준으로 비교적 수수료가 저렴한 증권사로는 나무증권(NH투자증권의 모바일 투자 플랫폼), 미래에셋증권, 키움증권, 한국투자증권을 들 수 있다.

:: 2) 앱 사용성이 좋은 증권사

요즘 투자자 대부분은 스마트폰으로 거래한다. 그래서 앱의 직관적인 구성과 빠른 반응 속도, 편리한 기능이 중요하다. 처음 주식을 접하는 사람에게는 종목 검색과 주문이 쉽고 깔끔한 앱이 특히 큰 도움이 된다.

토스증권은 직관적 인터페이스와 초보자 맞춤형 알림 기능, 다양한 종목과 ETF를 한눈에 비교할 수 있는 구성을 가지고 있다. 나무증권은 모바일 최적화 투자 플랫폼으로, 쉽고 직관적인 사용법이 강점이라고 알려져 있다.

:: 3) 리서치 역량이 뛰어난 증권사

투자를 장기적으로 바라보고 실력을 키우고 싶다면, 수준 높은 리서치 자료를 제공하는 증권사를 선택하는 것이 현명하다. 우수한 리서치 자료는 시황 분석, 산업 동향, 유망 종목에 대한 정기 리포트를 통해 투자 판단에 큰 도움을 준다.

하나증권은 9년 연속 종합 리서치 부문 1위를 차지하며 거시경제, 채권, 해외 자산까지 폭넓게 다룬다. 신한투자증권은 투자 전략, 산업 분석, ETF 자산 배분 등 다양한 리포트를 제공해 중급 이상의 투자자에게 적합하다.

스마트폰만 있으면 비대면으로 간편하게 증권 계좌를 만들 수 있다. 증권사 앱에서 '비대면 계좌 개설'을 선택하고, 간단한 개인 정보를 입력한 뒤 주민등록증이나 운전면허증을 촬영해 제출하면 된다(일부 증권사는 비대면 계좌 개설 시 평생 수수료 할인 혜택을 제공하기도 한다). 시중은행과 연계된 서비스를 이용하면 계좌 개설과 자금 이동이 훨씬 편리하다.

카카오뱅크나 토스는 한국투자, 미래에셋, 삼성, KB, 나무증권, 하나, 신한투자증권 등과 제휴해 은행 계좌와 증권 계좌를 연결한 통합 자산관리 서비스를 제공한다. 각 증권사의 다양한 혜택도 함께 누릴 수 있다.

한 가지 유의할 점은, 대부분 금융기관에서 주식 계좌를 개설한 후 20영업일 이내에는 다른 신규 계좌 개설이 제한된다는 사실이다. 다만 카카오뱅크, 토스, 케이뱅크 등과 제휴된 증권사를 통한 계좌 개설은 '직접 개설'로 보지 않아, 20영업일 제한에서 제외된다. 따라서 제휴 앱을 통해서는 여러 증권사 계좌를 곧바로 개설할 수 있으니 활용하는 것도 하나의 방법이다.

주식 거래가 처음이라면 매매 과정이 복잡하고 어렵게 느껴질 수 있는데, 다행히 대부분 증권사에서는 '주식 모으기'라는 기능을 제공해 초보자가 쉽게 매매를 경험할 수 있도록 해준다. '주식 모으기'는 투자자가 미리 매수 금액과 주기를 설정하면, 자동으로 주식을 정기 매수해 주는 서비스다. 국내외 주식 모두 가능하며, 소수점 단위 투자도 가능해 적은 금액으로도 여러 종목에 분산 투자할 수 있다. 주문 과정을 일일이 신경 쓰지 않아도 자동으로 투자할 수 있고, 덕분에 시장의 단기 변동에 흔들리지 않고 꾸준한 투자 습관을 만들 수 있다. 최소 1,000원부터 시작 가능하므로 '투자는 큰돈이 필요하다'는 선입견을 자연스럽게 해소할 수 있다.

국내 주식, 꼭 알아야 할까?

대한민국의 주식시장은 외견상으로는 훌륭한 시장이다. 상장기업 수는 2,200개가 넘고, 시가총액도 약 1,700조 원으로 세계 10위권 내외를 오간다. 삼성전자, SK하이닉스, 현대차, 삼성바이오로직스 등 세계적 경쟁력을 지닌 제조업체들이 상장돼 있으며, 반도체, 자동차, 배터리 등 글로벌 산업을 선도하는 핵심 기업군이 다수 포진해 있다. 개인 투자자가 손쉽게 공시 자료를 분석할 수 있고, 기업의 주주총회 결과나 IR 발표까지 확인할 수 있다는 점에서 정보 접근성도 높다.

그럼에도 우리는 지금껏 재무상담이나 금융교육을 할 때 국내 주식 투자를 적극적으로 또는 큰 폭으로 권하지 않았다. 한국 기업 특유의 기형적 지배구조와 부족한 투자자 보호 제도 때문이다. 현재로서는 기업의 실적이 성장해도 주가는 오르지 않고, 총수 일가가 이익을 사적으로 이전하며 주주 이익이 훼손되는 구조가 반복될 수밖에 없다(근래 큰 폭의 상법 개정이 논의되고 있고 주주 보호를 위한 몇몇 제도가 도입되었으나 본질적 해결책은 아니다).

대표적인 예가 '물적분할 후 자회사 상장'이라는 방식이다. 예를 들어 대기업 그룹이 신사업을 육성한다는 명목으로 기존 모회사 내부의 한 사업부를 떼어내 자회사로 분리한 뒤, 그 자회사를 따로 상장한다. 이 과정에서 기존 주주들은 분할된 자회사에 대한 지분을 직접 받지 못한 채 사실상 모회사의 이익 일부를 상실하게 된다. 반면, 총수 일가나 특수관계인들은 분할 자회사에 미리 투자하거나 지분을 보유한 뒤 상장을 통해 막대한 시세차익을 실현한다. 형식적으로는 위법하지 않지만, 실질적으로는 모회사 주주의 이익을 총수 일가가 가져간 것과 다름없다. 이로 인해 많은 장기 투자자들이 기업의 성장성과 무관하게 주가 상승의 혜택을 누리지 못하게 된다. 기업의 가치를 공유하고자 하는 장기 투자의 관점에서는, 지배구조 개선과 주주환원정책의 투명성이 확보되지 않은 이런 시장에 자본을 투입하는 것은 비효율적이다.

물론 무턱대고 총수 일가를 비난할 수는 없다. 현재와 같은 비이성적인 상속세 부담과 규제 환경, 경영권 승계를 둘러싼 법적 장애물 등을 감안하면, 총수 일가가 생존 전략 차원에서 우회적으로 지배력 강화를 시도하는 것은 당연하고도 불가피한 결과이기 때문이다. 현행 상속세 체계는 대주주의 세대 간 경영 승계를 어렵게 만들며, 이로 인해 정상적인 방식으로는 장기적 경영권 유지가 현실적으로 불가능하다. 시가 1,000억 원 규모의 기업 지분이 2세를 거쳐 3세에 이르는 동안 각 단계마다의 과세로 인해 실제로 이전 가능한 지분이 100억 원 남짓에 불과해지는 지금의 구조 속에서는, 시간이 흐를수록 경영권 방어에 필요한 지분율은 현저히 축소될 수밖에 없다. 정상적인 방식으로는 도저히 적대적 인수합병에 대항할 수 없으니 총수로서는 경영권의 연속성을 유지하기 위해 신주인수권부사채, 전환사채, 계열사 간 내부 거래, 물적분할 후 자회사 상장 등 우회적 수단을 활용할 수밖에 없는 것이다. 결국 개별 기업의 문제가 아니라 법과 제도의 문제라 할 수 있다.

최근 모 그룹은 물적분할 이후에도 자회사 상장을 배제하고, 지주사가 자회사 지분을 100% 보유하는 방식으로 소수주주의 이익을 보호하고자 하는 새로운 방향성을 제시한 바 있다. 이러한 기업들은 지속 가능한 지배구조를 구축하고자 하는 의지가 뚜렷하다는 점에서 주목할 만하다. 그러나 이런 사례는 적어도 현재로서는 소수에 불과하고, 지금의 제도하에서 향후 유사 사례가 많이 나오기를 기대하기도 무리다.

이런 문제는 상속세율을 최소한 OECD 평균 수준인 15% 선으로 조정하거나 아예 폐지하면 어느 정도 해결되리라 본다(세율 인하가 정치적으로 어렵다면 미국처럼 차등의결권제나 포이즌필 같은 경영권 방어 장치라도 도입해야 할 것이다). 그러나 제도적으로 허용된 수단을 활용하는 행위조차 '일감 몰아주기', '탈세', '사익 편취' 등의 언어로 비난받는 일이 잦은 현실에서 그런 과감한 제도 개편을 단행하기란 쉽지 않다. 엄밀히 상속세·법인세 인하는 국장 개미 투자자들을 위한 것이고, 기업이 법인세를 과도하게 부담할수록 배당 여력이 줄어들며 자사주 소각이나 투자 확대, 신규 채용, 기술 개발 등 주주환원정책은 후순위로 밀려난다는 진실을 말해 주는 정치인은 거의 없다. 자산관리 전문가로서는 이런 상황에서 국내 주식시장에 대한 투자를 적극 권하길 주저할 수밖에 없다.

보통 재벌을 악의 축 정도로 생각하지만 엄밀히 자유시장경제의 관점에서 재벌이 이익을 취하는 것 자체는 아무런 문제가 없다. 그 자본이 산업을 육성하고 고용을 창출하며, 결과적으로 사회 전반의 경제 활력을 높이는 데 기여하기만 한다면 오히려 적극 장려되어야 한다. 오로지 비판받아야 하는 것은 총수 일가가 경영 능력이 부족하거나 산업에 대한 통찰력도 없으면서 단지 지배권 강화를 위한 수단으로써 자산을 이동시키고 소수주주들에게 피해를 입히는 행태다.

그럼에도 국내 시장 투자를 염두에 둔 최소한의 소양은 갖춰야 한다. 어쨌든 우리가 사용하고 소비하는 통화는 원화이고, 우리의 소득, 지출, 세금, 부동산 자산, 노후의 현금흐름은 모두 국내 실물 경제와 직결된다. 수익이 원화로 환산되는 과정에서의 환율 리스크를 피할 수 없는 해외 자산과 달리, 국내 주식은 환차손 부담 없이 원화 기준 자산을 운용할 수 있는 거의 유일한 유동 자산이다. 더욱이 국내 시장은 정보 접근성 측면에서 언어 장벽 없이 가장 가깝고 이해하기 쉬운 시장이다. 외국 기업의 실적 발표와 주가 흐름을 파악하는 데는 (시간대가 다르다는 문제는 차치하고) 상당한 전문성과 외국어 능력이 필요하다. 반면 국내 기업의 경우 상대적으로 빠르고 풍부한 정보를 공시를 통해 파악할 수 있으며, 특히 중소형주나 틈새 업종에서는 정보 격차가 곧 초과 수익으로 이어질 가능성도 존재한다.

물론 국내 주식도 글로벌 공급망, 금리 정책, 지정학적 긴장 등 세계 시장 전반의 흐름에 영향을 받는다. 그러나 그러한 연동성은 주식시장 전반에 공통적으로 존재하는 속성이며, 오히려 그 안에서 국내 기업 고유의 경쟁력과 산업 구조를 분석하고 해석하는 능력이 더욱 중요해진다.

국내 주식시장이 구조적인 제약을 안고 있기 때문에 우리는 그러한 제약을 냉정히 인식하고 기업의 내면을 꿰뚫어 보는 능력을 길러야 한다. 우리가 일상적으로 소비하고 살아가는 모든 제품과 서비스 뒤에는 코스피·코스닥 기업들이 있고, 그 기업들이 어디에 자금을 배분하며 어떤 의사결정을 내리는지는 우리 삶에 실질적인 영향을 끼친다. 이들 기업들의 사업구조와 실적 흐름을 이해할 수 있다면, 글로벌 투자자보다 더 빠르고 정확한 판단을 내릴 기회도 가질 수 있다. 무엇보다도, 언젠가는 정치적 감정에 기대어 부의 이전을 단죄하면서 경제 활력 저하와 소액 투자자 피해라는 대가를 지불하는 지금의 경향이 사라질 것이라는 한 줄기 기대를 완전히 버릴 수 없다는 면도 있다.

1. 잃지 않는 투자는 재무제표에서 시작된다

투자에서 얼마나 많은 이익을 얻느냐보다 더 중요한 것은 리스크를 어떻게 현명하게 관리하느냐다. 국내 주식 투자에 있어 많은 투자자들은 미래에 주가가 오를 가능성이 높은 '좋은 기업'을 선별하는 데 온 힘을 쏟는다. 하지만 그보다 더 시급한 과제는 재정적으로 취약한 '위험한 기업'을 걸러내는 일이다. 장기적으로 주가가 꾸준히 상승할 기업을 찾는 것 역시 중요하지만, 그에 앞서 만성적인 적자에 시달리거나 과도한 부채에 짓눌린 기업, 또는 경영 불안정성이 높은 기업을 피하는 것이 순서다.

주식 투자자들 사이에서 가장 자주 들려오는 후회의 말은 '그 종목을 사야 했는데'가 아니라 '그 종목을 사지 말았어야 하는데'다. 단 한 번의 잘못된 선택이 지금까지 쌓아온 수익을 송두리째

잃게 만들 수 있다. 뛰어난 종목을 찾는 것만큼 위험 종목을 회피하는 전략 역시 매우 중요하다. '싸게 사서 비싸게 파는' 능력을 가지려면 우선 '비싸게 사서 싸게 팔지 않는' 능력부터 익혀야 하는 것이다. 그렇다면 어떻게 기업의 재무 건전성을 판단할 수 있을까? 그 해답은 '재무제표'에 있다.

가장 신뢰할 수 있는 기업 정보는 금융감독원의 전자공시시스템(DART)에서 확인할 수 있다. 다만 보다 간략한 지표를 빠르게 훑어보고자 할 때는 네이버 증권이 더 직관적이고 편리하다. 보다 깊이 있는 정보를 얻으려면 비교적 방대한 재무 데이터와 정교한 기업 분석 자료를 갖춘 '에프앤가이드'가 적합하다. 초보 투자자라면 우선 네이버 증권을 통해 개괄적인 수치와 흐름을 파악한 뒤, 필요에 따라 DART를 활용해 세부적인 공시 자료를 면밀히 살펴보는 방식으로 분석의 깊이를 더해가는 것이 바람직하다.

:: 1) 재무제표를 볼 줄 알아야 하는 이유

재무제표를 보면 기업의 재무구조가 자산, 부채, 자본이라는 세 가지 축 위에 세워져 있음을 알 수 있다. 자산은 기업이 소유한 모든 경제적 가치의 총합이다. 부채는 외부로부터 차입한 자금, 즉 향후 상환해야 할 금전적 의무를 뜻한다. 자본은 이 둘의 차액으로, 자산에서 부채를 제외한 순수한 자기 몫으로서 기업의 재정적

건전성을 보여주는 지표다(자산=부채+자본). 부채가 많다고 해서 반드시 위험하다고 단정할 수는 없지만(조선업이나 방산업처럼 선행투자와 장기 프로젝트 중심으로 운영되는 산업은 구조적으로 부채비율이 높다. 항공업 역시 항공기를 직접 구입하기보다는 리스에 의존하는 경우가 많고, 고정비가 크기 때문에 부채비율이 높게 나타나는 대표적인 산업이다), 부채가 너무 많거나 수익을 전혀 내지 못하는 기업은 경계해야 한다.

A씨는 퇴직 후 치킨집을 차려 창업 1년 차에 처음으로 재무제표를 작성했다. 자산 총액은 1억 5,000만 원이며(이 자산에는 주방에 설치된 튀김기와 오븐, 매장 인테리어 비용, 냉장·냉동 설비, 테이블과 의자, 배달용 오토바이, 초도 물품 재고, 통장에 있는 현금 등이 포함된다), 부채 8,000만 원과 자본 7,000만 원으로 구성돼 있다. 부채는 창업 초기에 은행에서 빌린 대출금 6,000만 원과, 아직 결제하지 않은 식자재 및 인테리어 외상값 2,000만 원이다. 자본은 A씨가 직접투자한 자금 5,000만 원에, 1년간의 영업으로 벌어들인 순이익 2,000만 원이 더해져 총 7,000만 원이다.

그런데 이 회계 등식만으로는 기업이 '잘 버티고 있는지', 혹은 '얼마나 잘 벌고 있는지'를 다 설명할 수 없다. 재무제표를 통해 기업의 진짜 모습을 보려면 수익성·안정성·효율성·시장 가치 등의 범주로 지표를 나누어서 검토해야 한다. 여기서는 그 지표들 중

| 기업의 본모습을 구성하는 요소들 |

1. 매출액, 영업이익, 당기순이익, EPS(주당순이익), 이자보상배율
2. 유보율, 부채비율
3. ROE(자기자본이익률)
4. PER(주가수익비율)
5. PBR(주가순자산비율)

현대차 005380 코스피 2025.09.05 기준(KRX 장마감) 실시간 기업개요▼

KRX	NXT				넥스트레이드(NXT) ?
220,000		전일 221,500	고가 222,500 (상한가 287,500)	거래량 245,652	
전일대비 ▼1,500 -0.68%		시가 222,000	저가 219,500 (하한가 155,600)	거래대금 54,130 백만	

한국거래소(KRX) 제공 ?

| 종합정보 | 시세 | 차트 | 투자자별 매매동향 | 뉴스·공시 | **종목분석** | 종목토론 | 전자공시 | 공매도현황 |

| 기업현황 | 기업개요 | 재무분석 | 투자지표 | 컨센서스 | 업종분석 | 섹터분석 | 지분현황 | 🖨 인쇄 |

현대차 🔊 005380 | HyundaiMtr | KOSPI : 코스피 운송장비·부품 | WICS : 자동차

| EPS **42,461** | BPS **423,665** | PER **5.18** | 업종PER **4.43** | PBR **0.52** | 현금배당수익률 **5.45%** | 12월 결산 |

◈◈◈ 네이버증권에서 현대차 기업 현황을 검색한 화면이다.

대표적인 것들을 추려서 설명한다. 자산, 부채, 자본이 그 기업의 실루엣(윤곽)이라면, 아래의 지표들은 기업의 본모습을 구성하는 요소들이다.

  네이버증권에서 관심 있는 종목을 검색한 뒤 '종목분석 〉 기업현황' 탭을 클릭하면 나오는 주요 지표들도 이것이다.

주요재무정보	연간				분기			
	2022/12 (IFRS연결)	2023/12 (IFRS연결)	2024/12 (IFRS연결)	2025/12(E) (IFRS연결)	2024/12 (IFRS연결)	2025/03 (IFRS연결)	2025/06 (IFRS연결)	2025/09(E) (IFRS연결)
매출액	1,421,515	1,626,636	1,752,312	1,850,034	466,237	444,078	482,867	446,212
영업이익	98,249	151,269	142,396	128,211	28,222	36,336	36,016	27,751
영업이익(발표기준)	98,249	151,269	142,396		28,222	36,336	36,016	
세전계속사업이익	111,815	176,187	177,814	157,816	31,189	44,646	43,853	35,497
당기순이익	79,836	122,723	132,299	118,835	24,742	33,822	32,504	27,985
당기순이익(지배)	73,644	119,617	125,267	111,821	22,803	31,573	29,983	24,831
당기순이익(비지배)	6,192	3,106	7,032		1,938	2,249	2,521	
자산총계	2,557,425	2,824,634	3,397,984	3,539,365	3,397,984	3,436,303	3,397,025	
부채총계	1,648,459	1,806,539	2,195,225	2,261,100	2,195,225	2,220,651	2,181,654	
자본총계	908,965	1,018,094	1,202,759	1,278,264	1,202,759	1,215,652	1,215,371	
자본총계(지배)	823,493	924,973	1,091,034	1,164,707	1,091,034	1,102,374	1,102,772	
자본총계(비지배)	85,473	93,121	111,725		111,725	113,278	112,599	
자본금	14,890	14,890	14,890	14,827	14,890	14,890	14,890	
영업활동현금흐름	106,273	-25,188	-56,616	122,479	-39,312	20,029	-10,433	
투자활동현금흐름	-12,035	-86,494	-146,235	-131,292	-52,475	-30,679	-19,463	
재무활동현금흐름	-13,245	93,934	194,933	35,248	128,403	-1,352	27,872	
CAPEX	40,150	70,708	80,613	75,855	24,367	20,849	17,718	
FCF	66,123	-95,895	-137,230	17,302	-63,679	-820	-28,151	
영업이익률	6.91	9.30	8.13	6.93	6.05	8.18	7.46	6.22
순이익률	5.62	7.54	7.55	6.42	5.31	7.62	6.73	6.27
ROE(%)	9.36	13.68	12.43	9.91	12.43	12.13	10.95	
ROA(%)	3.26	4.56	4.25	3.43	4.25	4.14	3.81	
부채비율	181.36	177.44	182.52	176.89	182.52	182.67	179.50	
자본유보율	5,654.49	6,248.81	7,001.51		7,001.51	7,085.35	7,182.30	
EPS(원)	26,592	43,589	46,042	41,824	8,401	11,632	11,216	9,356
PER(배)	5.68	4.67	4.60	5.26	4.60	4.30	4.79	
BPS(원)	315,142	351,861	413,568	447,454	413,568	423,512	423,665	
PBR(배)	0.48	0.58	0.51	0.49	0.51	0.47	0.48	
현금DPS(원)	7,000	11,400	12,000	12,160	6,000	2,500	2,500	
현금배당수익률	4.64	5.60	5.66	5.53	2.83	1.27	1.23	
현금배당성향(%)	24.85	25.07	25.13	22.27	68.69	20.61	21.70	
발행주식수(보통주)	213,668,187	211,531,506	209,416,191		209,416,191	209,416,191	204,757,766	

기업을 사람의 몸에 비유한다면, ⓐ 매출액은 식사로 섭취한 영양분이고, ⓑ 영업이익은 그 영양분이 소화 및 흡수되어 실제 에너지로 전환된 상태다. ⓒ 당기순이익은 몸에 순환되고 최종적으로 남은 유효 생체에너지에 해당하고, ⓓ 주당순이익은 세포 하나하나에 전달되는 에너지의 효율성이라 할 수 있다. ⓔ 이자보상배율은 심폐 지구력으로, 이자 상환이라는 외부 압박 속에서 몸이 얼마나 잘 숨쉬고 버틸 수 있는지를 드러낸다. ⓕ 부채비율은 인체가 수혈이나 목발 등에 의존하고 있는 정도를 보여준다. ⓖ 유보율은 환경 변화에 버틸 수 있는 비축 능력으로서 면역력에 대응한다. ⓗ 자기자본이익률(ROE)은 근육 수축의 효율성이다. 기업이 얼마의 자본으로 얼마의 수익을 낼 수 있는지, 즉 기업의 근육량당 에너지 전환 효율을 가리킨다. ⓘ 주가수익비율(PER)은 시장이라는 이름의 의사가 내리는 예후 판단이다. 끝으로 ⓙ 주가순자산비율(PBR)은 장기 생존 가능성과 회복 탄력성을 평가하는 임상 지표다.

 어떤 이유에서 이렇게 대응되는지를 이제부터 하나하나 살펴보자.

:: 2) 매출액, 영업이익, 당기순이익, 주당순이익, 이자보상배율

 기업의 실적을 가늠할 때 가장 먼저 주목해야 할 것은 단연 '수익성'이다. 수많은 재무 지표들 가운데에서도 특히 눈여겨볼 다섯 가지는 바로 매출액, 영업이익, 당기순이익, 주당순이익(EPS), 이

자보상배율이다. 이들 지표는 기업이 자본을 얼마나 능률적으로 운용해 이익을 창출하고 있는지 보여준다.

우량한 기업은 대개 이들 수치가 일정한 추세를 따라 완만하게 상승하는 모습을 보여준다. 물론 경기의 흐름이나 일시적인 비용 증가 등 외생적 요인으로 인해 단기적으로 수치가 요동칠 수는 있다. 그러나 장기적으로 보았을 때 뚜렷한 성장 곡선을 그리는 기업이라면, 대체로 안정적이고 내실 있는 경영 기반을 확보하고 있다고 보아도 무방하다.

① 매출액 기업이 일정 기간 동안 상품을 판매하거나 서비스를 제공함으로써 벌어들인 총 수익을 매출액이라 한다. 기업이 외부와의 거래를 통해 실현한 경제적 성과의 출발점이라 할 수 있다(흔히 '매출'이라고 약칭한다).

② 영업이익 매출액에서 제품 생산과 서비스 제공에 직접적으로 소요된 비용과 인건비, 임대료, 광고비 등 영업 활동과 관련된 모든 비용을 차감하고 남은 금액(기업이 본업을 통해 벌어들인 이익)을 영업이익이라 한다.

A씨의 치킨집이 하루 동안 치킨 100만 원어치를 팔았는데, 여기서 재료로 쓰인 닭고기와 치킨무, 조리와 배달을 맡은 직원의 인건비, 매장의 임대료, 전기세, 광고비 같은 각종 운영비를 차감하고 20만 원이 남았다고 가정해 보자. 매출액은 100만 원이고, 영업이익은 20만 원이다.

③ 당기순이익   기업의 수익 구조는 여기서 끝나지 않는다. '영업 외 수익'과 '영업 외 비용(각종 금융비용, 세금 등)'이라는 항목이 존재하기 때문이다. 영업이익에 영업 외 수익을 더하고 영업 외 비용을 차감해 계산된 최종적 수익을 당기순이익이라 한다.

A씨가 치킨집 운영 자금을 마련하기 위해 은행에서 대출을 받은 경우 그 대출금에 붙는 이자 비용은 '영업 외 비용'에 해당한다. 그 밖에도 각종 세금 또한 영업 외 비용에 속한다. 만약 A씨가 매장 내 여유 공간을 제3자에게 임대해 임대료 수입을 얻었다면 이는 '영업 외 수익'이다.

당기순이익은 기업의 최종 성적표라 할 수 있지만 일시적 요소들에 영향을 받기 쉽다(한 해 동안 우연히 큰 투자수익이 발생했거나 막대한 일회성 비용을 지출했다면 당기순이익이 크게 출렁일 수밖에 없다). 따라서 투자자의 시선에서 가장 중점적으로 살펴봐야 할 지표는 당기순이익보다는 영업이익이라고 할 수 있다. 영업이익은 기업이 본업을 통해 꾸준히 창출한 '본질적 이익'이기에 경영의 안정성과 효율성을 보여주는 지표로 더 신뢰할 만하다. 매출이 지속적으로 늘어남에도 불구하고 영업이익률(매출 대비 영업이익의 비율)이 하향세를 보인다는 것은 수익성 악화의 징후일 수 있다. 그러한 추세는 기업이 외형적 성장에 비해 내실을 다지는 데는 실패하고 있다는 신호일 가능성이 높다. 경쟁이 심해져 가격을 낮춰야 했거나,

원자재 가격이 급등했거나, 인건비 등 고정비 부담이 커졌을 가능성이 있다.

④ 주당순이익 기업이 벌어들인 순이익을 그 기업이 발행한 주식 수로 나눈 값을 주당순이익(Earnings Per Share, "EPS")이라 한다. 쉽게 말해 '한 주당 얼마의 이익을 냈는가'를 나타내는 지표라고 할 수 있다.

예를 들어 A라는 회사가 보통주 100주를 발행했다고 하자. 이 회사가 한 해 동안 벌어들인 당기순이익이 100만 원이라면, 이 100만 원을 100주로 나누게 된다. 그렇게 되면 한 주당 벌어들인 이익, 즉 EPS는 1만 원이 된다. 주식 한 주가 1만 원의 이익을 만들어 냈다는 뜻이다. EPS가 높다는 것은 그만큼 기업이 효율적으로 돈을 벌고 있다는 의미다. 반대로 EPS가 낮거나 마이너스라면, 기업이 이익을 내지 못하거나 손실을 보고 있다는 신호가 된다.

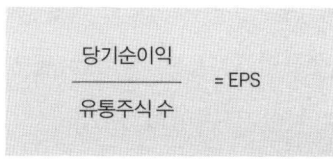

⑤ 이자보상배율 마지막으로 한 가지 지표를 추가함으로써, 단순히 '얼마를 벌었는가'를 넘어 그 수익이 실제로 기업의 체력을 뒷받침할 수 있을 만큼 튼튼한지를 판단할 수 있다. 심폐 지구력에 해당하는 이자보상배율(Interest Coverage Ratio)이다. 이는 기

업이 벌어들인 영업이익으로 이자 비용을 얼마나 감당할 수 있는지를 보여주는 지표로, 산출 공식은 다음과 같다.

$$\frac{영업이익}{이자비용} = 이자보상배율$$

겉보기에 영업이익이 커 보여도 채무에 대한 이자를 감당하지 못할 정도로 부담이 크다면, 그 수익은 실질적인 힘이 되지 못한다. 이자 비용이 1을 밑돈다면(예를 들어 영업이익이 500억 원인데 이자 비용이 600억 원이면 이자보상배율은 0.83이다) 잠재적 부실기업으로 평가되며, 그 상태가 3년 이상 지속된다면 한계기업이라고 판단할 수 있다. 일단은 심장 박동도 들리고 팔다리도 움직이기는 하지만 숨이 점차 멎어가는 상태인 것이다. 만성적으로 이자보상배율이 낮다면 채무 재조정, 자산 매각, 비용 절감, 자본 재조달(증자 등)로 구조를 개선해야 한다. 이 작업을 제때 하지 않으면 유동성 위기나 도산으로 이어질 수 있다.

투자자 관점에서 이자보상배율이 3 이상이면 재무적으로 건실한 기업이라고 간주할 만하다. 다만 경기에 민감한 업종의 경우 좀 더 가중치를 둘 필요가 있다. 업황이 나쁠 때 이익이 급감해도 이자 지급을 계속 감당할 수 있어야 하니 아무래도 여유 폭이 더 필요하기 때문이다.

| 이자보상배율 해석 기준 |

분류	평가	해석
5 이상	매우 양호	이자 부담이 거의 없고, 외부 충격에 안정적으로 버틸 수 있다.
3~5	건실	영업이익으로 이자 비용을 넉넉히 감당할 수 있다.
2~3	보통	이자 지급에는 무리가 없지만 경기침체나 금리상승 시 취약할 수 있다.
1~2	주의	이자 감당에 다소 벅찼던 흔적이 보인다. 재무구조 개선이 필요하다.
1미만	위험	이자 부담에 허덕인다. 유동성 위기나 신용등급 강등 위험이 있다.

∷ 3) 유보율과 부채비율

기업의 재무 건전성을 평가할 때 빼놓을 수 없는 두 가지 지표가 있다. 면역력을 나타내는 '유보율'과, 외부 의존도를 가리키는 '부채비율'이다.

① 유보율 주주들이 기업에 출자한 자본금(주식을 살 때 낸 실제 투자금액)의 합계를 납입자본금(Paid-in Capital)이라 하고, 기업이 영업 활동을 통해 벌어들인 순수익 중 주주에게 배당하지 않고 (재투자나 미래 대비를 위해) 내부에 쌓아둔 돈을 이익잉여금(Retained Earnings)이라 한다. 그리고 기업이 주식을 발행할 때 액면가를 초과하여 받은 금액(주식을 원래 가격보다 비싸게 팔아 번 초과이익)에서 발생하는 잉여금을 자본잉여금(Capital Surplus)이라 한다.

자본잉여금은 기업의 성장과 확장에 필요한 재원을 늘리는 데 사용된다. 배당금 지급이나 무상증자(주식배당) 재원으로도 활용된다.

이때 이익잉여금과 자본잉여금의 합계가 납입자본금 대비 어느 정도인지를 백분율로 나타낸 것을 가리키는 지표가 바로 유보율이다.

$$\frac{이익잉여금 + 자본잉여금}{납입자본금} \times 100 = 유보율$$

유보율이 낮다는 것은 지금 당장은 건강해 보이더라도 감기 한 번, 충격 한 번에 쓰러질 수 있는 면역 결핍 상태임을 나타낸다. 유보율이 높다는 것은 충분한 백혈구와 면역 항체를 갖춘 상태, 즉 외부 차입 없이도 사업을 확장하거나 위기 상황에 대응할 수 있는 재정적 자립도가 높은 상태라는 의미다. 향후 시설 투자나 연구·개발, 주주배당, 무상증자 등 전략적 결정을 자율적으로 실행할 수 있을 만큼 자금 여력이 충분하다는 것이다. 보통 유보율이 1,000%를 넘으면 미래 성장 동력을 확보한 건실한 기업으로 평가받는다.

② **부채비율** 기업이 외부로부터 빌린 자금(대출금이나 회사채 발행, 외상 거래 등)을 합친 것을 총부채(Total Liabilities)라 하고, 주주가

출자한 자본에 이익잉여금과 자본잉여금 등을 더한 것을 총자본(Total Equity)이라 한다. 여기서 총부채가 총자본 대비 어느 정도인지를 백분율로 나타낸 것이 바로 부채비율이다. 쉽게 말해 기업의 자본 중에서 외부 자금(타인 자본)이 얼마나 차지하고 있는지를 나타내는 지표라 할 수 있다.

$$\frac{총부채}{총자본} \times 100 = 부채비율$$

부채비율이 낮다는 것은 곧 기업이 경기침체나 금리인상 등 외부 충격에도 잘 버틸 수 있는 내구성을 갖췄다는 뜻이다. 일반적으로 부채비율이 100% 이하라면 기업이 자기자본의 범위 내에서 안정적으로 경영 활동을 영위하고 있는 것으로 간주할 수 있다.

부채비율이 높다는 것은 기업이 자기 돈보다 외부에서 끌어온 자금에 의존하고 있다는 의미다. 내 돈보다는 주로 남의 돈으로 운영되는 회사이니, 자체적 혈액 생산이 부족해 외부 수혈에 지나치게 의존하는 몸과 같다. 부채비율이 200%를 넘어간다면 수명 연장 장치를 단 상태로 평가할 수 있는데, 그 상태에서 금리인상 등 외부 충격을 받아 자칫 장치의 전원이 꺼지기라도 하면 생존이 위협받을 것이다.

:: 4) 자기자본이익률(ROE)

자기자본이익률(Return on Equity, "ROE")은 기업이 자기자본(주주들이 투자한 자금), 다시 말해 '내 돈'을 얼마나 효율적으로 운용해 이익을 창출했는지를 보여주는 지표다. 근육이 튼튼하고 효율적일수록 적은 노력으로 큰 성과를 내듯, ROE가 높을수록 기업은 적은 자기자본으로 많은 이익을 만들어 낸다. 계산식은 다음과 같다.

$$\frac{당기순이익}{자기자본} \times 100 = ROE$$

예를 들어 주주들이 투자한 돈과 회사가 벌어들인 이익의 합이 10억 원이고, 1년간 이 회사가 순수하게 벌어들인 돈(당기순이익)이 1억 원이라면, 자기자본이익률은 10%가 된다.

일반적으로 ROE가 꾸준하게 10% 이상인 기업은 수익성과 자본 운용의 효율성 측면에서 우수하다고 평가받는다. 특히 ROE가 15% 이상으로 유지되면서도 변동성이 크지 않다면, 기업이 안정적인 수익 구조를 갖췄다는 신호로 받아들여진다. 워런 버핏 역시 투자 대상 기업이 10년간 평균 ROE가 20%를 초과하고, 그 기간 단 한 해도 15% 미만으로 떨어지지 않았는지를 확인한다고 말한 바 있다.

이 기준은 업종이나 시장 상황에 따라 달라질 수 있다. 대체로 IT나 소프트웨어 업종은 자본 투입 대비 수익성이 높은 축에 속하고 성장 속도가 빠르기에 ROE 목표치를 비교적 높게 잡는다. 은행·보험 등 금융업이나 자동차·전자 등 제조업은 그보다는 낮은 편이다. 금융업은 자본이 많이 들어가고 리스크 관리가 중요하며, 제조업은 설비 투자 및 원자재 비용이 많이 소요되기 때문이다.

주의해야 할 것은, 간혹 부채를 활용해 자기자본을 상대적으로 줄임으로써 ROE를 인위적으로 끌어올리는 경우가 있다는 사실이다. 자본이 적으면 같은 순이익에도 ROE가 더 높게 나타나기 때문이다. 재무 건전성과 수익성의 균형을 정확하게 파악하려면 ROE 하나만 보아서는 안 되고 부채비율 등과 함께 살펴보아야 한다.

:: 5) 주가수익비율(PER)

주가수익비율(Price to Earnings Ratio, "PER")은 그 기업의 주식이 현재 시장에서 고평가되었는지, 아니면 저평가되었는지를 가늠하는 지표다. 다음과 같이 계산한다.

$$\frac{주가}{주당순이익} = PER$$

어떤 기업의 PER이 10이라는 것은, 그 회사가 매년 벌어들이는 순이익을 고스란히 쌓았을 때, 지금의 주가를 회수하는 데 10년이 걸린다는 뜻이다. 다시 말해 PER은, '이익 대비 가격이 몇 배인가', 그리고 '현재 주가에는 얼마나 많은 기대가 반영되어 있는가'를 가늠하는 창구라 하겠다.

PER이 낮다는 것은 시장에서 해당 기업의 주가가 상대적으로 저평가되었을 가능성이 있음을 의미한다. 반대로 PER이 높다면, 단순 수익성뿐 아니라 미래 성장성이나 시장의 기대 심리가 미리 반영되었다고 생각하는 것이 좋다. 신약 개발 중인 바이오 기업이나 폭발적인 성장을 이어가는 IT 기업들처럼, 현실의 이익보다 앞으로의 잠재력이 더 주목받는 기업들이 여기에 해당한다.

PER 역시 산업마다 기준선이 다르다. 현금흐름이 안정적인 금융업이나 전통 제조업은 PER이 비교적 낮게 형성되는 반면, 아직 이익은 적지만 성장성이 큰 플랫폼, 게임, 바이오 산업 등은 PER이 높아지는 경향이 있다. 따라서 PER 수치는 반드시 동일 산업군 내에서 상대적으로 비교해야 의미가 있다.

이와 함께 참고할 수 있는 도구가 바로 'PER 밴드 차트'다. 이는 PER 수치가 과거 어느 범위 안에서 움직였는지를 시각적으로 보여주는 그래프인데, 이를 통해 현재 PER이 그 기업의 역사적 평균과 비교해 어떤 위치에 있는지를 판단할 수 있다. 예를 들어 PER 밴드가 완만하게 우상향하고 있는데도 주가가 하단 근처에 머무른다는 것은, 기업 이익의 성장 속도를 아직 주가가 따라가지 못한다는 신호일 수 있다. 잠재적 저평가 구간으로 해석할 수 있는 것이다. 반대로 PER 밴드의 상단에 주가가 형성되었다면, 기대감이 과도하게 반영된 상태일 수 있으니 주의가 필요하다.

PER은 기업의 가치를 판단하는 하나의 단서일 뿐이므로 이것만 보고 투자 판단을 내리는 것은 성급한 접근이다. 금리, 환율, 경기 흐름 같은 거시경제 여건은 물론, 산업 구조나 시장 주기, 심지어 규제 환경까지도 함께 고려해야 보다 정교한 평가가 가능하다.

:: 6) 주가순자산비율(PBR)

회사를 오늘 당장 정리(청산)했을 때 주주들에게 돌아갈 수 있는 순수한 자산(건물, 토지, 재고, 현금 등)의 총합을 순자산이라 하고, 그 순자산을 발행 주식 수로 나눈 값을 주당순자산가치(Book Value Per Share, "BPS")라 한다. 그리고 주가를 이 BPS로 나눈 값이 바로 주가순자산 비율(Price to Book Ratio, "PBR")이다.

PBR은 주가가 그 회사의 순자산(자본)에 비해 얼마나 높거나 낮은지를 보여주는 지표로, 쉽게 말해 장부상 자산가치와 주가를 비교한 것이라 할 수 있다. 인체로 따지면, BPS는 체질 검사에서 드러난 신체의 '기초 체력'(장기 기능, 근육량 등)에 대응하고, 주가는 그 사람의 미래 건강 가능성, 사회적 위치, 기대수명 등을 고려해서 책정된 '몸값'이라고 할 수 있으니, 주가를 BPS로 나눈다는 것은 곧 기초 체력 대비 몸값이 적절한지를 본다는 의미라고 하겠다.

$$\frac{주가}{BPS(순자산 \div 발행 주식 수)} = PBR$$

PBR이 1이라는 것은 현재 주가가 회사의 순자산가치와 일치함을 뜻한다. 자신 기준으로 볼 때 적정하게 평가되고 있는 상태다. PBR이 2 이상이라면 순자산가치의 두 배 이상으로 거래되는 상태이고, 1 미만이라면 주가가 순자산보다 낮게 평가되는 상태다.

일반적으로 저PBR 그룹이 고PBR 그룹보다 수익률이 높은 편이다. 그렇지만 PBR 자체만 보고 투자 결정을 내려서는 안 된다. PBR이 낮은 것은 그 기초 체력이 우수함에도 아직 몸값이 이를 따라가지 못해서일 수도 있지만, 만성 질환이 예상되는 위험군이거나 망해가는 중일 수도 있기 때문이다. 한물간 산업이나 장래가 불투명한 산업에서는 아무리 날고 기는 기업이어도 수요가 없어 주가가 오르지 않는다. 주식시장의 역사에서 견실한 펀더멘털을 가졌음에도 거짓말처럼 망해버린 기업들의 사례는 은근히 많다.

A통신사는 안정적인 수익 구조하에 꾸준한 배당을 제공하는 기업이지만 PBR은 0.5 수준에 머무른다. 순 자산에 비해 주가가 절반 이하이니 일견 '싸 보이는' 주식이다. 하지만 통신업이라는 산업 자체가 이미 포화 상태에 접어들었고, 신규 가입자 유치나 가입자당 평균 수익 상승 여력도 크지 않다. 성장 동력이라고 내세운 콘텐츠나 플랫폼 사업의 결실도 불투명하다. 결국 보유한 자산 자체는 꽤 되지만, 이 자산이 미래에 얼마나 수익을 낼 수 있을지에 대해서는 시장이 의문을 품은 것이다.

PBR이 높은 것도, 막대한 무형 자산과 진입 장벽을 보유해서일 수도 있고, 실체 없는 성장 서사에 기대어 쓸데없이 주가만 치솟아서일 수도 있다(앞서 언급한, 닷컴 버블 시기의 IT 기업 사례 참조). 근사한 스포츠카가 실제로 내구성 좋은 신차일지, 아니면 침수 사고로 구조 변경된 중고차인지는 보닛을 열어봐야 알 수 있다. 더욱이 언뜻 PBR이 높아 고평가된 것처럼 보이지만, 사실은 오히려 적정 주가보다 한참 낮은 축에 속하는 경우도 있다(다만 주가 지수 전체 PBR이 일정 수준을 초과해 높게 유지된다면, 대체로 시장 전체에 과열 심리가 퍼진 버블 상태로 보아야 한다).

테슬라는 한때 PBR이 20을 넘기도 했다. 전통적 기준으로 보면 자산에 비해 터무니없이 비싼 수준이다(그에 반해 도요타는 안정적인 수익성과 견고한 자산을 보유하고도 PBR이 1 전후에 머무는 경우가 많다). 하지만 시장은 테슬라의 '기대 가치'를 반영해 훨씬 높은 주가를 정당화해 왔다. 단순히 자동차를 생산하는 기업이 아니라 자율 주행, 에너지 전환, 로봇 공학, AI 같은 미래 산업을 선도할 기업으로 보는 것이다. 실제 테슬라는 대규모 설비 투자와 R&D 지출을 감수하면서도 지속적으로 시장 점유율을 높이고 있고, 소프트웨어 기반의 수익 모델을 창출하고 있다.

PBR에 기반한 결정의 정확도를 높이려면 PBR 밴드를 참조해야 한다. PBR 밴드는 일정 기간의 주가와 BPS 사이 관계를 시간축 위에 표현한 그래프다. PBR이 체온계라면, 밴드 차트는 그 체온이 평소보다 높은 건지, 낮은 건지, 병의 징후인지를 파악하게 해준다.

PBR 밴드가 점진적으로 우상향하는 가운데 주가가 하단 근처에 머무른다면, 회사의 순 자산가치에 비해 시장이 해당 주식을 저평가했을 가능성이 있다. 반면 주가가 밴드의 상단에 위치한다면, 시장 기대가 이미 자산가치 이상으로 반영된 상태일 수 있으며, 이 경우 추가 상승보다는 일정 수준의 조정을 염두에 두는 편이 신중하다. 똑같이 PBR이 0.5여도 그 수치가 언제나 한결같다면 구조적 저평가 상태인 반면, 한때 1.5까지 갔다가 떨어진 것이라면 시장의 기대감이 사라진 상태라고 할 수 있다.

| 시장 평가에 따른 PBR 밴드의 위치 변화 |

위치		해석
PER	PBR	
하단	하단	기업의 이익과 자산 모두 저평가되었을 가능성이 높음 (잠재적 투자 기회)
하단	상단	수익성은 안정적이지만, 자산 기준으로는 이미 고평가되었을 수 있음 (미래 성장에 대한 기대가 선반영된 상태)
상단	하단	현재 이익 대비 주가는 높지만, 자산가치는 저평가된 상태 (이익이 일시적으로 부진하나, 자산가치 측면에서 방어력이 있는 기업)
상단	상단	현재 주가는 수익성과 자산가치 모두를 충분히 반영한 수준으로 보임 (추가 상승 여력이 제한적일 수 있음)

PER과 PBR은 기업의 내면을 가장 손쉽게 들여다볼 수 있는 창이다. 단순 수치 비교만으로도 일정 부분 유효한 판단이 가능하다. 하지만 정확한 판단을 내리려면 그 수치의 원인과 맥락을 해석하는 안목이 있어야 한다. 물론 한 기업의 자산 구성과 질, 경영진의 역량을 낱낱이 파악하기란 현실적으로 어렵다. 그러나 경제 전체의 흐름, 기업의 재무구조, 산업 전망은 꾸준한 공부와 관찰로 터득할 수 있다. 그 정도의 통찰만으로도 투자자들 사이에서 상당한 비교 우위를 얻을 수 있다. 앞서 경제 신문을 읽는 습관을 들이라고 한 것도 그러한 이유에서다.

이른바 전문가라고 불리는 사람들조차도 과연 그런 안목을 정말로 갖쳤는지 의구심이 들 때가 많다. 분석력 자체는 충분하지만 리서치를 면밀히 하지 않아 틀린 답을 내놓는 경우도 있고, 애초에 공부가 부족해 분석력 자체가 부족한 사람들도 적지 않다. 거시적 경기 사이클이나 중앙은행 정책 기조 변화를 의식하지 않고 기업 분석만 해서 잘못된 예측을 하거나, 수치만 분석하고 사업의 본질을 이해하지 못하면 십중팔구 틀린 답을 내놓게 된다.

예를 들어 넷플릭스의 주가가 급등할 당시 일부 애널리스트들은 PER이 너무 높다며 고평가라 했지만, 이후로도 넷플릭스의 주가는 크게 상승했다. 그들은 당시 사업 모델의 전환(콘텐츠 제작 구조의 변화와 글로벌 확장성, 구독 기반 수익 안정성 등)을 깊이 들여다보지 못했던 것이다.

앞서 제시했던 현대자동차의 최근 재무제표를 다시 들여다보자. 현대차는 최근 몇 년간 매출, 영업이익, 당기순이익, 주당순이익(EPS) 등 대부분의 주요 지표에서 지속적이고 안정적인 우상향 흐름을 보인다. 외형적 성장뿐 아니라 재무구조도 점차 견실해지는 양상이다. 부채비율은 여전히 100%를 웃돌지만 감소세이며, 유보율은 상승 중으로, 이익의 상당 부분이 재투자되며 내부 유보가 탄탄하게 쌓이는 모습이다. 자기자본이익률(ROE) 역시 12.43% 수준까지 회복되어, 자본을 얼마나 효율적으로 활용하는지를 잘 보여준다.

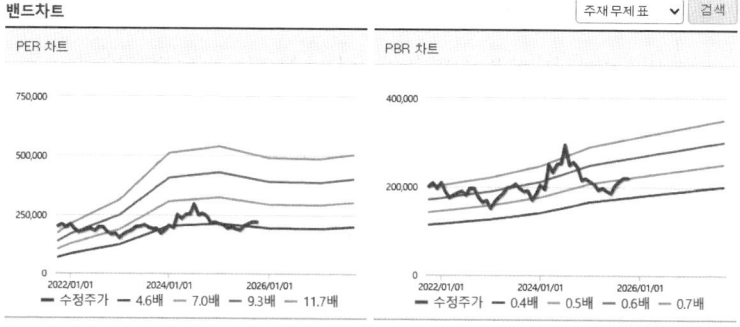

◈◈◈ 현대자동차의 PER과 PBR 밴드 차트다.

　PER(주가수익비율)은 5.18배로 업종 평균인 4.43배를 소폭 웃돌지만, 전반적으로는 하향 안정세를 나타낸다. 하지만 무엇보다 눈에 띄는 대목은 PBR(주가순자산비율)이다. 0.52배라는 수치는 기업이 보유한 순 자산 대비 현재 주가가 절반 수준에 머물렀다는 뜻으로, 자산가치 측면에서 상당히 저평가된 상태임을 의미한다.

　PER과 PBR의 밴드 차트를 함께 살펴보면, 두 지표 모두 우상향하는 추세 속에서 주가는 하단부에 근접해 있다. 단기적 변동과 무관하게, 수익성과 자산가치 양면에서 현재의 시장 평가가 보수적이라는 해석이 가능하다.

　여기까지는 수치만을 보고 얻을 수 있는 결론이다. 그렇다면 더 나아가 현대차가 매수 타이밍이라는 확정적 결론까지도 내릴 수 있을까? 이 지점부터는 경제 전반과 업황에 대한 학습 및 안목이 필요해진다.

분명 PER이 하향 안정세를 나타내기는 한다. 하지만 자동차는 경기 민감 업종이며, 사이클에 따라 PER이 낮게 형성되는 경우가 흔하다. 낮은 PER은 저평가일 수도 있지만, 구조적 성장 둔화, 글로벌 자동차 시장의 경쟁 심화, 전기차 전환 비용 등이 반영된 결과물일 수도 있다. 그리고 PBR은 분명 낮지만, 이는 자산의 시장 가치 반영이 어려운 제조업의 특성, 미래 수익력에 대한 시장의 우려, 자본 비용 대비 낮은 기대 수익률 때문일 수도 있다(특히 자동차 산업은 고정비가 높고 산업 구조가 전환기에 있는 상황인 만큼, 단순 자산가치 분석만으로 저평가 여부를 판단하기는 어려울 수 있다). 결국 '투자 매력도가 존재하지만 추가적 리스크 검토가 필요하다'는 식의 유보적인 결론이 적절할 것이다.

앞서 경제 신문 읽기의 중요성을 강조한 이유도 여기에 있다. 재무 지표들만으로는 파악할 수 없는 수출 전망, 환율 흐름, 글로벌 수요 변화 등이 주가에 결정적인 영향을 미치기 때문이다. 숫자만이 아닌, 숫자에 영향을 주는 외부 환경까지 함께 읽는 시선이 필요하다.

투자는 결코 운이나 직감만으로 이뤄지지 않는다. 그리고 재무제표만으로 미래를 완벽히 예측할 수는 없다. 재무제표는 결국 과거의 성적표이기 때문이다. 그러나 동전 던지기 식의 도박을 할 것이 아니라면, 제대로 된 판단을 위한 최소한의 근거는 반드시 필요하다.

| 재무제표 키워드 정리 |

지표	설명	좋은 신호	주의할 신호
매출액	기업이 벌어들인 총 수익	최근 3년간 우상향 (지속적 상승)	지속적인 감소
영업이익	영업 활동에서 순수하게 번 이익		매출 증가 대비 영업이익률 하락
당기순이익	모든 비용을 제외한 순이익		적자 지속
EPS	1주당 벌어들인 순이익		하락세
유보율	회사에 쌓아둔 돈	1,000% 이상	지속적 감소
부채비율	총자본 대비 부채비율	100% 이하	200% 이상
이자보상배율	이자 비용을 감당할 능력	3 이상 (높을수록 좋음)	2 이하(주의 필요)
ROE	투자한 돈 대비 수익률	10% 이상 지속 지속적 우상향	5% 미만 지속 하락
PER	주가가 순이익 대비 몇 배인가	업종 평균보다 낮음	평균보다 너무 높음
PER 밴드차트	주가와 이익의 적정 범위	밴드 하단(저평가)	밴드 상단(고평가)
PBR	주가가 자산 대비 얼마나 저평가인가	1 미만(저평가)	2 이상(고평가)
PBR 밴드차트	주가와 순 자산가치의 적정 범위	밴드 하단(저평가)	밴드 상단(고평가)

| PER/ROE/PBR 조합별 평가 |

		PBR 높음	PBR 낮음
PER 높음	ROE 높음	성장 기대가 이미 반영된 상태로, 기대가 꺾일 경우 붕괴 가능성이 있음	아직 발견되지 않은 성장주일 수도 있고, 일시적 이익 하락으로 인한 착시일 수도 있음
	ROE 낮음	시장에서 말만 많을 뿐 실체가 약한, 거품 종목의 전형(기대만으로 급등한 경우)	적자 기업인데 일시적으로 주가가 오른 경우 (비효율적 자산 구조, 경쟁력 상실 등 위험 요인)
PER 낮음	ROE 높음	성장성이 좋거나, 특성상 자산이 적은 기업 (IT 플랫폼, 콘텐츠 등)	이상적 상품이나, 일시적 현상일 수 있으므로 ROE의 지속성 검토 필요
	ROE 낮음	적자 전환 직전이거나 침체기 진입한 상태로, 시장이 사업모델 자체에 의문을 품고 있음	자산 대비 가격만 저렴해 보이는 상태로 구조적 침체 기업일 수 있음 (Value trap)

2. 국내 주식 투자, 언제 시작할까?

지금까지 재무제표 보는 법에 대해 살펴봤다. 지금 당장 재무제표 분석법을 익혀 국내 주식 투자를 시작하라는 의미는 아니다. 우선은 시간을 두고 천천히 공부하고 분석하면서 글로벌 시장 흐름과 함께 국내 주가를 관찰하는 것만으로도 충분하다. 입문자라면 시장 전체를 폭넓게 아우르는 해외 중심의 대형주 ETF나, 상대적으로 변동성이 낮은 채권형 상품부터 시작하자. 기초적인 시장 감각과 리스크 관리 능력을 키운 뒤, 투자에 대한 이해도가 높아지고 자신만의 기준이 생긴 후에 국내 개별 종목 투자에 나서도 늦지 않다.

이 과정에서 국내 주식 모의 투자를 병행해 보는 것도 좋다. 실제 자금 없이도 시장의 흐름을 체험하며 투자 감각을 익힐 수 있는 안전한 방법이다.

안정성과 수익을 모두 추구하는 투자, ETF

1. ETF 개념 이해하기

상장지수펀드(Exchange Traded Fund, "ETF")는 말 그대로 '주식시장에 상장된 펀드'로, 여러 주식이나 채권, 원자재 등을 하나의 꾸러미로 묶어놓은 바구니처럼 생긴 상품을 주식처럼 사고팔 수 있게 만든 것이다.

애플, 마이크로소프트, 아마존 같은 미국의 대표 기업들에 동시에 투자한다고 가정해 보자. 이 기업들의 주식을 하나씩 따로 사려면 각 기업의 정보를 분석하고, 주가도 확인하고, 때로는 비싼 거래 수수료도 감수해야 한다. 하지만 ETF를 활용하면 이런 절차가 훨씬 단순해진다. 예컨대, 미국의 대표 기업 500개로 구성된 'S&P500'이라는 지수를 따라가는 ETF를 하나 사면, 이 안에 이미 애플, 마이크로소프트, 아마존뿐 아니라 구글, 테슬라, 넷플릭스, 코카콜라, 존슨앤드존슨 같은 다양한 산업의 우량 기업들이 자동으로 포함되어 있는 것이다(S&P500에 대해서는 조금 후에 다시 설명하겠다).

ETF는 기본적으로 특정 지수를 추종하도록 설계된 점에서 일반 펀드와 다르다. 일반 펀드는 전문가가 종목을 직접 선정해 운용하지만, ETF는 사전에 정해진 지수를 그대로 따라가도록 설계되어 있다. 마치 레일을 따라 움직이는 기차처럼, 시장 전체의 평균을 안정적으로 쫓아가는 전략인 것이다.

ETF는 주식처럼 시장 시간 내에 자유롭게 사고팔 수 있으면서도, 동시에 여러 종목에 자동으로 분산 투자할 수 있다는 점에서 매우 매력적인 투자 수단이다. 한 번에 여러 기업에 투자하니, 개별 기업 하나가 부진해도 전체 투자에 큰 타격이 가지 않아 안정성과 수익성을 함께 기대할 수 있다. 나아가 일반 펀드에 비해 운용 보수가 낮고 거래 비용도 저렴해서 장기 투자 시 수익률에 긍정적 영향을 미친다.

세금 면에서의 장점도 빼놓을 수 없다. 국내 주식형 ETF는 매매차익에 대해 비과세 혜택이 있고 배당소득세 15.4%만 부과되며, 국내에 상장된 해외 ETF는 매매차익과 배당소득세 모두 15.4%가 부과된다. 특히 해외주식형 ETF에 직접투자할 경우 250만 원 기본 공제를 제외한 나머지 양도 차익에 대해 22%의 세금이 부과된다. 따라서 국내 증시에 상장된 해외 ETF를 활용하면 환전 없이 글로벌 시장에 투자하면서 세금 부담을 줄일 수 있다는 장점이 있다.

오늘날 ETF는 그 종류가 매우 다양하며, 투자의 목적이나 투자자의 성향에 따라 수많은 선택지가 존재한다. 단순히 주식이나 채권에 한정되지 않고, 금·원유 같은 원자재, 옥수수·밀·콩 등의 농산물, 상업용 부동산이나 리츠(REITs) 등 실물 자산에까지 투자 대상을 확장할 수 있다는 점이 ETF의 가장 큰 강점 중 하나다. 주식형 ETF만 보더라도 단일 지수를 추종하는 전통적인 상품에서부터, 첨단 기술 기업에 집중 투자하는 기술주 ETF, 꾸준한 배당수익을 추구하는 배당주 ETF, 특정 테마나 산업에 초점을 맞춘 테마형 ETF, 나아가 동일 가중 방식이나 퀄리티 요인을 반영한 스마트 베타 ETF까지 그 스펙트럼은 점점 더 정교해지고 있다.

모든 금융상품과 마찬가지로 ETF에도 단점은 존재한다. ETF는 기본적으로 시장 전체의 움직임을 반영하기 때문에 증시가 급격히 하락할 경우 ETF 가격도 함께 하락할 수밖에 없다. 그리고 특정 지수를 추종하도록 설계되어 있기는 하지만, 운용 방식을 비롯한 여러 요인에 의해 실제 수익률이 목표 지수와 차이를 보이는 경우가 있다(추적 오차).

그러나 이러한 단점들은 장기 투자 관점을 유지하고, 운용 보수가 낮고 운용 자산 규모가 큰 ETF를 선택해 적립식·분산식 투자 방식을 적용한다면 충분히 극복할 수 있다. 시장의 단기적 변동에 흔들리지만 않는다면 ETF는 안정성과 수익성을 동시에 추구하는 효율적 투자 수단이 될 것이다.

| 주식 vs. 펀드 vs. ETF |

자산	정의	장점	단점
주식	기업이 자금 조달을 위해 발행하는 유가증권	• 높은 수익 가능성 • 실적 개선 시 장기적 수익 기대 • 배당 지급 기업 투자 시 추가 수익	• 종목별 직접 분석 필요 • 변동성이 커 손실 가능성 높음 • 기업 부도 시 원금 손실 가능
펀드	투자자들의 자금을 모아 자산운용사가 운용하는 간접투자 상품	• 직접 분석 필요 없음 (전문가 운용) • 다양한 자산에 분산 투자 가능 • 장기 투자 시 리스크 완화 효과 • 소액으로도 전문 운용 가능	• 운용보수·판매수수료 등 비용 발생 • 일부 사모펀드는 성과보수 부과 • 환매 시 시차·제한 존재(실시간 거래 불가) • 성과가 운용사 능력에 좌우
ETF	특정 지수를 추종하는 펀드형 상품 (일부 액티브 ETF는 지수 단순 추종 아님)	• 주식처럼 자유롭게 매매 가능 • 여러 종목에 자동 분산 투자 • 수수료 낮고 투명성 높음 • 소액으로 다양한 자산 투자 가능	• 추적 오차 발생 가능 (ETF 수익률과 지수 차이 발생) • 단기적 시장에서 변동성 존재 • 일부 레버리지·인버스 ETF는 초보자에게는 주의 필요

2. ETF의 첫 활용, 미국 시장으로

:: 1) 미국 시장의 강점

투자를 처음 시작하는 사람들 대부분은 국내 주식시장에 발을 디디지만, 안정성과 성장성을 동시에 갖춘 넓은 투자 기회를 찾는다면 미국 시장만큼 매력적인 선택지는 드물다. 세계 경제의 중심축인 미국 증시는 규모, 유동성, 상장기업의 질, 그리고 투자자 친화적인 제도적 환경까지 타국과 비교할 수 없는 탁월한 경쟁력을 자랑하기 때문이다. 미국 금융시장의 특성을 살펴보면 다음과 같다.

① 세계 최대 규모의 시장   미국 주식시장은 명실상부 세계 금융의 심장이다. 2024년 기준, 전 세계 주식시장에서 미국이 차지하는 비중은 63.67%에 달하며, 이는 여타 주요 시장들과 비교했을 때 압도적인 수치다. 한국의 비중은 1.3%에 그친다.

뉴욕증권거래소(NYSE)와 나스닥(NASDAQ)에는 총 6,000개가 넘는 기업이 상장되어 있으며, NYSE 상장기업들의 시가총액은 약 40조 달러에 이른다. 미국 주식시장의 일일 평균 거래 대금은 약 300조 원으로 한국 시장의 30배에 달한다.

시장이 거대하다는 것은 유동성이 풍부하고, 개인 투자자와 기관 투자자 모두 공정하고 안정적인 환경에서 자유롭게 거래할 수 있음을 의미한다. 일부 투자자의 대규모 매매가 시장 전체에 미치는 영향이 제한적이기 때문이다.

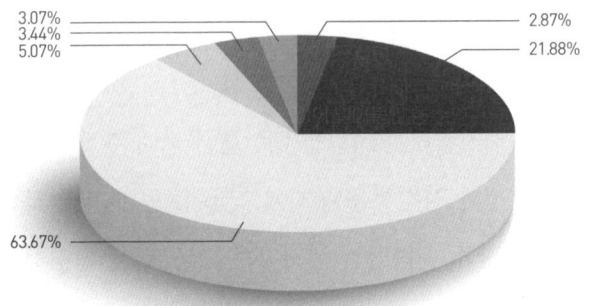

■ 미국 63.67% ■ 일본 5.07% ■ 영국 3.44% ■ 중국 3.07% ■ 캐나다 2.87% ■ 그 외 21.88%

◈◈◈ 출처: MSCI ACWI(All Country World Index)

② **세계 최상위 기업들의 집결지** 미국 주식시장은 단지 크기만 큰 것이 아니다. 그 안에는 세계 경제를 이끄는 초일류 기업들이 포진해 있다. 당장 전 세계 시가총액 상위 10대 기업 중 대부분이 미국에 기반을 둔다. 애플, 마이크로소프트, 알파벳(구글), 엔비디아, 아마존, 테슬라 등 세계 산업 지형을 바꾸는 회사들은 대개 미국 주식시장에 상장되어 있다. 이들에 대한 투자는 곧 글로벌 성장의 흐름에 동참하는 길이기도 하다.

③ **주주 친화적 정책**(자사주 매입 및 배당 확대) 미국의 상장기업들은 주주 가치를 제고하는 데 적극적이다. 대표적인 수단으로는 자사주 매입과 배당 확대가 있다. 예를 들어 애플은 2024년 1,100억 달러 규모의 자사주를 매입하겠다고 발표했고, 마이크로소프트는

600억 달러 규모의 자사주 매입과 함께 배당금 10% 인상을 단행했다. 이러한 정책은 주가 상승과 더불어 투자자에게 안정적인 현금흐름을 제공함으로써, 장기적 보유 가치를 더욱 높여준다.

자사주 매입이란 기업이 자기 주식을 시장에서 다시 사들이는 것을 말한다. 자사주를 매입하면 유통주식의 수가 줄어든다. 순이익을 나누는 주식 수가 적어지므로 주당순이익이 올라가고, 그에 따라 투자자들은 주식의 내재가치가 높아졌다고 판단하게 되므로 주가가 상승할 가능성이 크다.

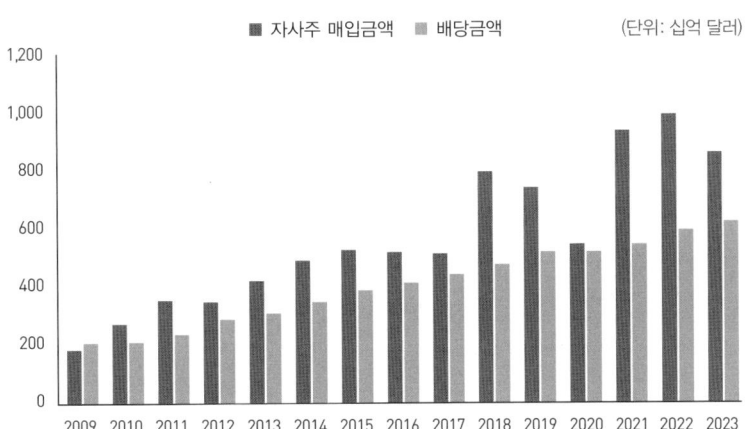

| (1억 달러) 자사주 매입금액 배당금액 |

◈◈◈ 출처: Bloomberg, 토스증권

미국 시장 투자는 단순한 수익 추구를 넘어, 글로벌 경제의 흐름 속에 자산을 전략적으로 배치하는 방식이다. 국내 투자자들은 대부분 자산을 원화로 보유하는데, 이 경우 경제 침체나 환율 하락 시 자산가치가 전반적으로 하락할 위험에 노출된다. 반면 달러 자산에 투자할 경우, 원화 가치 하락으로 인한 리스크를 받지 않고, 국내 경제와 무관한 글로벌 경제성장의 수혜를 입을 수 있다. 때문에 현재 미국 주식은 더 이상 선택이 아닌 전략적 필수라고 해도 무방하며, 우리도 금융교육이나 재무상담 시 포트폴리오의 최소 60% 이상을 미국 주식에 배분하길 권한다.

:: 2) ETF를 통한 투자

실제로 미국 주식 가운데 개별 종목을 선별하여 투자하는 일은 결코 쉽지 않다. 수많은 기업 가운데 장기적으로 우수한 실적을 낼 회사를 미리 알아보는 일은 전문가에게조차 어려운 과제이며, 잘못된 판단은 큰 손실로 이어질 수 있다. 초보 투자자일수록 시장 전체의 흐름을 놓치지 않으면서도 분산 투자가 가능한 방식이 필요하다. 이러한 점에서 ETF가 훌륭한 대안이 된다.

① S&P500을 추종하는 ETF S&P500은 미국 신용 평가사인 스탠더드앤드푸어스(Standard&Poor's)가 개발한 주가 지수다. 뉴욕증권거래소(NYSE), 나스닥(NDAQ), 시카고옵션거래소(CBOE)에 상장된 미국 기업들 중 시가총액이 크고 거래가 활발한 500개 대기

업의 주가를 종합해 산출한다(이들 대기업은 미국 내 증권 거래소 상장 기업 전체 시가총액의 80%를 차지한다). 단순히 500개 기업의 평균을 낸 것이 아니라 각 기업의 시가총액 비중에 따라 가중치를 부여해 구성되어 있다(따라서 기업의 규모가 클수록 지수에 더 큰 영향을 준다). S&P500 지수는 미국 경제를 대표하는 간판 지수로, 이것이 상승하면 시장이 건강하다는 신호로, 하락하면 경기침체의 징조로 해석된다.

그 외에 중형주를 모은 지수로 S&P400, 소형주를 모은 지수로 S&P600이 있다. 이들과 S&P500 기업들을 전부 모은 지수가 S&P Ccomposite 1500이다. 다만 우선 S&P500만 알면 된다.
S&P500을 추종하는 대표적인 ETF로는 미국의 VOO, SPY, IVV가 있다. 이 세 상품은 모두 미국의 대형 자산운용사(각각 뱅가드, 스테이트스트리트, 블랙록)에서 운용된다. VOO는 뱅가드 특유의 낮은 수수료가 장점으로 장기 투자자에게 특히 유리하다는 평가를 받는다. IVV 역시 수수료가 VOO와 동일하며, 규모와 유동성 면에서도 내부 구조가 안정적이라 오랜 기간 꾸준히 투자하려는 이들에게 적합하다. 한편, SPY는 세계 최초의 ETF이자 지금도 거래량이 가장 많아 가장 높은 유동성을 보유한 것이 특징이며, 단기 매매에는 유리하지만 수수료가 상대적으로 높아 VOO나 IVV보다는 불리하다.
미국 ETF를 직접 매수하려면 해외 주식 계좌를 따로 개설하고 달러로 환전해야 한다. 이런 절차가 번거롭다면 S&P500을 추종하는 국내 ETF(예: TIGER미국S&P500, KODEX미국S&P500 등)에 투자하는 방법도 있다.

S&P500 지수를 추종하는 ETF는 수십 년에 걸쳐 연평균 약 10%에 달하는 우수한 수익률을 기록해 왔다. 인플레이션을 반영해도 약 6~7%의 실질 수익률을 나타낸다. 최근 10년간(2015~2024년)의 평균 수익률은 약 12%에 달한다. 복리 효과와 결합해 강력한 자산 축적 경로를 만들어 주는데, 예를 들어 1,000만 원을 연 10% 수익률로 30년간 투자하면 1억 7,000만 원이라는 자산으로 불어날 수 있다.

더욱이 이 지수에 포함된 500개 기업은 에너지, 소재, 산업재,

◈◈◈ 1971년~2024년 S&P500 주가 지수를 나타낸 그래프다.

임의 소비재, 필수 소비재, 헬스케어, 금융, 정보 기술, 커뮤니케이션 서비스, 유틸리티, 부동산 등 11개 주요 섹터를 모두 포괄하여 여타 주가 지수에 비해 분산 효과가 뛰어나고 포트폴리오 안정성 또한 높다고 평가된다. 때문에 워런 버핏은 자신의 사후 자산 중 10%는 단기 미국 국채에, 나머지 90%는 저비용 S&P500 인덱스 펀드에 투자할 것을 권고한 바 있다.

② 나스닥100 지수를 추종하는 ETF 나스닥은 정보·기술, 소프트웨어, 반도체 분야를 비롯해 혁신과 성장성을 핵심 동력으로 삼는 기업들로 주로 구성돼 있다. 애플, 마이크로소프트, 구글(알파벳), 아마존, 테슬라 같은 세계적인 기술 기업들이 여기에 속한다. 때문에 나스닥 지수는 일반적으로 성장 기대가 높은 기술주의 상승 흐름을 그대로 반영하는 특징이 있다.

나스닥 지수 가운데서도 나스닥100 지수(NASDAQ-100 Index)는 특히 많은 투자자들이 주목하는 대표적인 지수다. 이 지수는 나스닥 시장에 상장된 비금융 기업 중 시가총액 기준 상위 100개 대형주로 구성되며, 기술뿐 아니라 소비재, 통신, 헬스케어 같은 미래지향적 산업 분야의 대표주자들이 포함돼 있다. 이러한 나스닥100 지수를 그대로 따라가도록 설계된 ETF 상품을 포트폴리오에 포함시킨다면, 해당 지수에 포함된 주요 기업들에 자동으로 분산 투자하는 효과를 얻을 수 있다.

나스닥100을 추종하는 대표적인 ETF는 QQQ, QQQM, QQQE다(국내 상품으로는 KODEX미국나스닥100, TIGER미국나스닥100 등이 있다). 그중 전통적이고 거래량이 많은 것은 QQQ다. 다만 초대형 ETF이고 인기가 높은 만큼 운영 수수료가 다소 높은 편에 속한다. 이에 비해 QQQM은 운용 보수가 좀 더 낮은 대신 상대적으로 거래량이 적고 스프레드가 넓다. 장기 보유를 계획하는 소액 투자자에게는 QQQM 쪽이 더 적합할 수 있다.

QQQ는 시가총액 가중 방식이기에 애플이나 마이크로소프트 같은 대형주가 차지하는 비중이 절대적으로 큰 반면, QQQE는 각 종목을 동일한 비중으로 투자한다. 균형 잡힌 기술주 분산 투자를 원하거나 시장 전체의 평균적 성과를 기대하는 투자자에게 적합한 선택이다.

경제가 활기를 띠었을 때는 투자 수요가 집중되므로, 나스닥100 ETF가 S&P500 ETF보다 높은 수익률을 기록하는 경우가 많다. 하지만 그만큼 가격의 변동성도 크다. 기술 산업은 변화가 빠르고 경쟁이 치열해 경기 둔화나 금리인상, 규제 강화 등 외부 충격에 민감하게 반응하기 때문이다. 물론 단기 등락에 휘둘리지 않고 장기적 관점에서 바라본다면 큰 문제는 아니다.

◈◈◈ 1981년~2024년 나스닥 종합 지수를 그린 그래프다.

3. 배당주 ETF : 안정적인 돈의 흐름

:: 1) 배당주와 배당주 ETF

전통적으로 배당주는 매년, 반기 혹은 분기 단위로 주주에게 배당금을 지급하는 구조를 지닌다. 투자자들 사이에서 '배당주'라는 단어는 안정성과 신뢰를 상징한다. 불확실한 시장 환경에서 꾸준한 배당금을 지급하는 기업에 투자하는 것은 일종의 심리적 방어선을 형성해 준다.

하지만 배당주 투자에는 위험 요소도 존재한다. 우선 개별 기업의 배당 정책이 불확실하다는 점이다. 기업의 실적이 악화되거나 자금 운용의 우선순위가 바뀌면, 기존에 유지해 오던 배당금을 줄이거나 아예 지급을 중단할 수도 있다. 만약 오랜 기간 안정적인 배당 지급으로 신뢰를 쌓아온 기업이라면 그런 경우 주가 자체에 부정적인 충격이 가해질 가능성도 있다. 더욱이 특정 산업에 속한 기업들(유틸리티, 에너지, 통신 등)은 경제 사이클에 따라 실적과 배당 여력이 크게 출렁일 수 있다는 점도 간과할 수 없다. 경기침체 시기에는 배당 여력이 약화되며, 정책 변화나 원자재 가격 변동에 따라 배당수익률이 급격히 흔들릴 수 있다. 이러한 개별 기업 투자에서 발생할 수 있는 위험을 완화해 줄 수 있는 수단이 바로 배당주 ETF다.

배당주 ETF는 꾸준히 배당을 지급해 온 여러 기업들을 하나로 묶어 투자할 수 있도록 설계된 ETF다. 배당수익률이 높거나 배당의 지속 가능성이 높은 기업들을 선별하여 포트폴리오를 구성한 상품인 만큼, 투자자는 개별 기업을 일일이 분석하고 선택할 필요 없이 ETF 하나만으로 다양한 고배당주에 자동으로 분산 투자할 수 있고, 개별 종목에 대한 리스크를 완화할 수 있다는 장점이 있다. 초보자라면 개별 배당주 종목보다는 여러 배당주를 한 번에 담은 ETF가 더 좋은 선택지라 할 수 있다.

배당주 ETF 운용사들은 정해진 지수나 규칙에 따라 구성 종목을 정기적으로 재조정하기에, 실적 악화로 배당 여력이 줄어든 기업은 자연스럽게 비중이 줄거나 제외된다. 나아가 일부 배당주 ETF는 단순히 배당수익률만을 기준으로 삼지 않고, 배당의 지속성, 이익 성장률,

재무 건전성 등 다양한 지표를 복합적으로 고려한다.

배당금 재투자 전략을 ETF에 적용하면 복리 효과를 극대화할 수 있다. 예를 들어 배당주 ETF에서 받은 분배금을 다시 같은 ETF에 투자하는 방식으로 운용하면 시간이 지날수록 자산을 크게 증가시킬 수 있다. 아울러 배당주 ETF는 성장주와의 조합을 통해 포트폴리오 전반의 안정성을 높이는 역할도 수행한다. 주식시장이 불안정할 때 일정 수준의 배당수익이 유지되면 자산 전체의 변동성을 줄이는 데 도움이 된다.

대표적인 국내 배당주 ETF로는, KOSPI200 지수를 기반으로 배당수익률과 기업 가치 등을 종합적으로 고려해 종목을 선별하는 'TIMEFOLIO코리아플러스배당액티브'가 있다. 고배당 성향의 우량주 20종목으로 구성된 MKF 웰스 고배당20 지수를 추종하는 'ARIRANG고배당ETF'도 주목할 만하다.

미국 배당주에 투자하는 ETF로는 Dow Jones U.S. Dividend 100 Index를 추종하는 'SCHD'와 'VYM'이 대표적이다. SCHD의 경우 지속적인 배당성장성과 재무 건전성을 기준으로 선별된 미국 대형 우량주 100 종목에 투자한다. 2024년 기준 주요 편입 종목에는 브로드컴, 텍사스인스트루먼트, 홈디포, 애브비, 코카콜라, 록히드마틴 등이 있으며, 최근 5년간(2019~2024) 총 수익률은 연 12% 내외로 배당수익률 3.3%에 평균 배당 성장률 11%를 기반으로 안정적 성과를 보이고 있다. 따라서 복리 기반 자산 증식에 유리해 자산 축적기에 있는 20~40대에게 적합하다는 평가를 받는다. VYM의 경우 FTSE High Dividend Yield Index를 추종하며, 고배당수익률을 중심으로 종목을 선별한다. 대형주 중심의 넓은 분산도가 특징이며, 즉각적인 배당수익을 중시하는 은퇴자에게 인기가 많다. 동일한 전략으로 국내에서 투자하고자 한다면 미국배당다우존스 ETF를 고려할 만하다. SCHD와 동일한 지수를 추종하는 국내 상장 ETF로는 'TIGER 미국배당다우존스 ETF' 등이 있다.

:: 2) 나에게 맞는 배당주 ETF 고르기

배당주 ETF를 고를 때 단순히 배당을 얼마나 많이 주는가만 봐선 안 된다. 배당률 자체는 높은데 기업의 재무 상태나 산업 전망이 불안정하다면, 몇 년 후 배당이 중단되거나 주가가 급락할 수 있기 때문이다. 따라서 ETF에 포함된 기업들의 성격과 배당 정책을 꼼꼼히 살펴봐야 한다.

가장 먼저 볼 것은 해당 기업들이 지난 수년간 배당금을 꾸준히 지급해 왔는가, 나아가 지속적으로 배당을 늘려왔는가이다. 배당을 정기적으로 유지하거나 조금씩이라도 인상해 온 기업들은 일반적으로 안정적인 현금흐름과 주주 친화적 경영 철학을 가졌다고 평가된다. 이런 기업들이 포함된 ETF일수록 배당의 지속 가능성이 높고 신뢰할 수 있다.

두 번째로 고려해야 할 것은 배당 성향이 적정 수준인가다. 배당 성향이란 기업이 벌어들인 순이익 중 얼마를 배당금으로 돌려주는지를 나타내는 지표다. 일반적으로 40~60% 수준이 적절한 기준으로 여겨지며, 이보다 너무 높다면 주의해야 한다. 배당 성향이 80~90%를 넘어간다면 기업이 벌어들인 이익 대부분을 배당금으로 지급한다는 뜻인데, 이 경우 수익이 조금이라도 줄어들면 배당이 삭감되거나 중단될 수 있다. 이런 고위험 배당주 비중이 높은 ETF는 안정적 수익을 추구하는 투자자에게는 부적합하다.

세 번째로 배당수익률이 장기 국채 수익률보다 높은가를 고려해야 한다. 일반적으로 배당 투자는 채권보다 높은 기대 수익을 전제로 한다. 물론 배당 외에 주가 상승으로 인한 자본 이익도 고려해야 하지만, 기본적으로 리스크를 감안한 수익률의 기준점으로 국채 수익률은 중요한 비교 지표가 된다.

여기서 말하는 배당수익률은 주당 배당금을 현재 주가로 나눈 값이다. 지금 주식을 사면 연간 얼마의 현금 수익률을 얻는지를 보여주는 수치라 할 수 있다. 이 수치가 같은 기간 동안의 10년 만기 국채 수익률보다 낮다면, 굳이 더 높은 가격 변동성을 감수하고 주식을 보유할 이유가 희박해진다.

마지막으로 검토해야 할 것은 ETF에 포함된 기업들이 실제로 성장하고 있는가 하는 것이다. 배당을 많이 준다고 해도 기업의 이익이 줄어들고 산업이 정체된다면 결국 배당도 줄어들 가능성이 높다. 최소한 해당 기업이 속한 산업의 성장률이 전체 경제성장률 정도는 유지하고 있는지, 또 장기적으로 꾸준한 수요가 있는 산업군인지 점검해야 한다. 경기변동에 민감하지 않은 산업(필수 소비재, 헬스케어, 유틸리티 등)에 속한 기업들이 포함된 배당주 ETF는 변동성이 크지 않으면서도 배당수익과 자산 보존 측면에서 강점이 있다.

배당소득에는 기본적으로 15.4%의 세금이 부과된다. 1년간 배당소득과 이자 소득을 합산한 금액이 2,000만 원을 초과할 경우 종합소득세 신고 대상이 되며 최대 49.5%까지 높은 세율이 적용될 수 있다. 세금 부담을 줄이려면 절세형 계좌를 활용하는 것이 좋다. 연금저축계좌, IRP 계좌나 ISA를 활용하면 국내 배당소득에 대한 세금을 나중으로 미룰 수 있고, 세제 혜택을 활용한 재투자를 통해 복리 효과도 기대할 수 있다. 이 외에도 배당소득세가 9.9%로 낮고, 정기적인 배당수익을 목적으로 투자하는 자산인 리츠나 인프라 펀드에 투자하면 세금 부담을 줄이는 데 도움이 된다.

4. 월배당 커버드콜 ETF

최근 투자자들 사이에서 '월배당 커버드콜 ETF'가 주목을 받고 있다. 배당주와 비슷하게 고정적인 수익을 받을 수 있게 설계된 ETF지만 구조는 다르다. 커버드콜이란 내가 보유한 주식을 기반으로 '그 주식을 살 수 있는 권리'를 다른 사람에게 파는 전략이다. 주식 자체를 파는 게 아니라 '나중에 이 가격에 살 수 있다'라는 콜옵션을 파는 것이다. 이 옵션을 파는 대가로 프리미엄이라는 돈을 받게 되는데, 이 돈이 바로 ETF 투자자들에게 돌아가는 수익의 재료가 된다.

쉽게 비유하자면 다음과 같다. A씨는 명품 가방을 하나 가지고 있다. 누군가 와서 A씨에게 '한 달 뒤에 이 가방을 1,050만 원에 살 수 있는 권리를 주면, 그 대가로 지금 20만 원을 주겠다'고 말한다. A씨가 이 제안을 받아들일 경우 당장 20만 원의 수익이 생긴다. 한 달 뒤 가방 가격이 1,100만 원이 되면 그 사람은 가방을 사갈 것이다. 가방을 1,100만 원에 팔 기회를 놓친 A씨는, 미리 20만 원을 받은 것에 만족해야 한다. 반대로 한 달 뒤 가방 가격이 1,000만 원으로 떨어진다면 그 사람은 권리를 행사하지 않을 것이고, A씨는 가방을 그대로 소유함은 물론 20만 원까지 챙긴 셈이 된다.

커버드콜 전략은 바로 이 구조를 주식시장에서 활용하는 방식이다. 커버드콜 ETF는 나스닥100이나 S&P500 같은 지수를 추종하는 주식을 일정량 보유하면서, 그 자산을 정해진 가격에 살 수 있는 권리(콜옵션)를 매달 시장에 판다. 옵션을 산 투자자들은 '프리미엄'이라는 대가를 지불하고, ETF는 이를 모아 투자자들에게 월 분배금 형태로 지급한다.

월배당 커버드콜 ETF는 한 달에 약 1% 안팎, 연간 기준으로는 10%가 넘는 수익률을 배당의 형태로 제공하기도 하는데, 이 때문에 은퇴를 준비하거나 안정적 현금흐름을 원하는 사람들이 선호한다. 2024년 기준으로 ETF 중 '월배당'을 목표로 하는 상품 가운데 약 30%가 커버드콜 전략을 쓰는 ETF일 만큼 이 방식은 점점 대중화되고 있다.

커버드콜 ETF라고 해서 주가 하락을 막아주는 건 아니다. ETF가 옵션을 팔아서 받은 수익은 시장이 조용하거나 약간 하락할 때 손실을 어느 정도 완충해 주는 역할을 한다. 하지만 폭우가 쏟아지면 우산 하나로는 역부족이듯, 주가가 크게 하락하면 원금 손실이 발생할 수 있다. 커버드콜 ETF는 하락을 완전히 방어하는 방패가 아니라, 충격을 줄여주는 쿠션에 가까운 것이다.

시장이 크게 상승할 때는 또 다른 단점이 드러난다. 커버드콜 전략은 '주식을 정해진 가격에 팔 권리'를 미리 팔아버리는 구조이기 때문에, 기초 자산이 급등하더라도 그 수익을 온전히 가져가지 못한다. 다른 투자자가 같은 주식을 10만 원에 샀다가 12만 원에 팔아 20% 수익을 얻는 동안, 커버드콜 ETF 투자자는 옵션 수익만 받고 주가 상승은 제한적으로 누리는 셈이다. 그러니 큰 폭의 상승이 예상된다면 커버드콜 ETF보다는 직접투자하거나 일반 주식 ETF를 선택하는 것이 더 나은 선택일 수 있다.

커버드콜 ETF를 효과적으로 활용하려면 분배율을 꼼꼼히 확인해야 한다. 분배율은 ETF 한 좌당 분배금을 ETF 순자산가치(NAV)로 나눈 비율로, 투자자가 얻을 수 있는 추가 수익을 의미한다(한 좌당 가격이 10,000원인데 매달 100원이 분배된다면, 월 분배율은 1%다). 주당 분배율은 ETF 운용사의 월간 운용 보고서를 통해 확인할 수 있다. 다만 자산운용사가 제시하는 높은 분배율은 확정된 수익률이 아니라 목표치라는 점을 기억해야 한다.

커버드콜 ETF는 기초 자산의 가격이 너무 요동치면 전략이 흔들릴 수 있기 때문에, 변동성이 낮고 안정적인 지수를 기반으로 한 상품이 유리하다. 포트폴리오를 커버드콜 ETF로만 채우는 건 바람직하지 않고, 전체에서 커버드콜 ETF가 차지하는 비중을 30% 이내로 유지하는 것이 일반적인 권장선이다. 배당금은 다시 ETF에 재투자해 복리 효과를 노리는 전략을 취하는 것이 좋다.

5. ETF 세금 전략: 수익을 지키는 마지막 열쇠

많은 사람들이 투자를 할 때 '얼마나 벌었는가'에만 집중하지만 실제 내 손에 들어오는 돈은 '세후 수익'이다. 동일한 ETF를 보유했더라도 어떤 계좌에서, 어떤 방식으로 운용했는지에 따라 세금이 달라지기 때문에 최종 수익은 차이가 날 수 있다. 세금을 완전히 피할 수는 없지만, 제도를 잘 이해하고 활용하면 분명히 덜 낼 수는 있다.

| ETF별 과세 구조 |

구분	국내 상장 국내 ETF (예: KOEDX 코스피200)	국내 상장 해외 ETF (예:TIGER S&P500)	해외 ETF (예: SPY, QQQ)
상장 시장	한국	한국	해외
추종 자산	국내	해외	해외
매매차익 과세	비과세	15.4%, 배당소득세	22%, 양도소득세 (250만 원까지 비과세)
분배금 (배당소득)	15.4%		미국에서 15% 원천징수
금융 소득 종합과세	포함	포함	매매차익: 미포함(직접 신고 필요), 분배금: 포함 * 종합소득세 신고 시 증권사에서 해외 납부 세액 영수증을 발급받아 공제받아야 함
손익 통산 가능 여부 (일반계좌)	불가	불가	가능
연금/ISA 계좌 편입 가능	가능	가능	불가

연금/ISA 계좌 매매차익 과세	비과세	• 과세이연 연금저축계좌: 인출 시 연금소득세 저율 과세 (5.5%~3.3%) • ISA: 해지 시 9.9% 분리과세 저율 과세 (200만 원까지 비과세)	편입 불가
연금/ISA 계좌 분배금 과세	• 과세이연 연금저축계좌: 인출 시 연금소득세 저율 과세 (5.5%~3.3%) • ISA: 해지 시 9.9% 분리과세 저율 과세 (200만 원까지 비과세)	15.4%	편입 불가
요약	매매차익 비과세 배당에만 과세	매매차익도 배당소득 간주	양도·배당 모두 과세 (양도소득세는 직접 신고 필요)

2024년까지는 국내에 상장된 해외 ETF의 분배금에 대해, 해외원천징수 세금(예: 미국 15%)을 국세청이 먼저 환급한 후 국내 세율(15.4%)로 원천징수하는 방식이 적용되었고, ISA나 연금저축계좌에서는 과세 이연 혜택도 제공되었다. 그러나 2025년부터 선환급 제도가 폐지되면서, 해외에서 원천징수된 세금에 더해 국내에서도 추가로 15.4%가 원천징수되도록 제도가 바뀌었고, 이에 따라 이중 과세 논란이 불거졌다.

현재 한국금융투자협회와 자산운용사들은 투자자의 불이익을 최소화하기 위해 정부와 협의를 진행 중이며, 2025년 하반기 중 관련 세법 개정안이 발표될 것으로 예상된다.

ETF는 투자 대상과 거래 시장의 조합에 따라 크게 세 가지로 나뉜다. ① 국내 주식에 투자하며 한국 거래소에 상장된 국내 ETF, ② 해외 자산에 투자하되 역시 한국 거래소에 상장된 해외 ETF, ③ 그리고 미국 같은 해외 거래소에 상장된 해외 ETF가 그것이다. 이들 간의 차이는 단순히 상장 시장의 구분에 그치지 않고, 과세 방식과 세금 신고 의무 등 전반적인 세제 체계에서 뚜렷한 차이를 보인다.

국내 상장 국내 ETF는 가장 단순한 구조를 가졌다. 매매차익에는 전혀 세금이 부과되지 않으며, 분배금에 대해서만 15.4%의 배당소득세가 원천징수된다. 세금 신고 의무도 없어 투자자 입장에서 절차가 간편하다. 다음으로 국내 상장 해외 ETF는 매매차익 역시 배당소득으로 간주되어 15.4% 세율이 적용되며, 이 역시 원천징수 방식으로 처리된다.

해외 ETF는 세제 구조가 한층 복잡하다. 매매차익은 금융 소득이 아닌 양도소득으로 분류되며, 연간 250만 원까지는 비과세지만 이를 초과하는 수익에는 22%의 양도소득세가 부과된다. 게다가 투자자가 직접 세무 신고를 해야 하며, 환차익 역시 과세 대상에 포함된다. 배당소득의 경우 미국에서 15%가 원천징수된 뒤 지급되며, 국내에서는 다시 금융소득종합과세 기준에 따라 추가 과세 대상이 될 수 있다. 세금 부담과 행정적 번거로움 모두 고려해야 하는 것이다.

양도소득세 신고 기간은 매년 5월 1일부터 5월 31일까지 한 달이지만, 대부분의 증권사에서는 그보다 앞선 3월 말부터 4월 중순 사이에 '해외주식 양도소득세 신고 대행 서비스'를 운영한다. 이 서비스를 이용하면 투자자는 복잡한 신고 과정을 직접 수행하지 않아도 된다. 해당 증권사의 안내에 따라 신청하고, 본인 인증 및 거래 내역 제공에 동의하면 전문 세무 대리인이 신고를 대행해 주므로 보다 수월하게 절차를 마칠 수 있다.

여러 증권사를 통해 해외 주식에 분산 투자한 경우에도 하나의 증권사를 선택해 신고를 맡길 수 있다. 이때는 다른 증권사의 해외 주식 매매 내역서나 손익 계산 자료를 함께 제출하면 된다. 국세청은 투자자의 전체 수익을 기준으로 세금을 산정하므로 반드시 모든 계좌의 수익과 손실을 합산해 신고해야 한다.

복수 계좌를 운용하는 투자자라면 사전에 자료를 정리해 두는 것이 세무 부담을 줄이는 데 도움이 된다.

다만 일률적으로 국내 상장 ETF가 더 유리하다고 말할 수는 없다. 물론 투자금이 크지 않고 ETF 투자가 처음이라면 국내 상장 ETF에 ISA를 결합하는 방식이 합리적이다. ISA를 활용하면 매매차익이 비과세되고, 분배금에 대해서도 15.4% 세율이 적용되며 별도 신고가 필요 없다. 더불어 ISA는 연간 수익 200만 원(서민형은 400만 원)까지 비과세 혜택이 주어지며, 이를 초과하는 수익에 대해서도 9.9%의 저율 분리과세가 적용되어 절세 효과가 뚜렷하다.

그러나 고소득자라면 상황이 다르다. 금융 소득이 2,000만 원을 초과할 경우, 배당소득은 다른 소득과 합산되어 누진세율(최대 49.5%)이 적용되지만, 해외 ETF의 매매차익은 양도소득으로 분리과세되기 때문에 종합소득세 부담을 피할 수 있기 때문이다. 고배당 ETF보다는 매매차익 중심의 ETF를 활용해 복리 효과를 극대화하면서 과세 시점을 유리하게 조절하는 것이 낫다.

더욱이 해외 ETF의 경우 양도소득 간 손익을 통산할 수 있어 수익이 난 ETF와 손실이 난 ETF를 조합하여 과세 부담을 줄이는 전략이 가능하다. 다수의 ETF에 분산 투자하고 있는 중장기 투자자나 적극적으로 포트폴리오를 조정하는 고액 투자자에게는 해외 ETF가 장점이 있다.

한편, 국내 상장 ETF는 일반 계좌에서는 손익 상쇄가 되지 않지만, ISA 내에서는 예외적으로 손익 통산이 가능하다. 따라서 일정 규모 이상의 자금을 중장기로 운용할 계획이라면, ISA를 적극 활용하는 것도 유의미한 전략이 된다.

중장기적으로 복리 효과를 극대화하거나 노후 자금 또는 목돈 마련을 계획하고 있다면 연금저축펀드, IRP, ISA 계좌를 적극 활용하는 것이 좋다. 이들 계좌는 과세가 이연되고, 저율 분리과세 혜택의 적용을 받기 때문이다. 예를 들어 연금저축은 55세 이후 연금 형태로 수령하면 연간 1,500만 원까지 3.3~5.5%의 세율로 분리과세되며, ISA는 일정 금액까지 비과세되고 초과분은 9.9%의 저율로 과세된다. 특히 매매차익을 위해 국내 상장 해외 ETF를 담을 경우, 세금이 이연되어 복리 효과가 한층 커진다. 여기에 세액공제 혜택까지 더해지므로 중장기적 투자에서 이러한 절세형 계좌는 필수적 고려 대상이 된다.

리츠 투자 : 소액으로 부동산 부자 되기

1. 리츠 투자의 개념

부동산은 오랜 시간 안정성과 실물 기반 수익성을 바탕으로 투자자들에게 꾸준한 관심을 받아온 자산이다. 그러나 직접 상가나 건물을 매입해 임대 수익을 창출하는 방식은 많은 자본과 전문적 관리 능력을 필요로 하며, 유동성 부족과 지역적 리스크 같은 현실적인 제약도 상당하다.

이에 보다 효율적인 방식으로 부동산 투자에 접근할 수 있는 수단이 바로 부동산투자신탁, 이른바 리츠(Real Estate Investment Trusts, "REITs")다. 직접 건물을 구입해 임대 수익을 얻는 대신, 리츠 주식을 매입해 그 임대 수익을 배당금 형태로 받는 것이다.

상가 한 곳에 직접투자할 경우 연평균 3%에서 6% 정도의 수익률을 기대할 수 있다. 그러나 상가 투자는 매매가 쉽지 않아 유동성이 낮고, 위치나 상권에 따라 수익률 변동성이 크기 때문에 상대적으로 높은 리스크를 감수해야 한다. 반면, 리츠에 투자할 경우 연평균 5%에서 9% 수준의 배당금을 꾸준히 얻을 수 있다(이 배당금은 주로 부동산 임대 수익과 리츠가 보유한 건물의 매매를 통해 발생하는 시세차익에서 나온다).

리츠 회사는 순이익의 90% 이상을 배당금으로 지급해야 법인세 면제 혜택을 받을 수 있다(「법인세법」 제51조의2 제1항 제4호). 그리고 2024년 2월에 개정된 「부동산투자회사법」 제28조 제1항 제1문(이른바 '리츠 배당 확대법')은 리츠 회사가 보유한 기초 자산의 평가 손실을 배당 한도에서 제외하도록 규정하고 있다. 이에 따라 이전보다 상대적으로 높은 배당수익을 기대할 수 있게 됐다.

리츠는 여러 부동산 자산에 분산 투자하기 때문에 개별 부동산 투자보다 위험이 낮으며, 주식시장에 상장되어 있어 언제든지 손

| 부동산투자회사법 |

> 제28조(배당) ① 부동산투자회사는 「상법」 제462조 제1항에 따른 해당 연도 이익배당한도[자산의 평가손실(직전 사업연도까지 누적된 평가손실을 포함한다)은 고려하지 아니한다. …]의 100분의 90 이상을 주주에게 배당하여야 한다.

| 법인세법 |

> 제51조의2(유동화전문회사 등에 대한 소득공제) ① 다음 각 호의 어느 하나에 해당하는 내국법인이 대통령령으로 정하는 배당가능이익의 100분의 90 이상을 배당한 경우 그 금액은 해당 배당을 결의한 잉여금 처분의 대상이 되는 사업연도의 소득금액에서 공제한다.
> (…)
> 4. 「부동산투자회사법」에 따른 기업구조조정 부동산투자회사 및 위탁관리 부동산투자회사

쉽게 사고팔 수 있는 높은 유동성이 큰 장점이다.

리츠 투자는 고금리 환경에서는 리파이낸싱(조달한 자금을 상환하기 위해 다시 자금을 조달하는 일) 부담이 커지기 때문에 선호도가 떨어진다. 반대로 말하면 금리가 인하될 때에는 리츠 상품을 포트폴리오에 편입하는 것이 유리하다. 금리가 낮아지면 예금과 적금의 이율이 떨어지지만, 대출 이자도 낮아져 이자 비용이 줄어들기 때문이다(낮은 이자율로 돈을 빌려 부동산에 투자하기 쉬워지고, 그로 인해 부동산 가치가 상승할 가능성이 커진다).

2. 리츠 투자도 ETF로

근래에는 리츠를 추종하는 ETF, 즉 리츠 ETF에 대한 관심이 높아지고 있다. 리츠 ETF는 리츠 기업들을 담은 주가 지수를 기반으로 설계되었으며, 일반적인 주식 ETF처럼 실시간으로 거래할 수 있다는 점에서 접근성이 높다. 무엇보다도 하나의 ETF에 여러 리츠 종목이 포함되기 때문에 자연스럽게 분산 투자의 효과를 누릴 수 있고, 고정적인 배당수익을 기대할 수 있다는 점에서 장기 투자자들에게 유리한 선택지가 되고 있다.

대표적 리츠 ETF로는 'TIGER리츠부동산인프라', 'KODEX한국부동산인프라', 'PLUS K리츠'가 있다.

국내에 상장된 리츠 ETF 매매차익은 비과세다. 그리고 일정 요건을 충족하면 9.9% 낮은 세율로 분리과세 특례를 적용받을 수 있다. 다만 매수할 때마다 별도로 증권사에 신청을 해야 하는 번거로움이 있다(모바일앱으로 가능한 곳도 있고, 방문이 필요한 곳도 있다). ISA나, 뒤에서 설명할 연금저축펀드 또는 IRP 계좌를 통해 투자하면 이러한 번거로움 없이 절세 효과와 함께 장기적인 자산 성장을 기대할 수 있다. 이들은 처음부터 계좌 전체가 세제 혜택을 받는 구조로 되어 있어 별도로 분리과세 신청이 필요 없기 때문이다.

분리과세 특례 요건

- ⊙ 투자 대상: 상장 리츠, 리츠 ETF, 인프라 펀드
- ⊙ 투자 한도: 원금 합계 5,000만 원 이하
- ⊙ 보유 기간: 3년 이상 장기 보유
- ⊙ 적용 조건: 최근 3년간 금융소득종합과세대상자가 아닐 것

* 2026년 12월 31일까지 매수한 것에 대해서만 적용

위기 속 안전자산, 금

금(Gold)은 오랜 세월 인류가 선택해 온 가장 보편적이고 신뢰받는 자산이다. 광물로서의 희소성과 변하지 않는 성질 덕분에, 금은 수많은 문명과 국가들에서 화폐의 기능을 맡아왔으며, 오늘날까지도 여전히 자산 보존의 상징으로 통한다. 특히 불확실성이 짙게 드리운 시기일수록 금의 존재감은 더욱 또렷해진다. 전 세계가 경제적 불안과 정치적 갈등에 직면할 때마다 사람들은 흔들리는 금융시장을 피해 금으로 눈을 돌린다. 경제 불황이나 지정학적 긴장, 인플레이션, 정치적 혼란 등이 불거지면 금의 수요가 증가해 가격이 오른다.

2015년부터 2025년까지 최근 10년간 금의 연평균 수익률은 약 8.7%에 이르며, 장기 평균 상승률 역시 7%대를 꾸준히 기록하

◆◆◆ 출처: goldprice.org

고 있다. 단순히 자산의 가치를 보존하는 차원을 넘어, 금은 장기적인 투자수익을 기대할 수 있는 실질적인 자산으로 평가받는다. 이 때문에 많은 전문가들이 금을 단독 투자보다는 포트폴리오 내의 헷지 자산으로 편입해 운용하길 권한다.

금에 투자하는 방식은 크게 두 갈래로 나뉜다. 첫째는 실물을 직접 매입하는 방식이다. 예컨대 금화를 수집하거나, 골드바를 구매하거나, 한국거래소(KRX) 금시장에서 금을 현물로 거래하는 것이다. 둘째는 간접투자 방식으로, 골드뱅킹이나 금 ETF, 금 펀드 등이 이에 해당한다. 간접투자는 실물 보관의 번거로움이 없고, 상대적으로 소액으로도 투자할 수 있다는 장점이 있다.

| 금 투자 방법 비교 |

구분	투자 방법	주요 특징	매매차익 과세	세금 및 수수료
실물투자	금 거래소, 귀금속 상점	• 실물 보유 가능 • 무기명 거래	• 비과세	• 부가가치세 10% • 수수료 5%+세공비(1~2%)
실물투자	골드뱅킹	• 0.01g 단위 거래 가능 • 원화로 입금	• 배당소득세 (15.4%)	• 거래 수수료 1% 전후 • 실물 인출 시 부가세 10%
실물투자	KRX 금시장	• 증권사 금 현물 계좌 • 1g 단위 거래 가능	• 비과세	• 거래 수수료 0.3% 전후 • 실물 인출 시 부가세 10% • 골드바 개당 개장비 2만 원
간접투자	국내 금 ETF (ACE KRX 금현물, KODEX 금액티브 등)	• 금 현물 가격을 추종	• 배당소득세 15.4%(일반 계좌) • 연금계좌 및 ISA계좌 과세이연	• 일반 계좌: ETF 운용 보수 저렴 (0.5%+a) • 연금저축펀드: 연금으로 수령 시 연금소득세(5.5%~3.3%) • ISA: 해지 시 9.9% 저율 분리과세
간접투자	해외 금 ETF (GLD, GDX 등)	• 일반 증권 계좌로 매매 • 해외 ETF	• 배당소득 15% 미국 원천징수	• ETF 운용 보수 저렴 (0.25~0.4%) • 환차손/환차익 발생 가능
간접투자	금 관련 펀드 (iM에셋월드골드 등)	• 증권사, 은행, 온라인 펀드 판매 채널	• 배당소득세 15.4%	• 운용 보수가 ETF에 비해 비쌈 (1~1.5%) • 오프라인에서는 판매 수수료가 발생할 수 있음

이 가운데 특히 주목할 만한 두 가지 방식이 있다. 하나는 KRX 금시장이고, 다른 하나는 연금저축계좌를 통해 매수하는 'ACE KRX금현물 ETF'다.

KRX 금시장은 증권사를 통해 금 현물 계좌를 개설하면 누구나 1g 단위로 거래할 수 있는 구조다. 주식처럼 편리하게 사고팔 수 있으며, 양도소득세나 배당소득세가 면제되고 종합소득세 대상에서도 제외된다. 증권사에 따라 소정의 수수료(약 0.3%)만 부과되고, 일정량(100g) 이상이면 실물 인출도 가능하다. 다만 인출 시에는 약 5~10만 원의 수수료와 함께 거래 금액의 10%에 해당하는 부가가치세가 발생한다.

시세 1,000만 원 상당의 금을 인출하려면 부가세로 100만 원을 부담해야 한다. 실물 인출은 전체 거래 중 극히 일부에 지나지 않지만, 만약 이를 고려한다면 관련 비용을 충분히 감안해 계획을 세우는 것이 바람직하다.

ACE KRX금현물 ETF는 한국거래소(KRX) 금시장의 현물 가격을 추종하기 때문에 금 가격과 거의 유사한 흐름을 보이며, 적은 금액으로도 투자할 수 있어 접근성이 뛰어나다. 특히 장기적인 분산 투자를 고려할 때에는 구조가 단순하고 안정적이며, 운용보수도 낮아 저비용으로 금에 투자할 수 있다는 장점이 있다. 일반 종합

계좌로도 매수 가능하지만, 연금저축계좌나 IRP 계좌를 활용하면 세제상 이점이 더욱 커진다. 이들 계좌에서는 ETF 매매로 발생한 수익에 대해 배당소득세(15.4%)가 면제되며, 과세가 이연되어 퇴직 이후(만 55세 이후)에 인출할 경우 낮은 세율(3.3~5.5%)로 과세된다. 다만, ETF는 금융상품이므로 실물로 인출할 수는 없다.

금은 그 자체로 가치의 저장 수단으로써 시간이 지남에 따라 상대적인 구매력을 유지하거나 높일 수 있는 가능성을 지니지만, 어찌 되었든 투자 대상인 만큼, 항상 수익을 보장하는 것은 아니다. 금 투자 비중은 전체 자산의 5~10% 정도로 적당히 유지하되, 급하게 사고파는 것은 자제해야 한다.

장기 수익 추구와 자산 방어, 채권

1. 왜 채권에 투자해야 할까

채권은 정부나 기업, 지방자치단체 등 다양한 주체들이 자금을 빌리기 위해 발행하는 일종의 차용 증서다. 채권을 발행한 주체는 일정 기간 동안 정해진 이자를 지급하고, 만기일에는 원금을 돌려줄 것을 약속한다. 즉, 채권은 발행자가 채무자가 되고, 투자자는 채권자가 된다.

2008년 글로벌 금융 위기 이후의 저금리 시대를 거치면서, 채권을 '안정적이지만 수익은 낮은 자산'으로 취급하는 경향이 자리 잡았다. 당시 주요국 중앙은행들이 장기간 저금리 또는 제로 금리를 유지함에 따라 채권 수익률이 낮은 상태가 수년간 이어졌고, 특히 선진국 국채는 명목 수익률조차 2%가 안 되는 경우가 많았다.

그러나 역사적으로 채권은 충분히 경쟁력 있는 수익률을 보여준 자산이다. 1976년부터 2024년까지의 흐름을 보면 글로벌 채권의 연평균 수익률은 약 7%에 달한다. 은행 예금이자와는 비교할 수 없을 만큼 높은 수치다. 일부 해에는 30%를 초과하는 수익률을 기록하기도 했다. 단기적 시야로 보면 다소 밋밋해 보일 수 있지만, 장기적 관점에서는 주식에 버금가는 수익성과 더불어 훨씬 낮은 변동성을 제공하는 '수익성과 안정성의 균형점'이라 할 수 있다.

채권 시장은 주식처럼 일일이 티커를 찍고 거래하는 시장이 아니다. 그리고 기관 중심의 장외 시장(OTC)이 주 무대다. 주식에 비해 일반 투자자가 직접 사고팔기 어렵고 정보 접근성도 떨어지다 보니 '복잡한 자산', '전문가용 자산'이라는 거리감이 생겨 상대적으로 인기가 낮은 면도 있다.

나아가 채권은 단순한 이자 수익의 수단을 넘어 글로벌 경제의 흐름을 읽는 도구가 될 수도 있다. 세계 채권 시장의 규모는 주식

시장의 2~3배에 달할 만큼 방대하며, 특히 장기 채권의 금리변동은 향후 경기 전망, 인플레이션 기대 수준, 중앙은행의 통화 정책 방향성 등을 선행적으로 반영하는 거시경제의 나침반 역할을 한다. 채권 시장에 대한 이해는 단지 자산 배분의 관점을 넘어, 전체 포트폴리오의 타이밍 조절과 리스크 관리, 경제 전반의 큰 그림을 읽는 데 꼭 필요한 역량이다.

2. 채권 이해하기

:: 1) 채권의 분류

① 발행 주체에 따른 분류 채권은 가장 기본적으로 누가 발행했는가에 따라 나뉜다. 국가가 발행한 '국채'는 안정성과 신용도가 높아 가장 안전한 채권으로 평가받는다. 지방자치단체가 발행한 '지방채', 공공기관이 발행하는 '특수채'와 금융기관이 발행하는 '금융채' 역시 비교적 안전한 편이다. 반면, 일반 기업이 발행하는 '회사채'는 발행 기업의 신용등급에 따라 위험도가 다르며, 기업이 도산할 경우 원금을 회수하지 못할 수 있으므로 주의가 필요하다.

② 이자 지급 방식에 따른 분류 채권은 이자 지급 방식에 따라 이표채, 할인채, 복리채로도 나뉜다. '이표채'는 일정 주기마다 이자가 지급되는 채권이다. 예를 들어 매년 5%의 이자를 주는 채권이라면 6개월마다 이자 2.5%씩 두 차례 지급된다. '할인채'는 이자

가 따로 없고, 액면가보다 할인된 가격으로 사서 만기일에 전액을 돌려받는 채권이다. 예를 들어 액면가 1,000만 원인 할인채를 950만 원에 사면, 5년 뒤 만기일에 1,000만 원을 돌려받아 50만 원의 수익을 얻는 구조다. '복리채'는 이자가 매번 지급되지 않고 원금에 합산되어 불어나는 채권으로 보통 장기 투자자들이 선호한다.

③ 표시 통화에 따른 분류 채권은 어떤 통화로 표시되어 있는가에 따라 원화채권과 외화채권으로 나뉜다. 우리가 흔히 접하는 국고채나 회사채는 원화로 발행되고, 이자와 원금 모두 원화로 지급되는 '원화채권'이다. 반면 달러(USD), 유로(EUR), 엔화(JPY) 등 외국 통화로 발행되는 채권을 '외화채권'이라 한다. 외화채권의 경우 투자 시점보다 환율이 상승하면 원화 기준 수익은 커지고, 환율이 하락하면 수익이 줄거나 손실이 날 가능성이 있으므로 금리 비교만큼이나 환위험에 대한 이해가 중요하다.

외화채권 중 일부에 대해서는 세제 혜택이 주어진다. 브라질 국채가 대표적이다. 브라질 국채는 브라질 연방 정부가 발행하는 채권으로, 일반적으로 연 10% 내외의 높은 금리를 제공하는 고금리 채권이다. 이러한 높은 수익률 때문에, 선진국의 금리가 낮아질 때마다 글로벌 투자자들의 주목을 받는다. 특히 우리나라에서는 2004년 외환 위기 이후 외화 자산 분산을 장려하기 위해 브라질 국채에 한해 이자소득세를 전액 면제해 주는 비과세 특례를 적용하고 있다. 일반적인 외국 채권의 경우 이자 수익에 대해 15.4%의 세금이 부과되지만, 브라질 국채를 직접 매수한 경우에는 이자에 대해 세금을 전혀 내지 않아도 된다. 다만 일정 수준 이상의 외화채권 운용 역량을 갖춘 대형 증권사에서만 직접 매수가 가능하므로, 투자 전 거래 가능 여부를 확인하는 것이 필요하다.

주의할 점은, 브라질 국채의 표시 통화인 헤알화(BRL)는 환율 변동성이 상당하고, 브라질 정부의 신용등급이 '투자 부적격(BB)'에 해당해 원금 손실 위험이 존재한다는 것이다. 전형적인 고수익 고위험자산이기 때문에 주의가 필요하다.

∷ 2) 채권의 가격과 수익률

채권의 가격과 수익률은 반비례 관계다. 즉, 가격이 오르면 수익률은 떨어지고, 반대로 가격이 내리면 수익률은 올라간다. 채권은 일정 금액의 이자를 정해진 기간 동안 지급받고 만기일에 원금을 상환받는 금융상품이므로, 중간에 매매할 때의 가격이 바뀌면 고정된 이자 금액을 기준으로 수익률이 달라질 수밖에 없는 구조다. 예를 들어 1,000만 원 액면가에 연 5% 이자를 지급하는 채권이 있을 때, 이자는 매년 50만 원으로 고정되지만, 채권을 얼마에 매수했는지에 따라 수익률은 다음과 같이 달라진다.

| 채권의 수익률 |

채권 가격(매입가)	연 이자액	수익률(단순 계산)
1,100만 원	50만 원	4.55%
1,000만 원	50만 원	5.00%
900만 원	50만 원	5.56%

같은 채권이라도 언제, 어떤 가격에 매수하느냐에 따라 수익률이 달라지는 것이다. 이것이 채권 투자에서 가격 변동을 살펴보는 이유다.

채권 가격은 주로 시장 금리에 따라 변동한다. 금리가 오르면, 시장에서는 더 높은 이자율을 제공하는 새로운 채권들이 발행된다. 이때 과거에 발행된 낮은 금리의 채권은 상대적으로 매력도가 떨어지게 되며, 투자자들의 관심이 줄어든다. 수요가 줄면 채권의 가격은 자연스럽게 하락하게 된다.

반대로 금리가 하락하면 상황은 달라진다. 새로 발행되는 채권의 이자율이 낮아지기 때문에, 기존의 높은 금리를 제공하는 채권이 상대적으로 더 매력적인 자산이 된다. 이 채권을 사기 위한 수요가 늘어나면서, 그 가격 역시 상승하게 된다. 결국 시장 금리의 방향에 따라 채권의 상대적 가치가 변하고, 이에 따라 가격과 수익률이 반대 방향으로 움직이게 되는 것이다.

:: 3) 채권 선택 기준

　채권을 구매할 때는 만기일, 수익률, 신용등급 등을 고려하는 것이 중요하다. 신용등급은 채권 발행자의 신뢰성을 나타내는데, 안전한 투자를 위해서는 최소한 'BBB-' 이상의 등급을 가진 채권을 선택하는 것이 좋다. 채권은 만기일까지 보유하면 원금과 이자를 받을 수 있지만, 만약 발행자가 채무불이행을 하면 원금을 상환받지 못할 위험이 존재하므로, 발행 주체의 재무 상태와 만기일을 꼼꼼히 확인해야 한다.

　채권의 가장 큰 리스크는 발행자가 약속을 지키지 않아 '디폴트'라는 상황이 발생하는 것이다. 만약 발행자가 채무불이행을 한다면, 투자자는 원금과 이자를 모두 받지 못할 위험에 처할 수 있다.

　채권은 가격 변동을 활용하여 중도 매도할 수도 있다. 예를 들어 채권 가격이 상승하면 만기 이전에 매도해 시세차익을 얻을 수 있으며, 가격이 하락해도 만기까지 보유하면 원금과 이자를 돌려받을 수 있다.

　채권 종목명으로 해당 채권의 주요 정보를 파악할 수 있다. 먼저 국고채는 일반적으로 '국고+발행 금리+만기(연도/월)+발행 회차' 형식으로 구성된다. 예를 들어 '국고01250_2705(24_3)'이라는 종목명은

1.250% 금리로 발행된 국고채이며, 만기일은 2027년 5월, 2024년에 세 번째로 발행된 채권임을 의미한다.

한편 공사채나 회사채는 '발행사명+발행 회차' 형식으로 표기된다. 예를 들어, '에이치테크 제2회차'라는 종목명은 가상의 기업 '에이치테크'가 발행한 두 번째 회사채라는 뜻이다.

3. 투자 전략

채권 투자에서 수익률에 영향을 주는 변수는 다양하다. 시장 금리, 발행 기관의 신용도, 통화 가치 등 복합적인 요인이 작용하기 때문에, 단순히 국내 채권에만 국한하기보다는 글로벌 시장의 흐름을 고려해 시야를 넓혀볼 필요가 있다.

이러한 맥락에서 특히 주목할 만한 자산이 바로 미국 국채다. 미국 국채는 대표적인 글로벌 안전자산으로, 단순한 금리 수취를 넘어 달러라는 기축 통화 자산을 보유하는 효과도 함께 누릴 수 있다. 원화 자산보다 환율 상승기에 환차익을 기대할 수 있으며, 글로벌 금융 위기나 지정학적 리스크가 발생했을 때는 강력한 방어자산으로 기능하기도 한다.

:: 1) 장기 국채 전략: 침체기엔 듀레이션이 길수록 유리하다

금리는 보통 경기 상황을 가장 먼저 반영하는 선행 지표로 간주된다. 경기침체 우려가 커질수록 투자자들은 주식과 같은 고위험

자산보다는 국채 같은 저위험 안전자산에 관심을 갖게 되며, 이로 인해 국채 수요가 증가하고 가격이 상승한다. 앞서도 언급했듯 채권의 가격이 오르면 수익률은 낮아지지만, 자본 이득을 실현할 수 있다는 점에서 투자 가치는 오히려 높아지기도 한다. 이러한 시기에는 장기 국채에 투자하는 전략이 효과적이다. 장기채는 듀레이션(Duration)이 길기 때문에 금리변동에 더 민감하게 반응하며, 가격 상승폭도 크다.

채권에서 듀레이션이란 돈을 회수하는 데 걸리는 평균 기간을 뜻한다. 기간이 길수록 중간에 발생할 수 있는 금리, 인플레이션, 정책 변화 등 외부 변수의 영향을 더 많이 받게 되며 그만큼 가격 변동 폭도 커진다.

미국 장기 국채는 경기침체가 깊어질수록 글로벌 자금이 몰리는 대표적 자산으로, 자본 이득을 실현할 수 있는 가능성이 크다. 이런 시기에는 예컨대 'PLUS 미국채30년액티브' 같은 ETF를 활용하거나, 장외 시장에서 30년 만기 국고채를 직접 매수하는 전략이 유효하다. 이자 수익과 자본 수익을 동시에 추구할 수 있기 때문이다.

:: 2) 단기 국채 전략: 금리상승기에는 안정적인 수익 확보

반대로, 금리인상이 이어지거나 시장 금리가 정점에 도달하지 않았다고 판단되는 시기에 장기채는 오히려 가격이 하락할 위험

이 크다. 이런 구간에서는 금리변동에 덜 민감한 단기채 중심의 포트폴리오 구성이 바람직하다.

단기채는 듀레이션이 짧아 금리 리스크에 상대적으로 덜 노출되며, 이자 수익을 중심으로 현금흐름을 안정적으로 확보할 수 있다. 예를 들어 'TIGER 미국달러단기채권액티브'나 'SHY' 같은 단기 국채 ETF나, 고정금리형 단기 장외 채권을 활용하는 방식이 효과적이다. 단순한 수익 확보 수단을 넘어 유동성 확보 및 자산 재배분을 위한 전략적 대기 자금으로도 활용할 수 있다(주식이나 리츠 등 다른 자산군이 과도하게 저평가된 상황에서 저가 매수의 기회를 노릴 수 있고, 금리가 정점에 도달한 시점에서 다시 장기채로 포트폴리오를 전환하기도 용이하다).

:: 3) 국내 채권도 투자 대상에서 제외할 수 없다

물론 해외 채권만 바라볼 필요는 없다. 국내에도 국고채, 금융채, 회사채 등 다양한 종류의 채권이 존재하며, 이들은 일반적으로 환위험이 없고 안정적인 이자 수익을 기대할 수 있다는 점에서 장점이 있다. 또한, 최근에는 국내 채권형 ETF 상품들도 다양하게 출시되어 초보 투자자도 복잡한 채권 직접 매수 없이 간접적으로 분산 투자할 수 있는 길이 열려 있다. 또한, 국내 채권은 안정적인 이자 수익뿐 아니라 세제 측면에서도 장점이 있다. 국내에 상장된 해외 ETF의 경우 매매차익과 분배금 모두 과세 대상이 되고 환율 리스크까지 감안해야 하지만, 국내 채권은 양도세가 없고 이자소득에 대해서만 15.4% 원천징수로 과세가 종결된다.

투자 자산으로서 가상화폐

1. 비트코인

비트코인이 뭔지는 이제 대부분의 사람들이 알고 있다. 단순히 디지털 화폐 정도로만 아는 사람도 있지만, 그 이상이라는 사실도 점점 상식이 되어간다. 글로벌 경제의 불확실성이 커지는 상황에서 비트코인은 대체 자산이자 안전자산으로 주목받는다.

비트코인은 희소성을 갖춘 자산이다. 발행량은 총 2,100만 개로 제한되며, 4년마다 채굴 보상이 절반으로 줄어드는 '반감기' 구조를 통해 공급량이 점점 줄어들도록 설계되었다.

비트코인이 등장하면서 돈의 개념, 자산의 개념이 달라지기 시작했다. 개인 간 직접 거래가 가능하고, 중개자 없는 구조라는 점에서 기존 금융과는 전혀 다른 세계를 보여주기 때문이다(기술적 작동 방식이 궁금하다면 웹에서 '블록체인'이나 '탈중앙화' 같은 키워드를 검색해 보자). 비트코인을 둘러싼 정책 환경도 빠르게 변하고 있다. 미국에서는 2025년 트럼프 행정부가 비트코인을 '전략 비축 자산'으로 공식화하고 미국 퇴직연금에서도 비트코인 투자가 허용됐다. 이는 비트코인이 더 이상 단순한 투기 자산이 아니라, 국가적 차원의 자산군으로 인정받기 시작했음을 의미한다.

또한, 비트코인 외에도 달러나 국채 같은 실물 자산과 연동된 스테이블코인에 대한 관심도 커지고 있다. 스테이블코인은 가격 변동성이 적고 결제 수단으로 활용하기 쉬워, 향후 디지털 달러화 추진이나 글로벌 국채 수요 확대와도 맞물려 주목받고 있다.

이러한 변화는 비트코인을 포함한 디지털 자산 전체가 글로벌 금융질서에서 점점 더 중요한 위치를 차지하고 있음을 보여준다. 특히 인플레이션, 달러 패권의 변화, 지정학적 리스크 같은 변수가 커질수록, 디지털 자산은 전통적 자산과 어깨를 나란히 하는 새로운 투자 축으로 자리잡아 가고 있다.

비트코인에 투자하는 방법은 크게 직접투자와 간접투자로 나뉜다.

직접투자는 거래소나 증권사를 통해 이뤄진다. 국내외 거래소(업비트, 빗썸, 코인베이스, 바이낸스 등)에서는 비트코인을 직접 사고팔 수 있다. 이 경우, 개인 디지털 지갑을 통해 비트코인을 보관해야 하며, 해킹을 방지하기 위한 보안 관리가 중요하다. 비트코인의 매매차익은 2027년부터 과세될 예정이며, 연간 250만 원을 초과한 수익에 대해 22% 세율이 적용된다.

증권사를 통한 투자는 ETF와 같은 금융상품을 이용하는 방식이다. 보안이 강화된 증권사 시스템을 활용할 수 있어 해킹 위험이 낮고, 간편하게 자산을 운용할 수 있다. 대표적인 상품으로는 블랙록이 운영하는 '아이셰어즈 비트코인 트러스트(IBIT)'가 있으며, 금과 비트코인을 혼합한 펀드나 이더리움 관련 ETF도 출시되고 있다.

간접투자는 비트코인 관련 기업에 투자하는 방식이다. 비트코인 채굴 기업으로는 마라톤디지털홀딩스나 라이엇플랫폼스를 들 수 있다. 가상화폐거래소 운영 기업으로는 코인베이스와 로빈후드를 들 수 있다. 또 마이크로스트래티지(MSTR)처럼 대규모로 비트코인을 보유한 회사의 주식에 투자하는 것도 간접투자의 한 방법이 된다.

비트코인은 가격 변동이 큰 자산이기 때문에, 한 번에 많은 금액을 투자하기보다는 분할 매수 방식으로 접근하는 것이 바람직하다. 장기적인 시각에서 꾸준히 투자하면 단기 변동성의 영향을 줄이면서 안정적으로 자산을 늘릴 수 있다. 전체 포트폴리오 중 최소 5%를 비트코인에 할당하는 것도 하나의 전략이 될 수 있다.

2. 디지털 자산의 다음 주자들

비트코인이 디지털 자산 시대의 문을 열었다면, 이제는 그 뒤를 잇는 주자들이 속속 등장하고 있다. 기술적 완성도, 제도권 수용 가능성, 실사용 사례 등 측면에서 이더리움(Ethereum), XRP 그리고 솔라나(Solana)가 두각을 나타내고 있다. 적립식 장기 투자로 포트폴리오에 포함시켜도 좋은 자산들이다. 자세한 구조나 기술은 웹에서 쉽게 찾아볼 수 있으므로 여기서는 큰 틀에서 소개해보겠다.

∷ 1) 이더리움

단순한 디지털 화폐를 넘어, 스마트 계약과 탈중앙화 금융(DeFi)의 핵심 플랫폼으로 기능하고 있다. 비트코인이 '디지털 금'으로서 가치 저장 수단에 머물렀다면, 이더리움은 복잡한 계약 조건을 자동으로 이행할 수 있는 프로그래밍 가능성을 제공함으로써 다양한 응용 서비스를 가능케 했다. 예컨대, 중개자의 개입 없이 조건이 충족될 경우 자동으로 자산이 이전되는 구조의 계약 실행이 가능해졌다는 점에서, 금융의 자동화 및 분산화를 실현하는 핵심 기반으로 자리매김하고 있다.

이더리움은 현재 '이더리움 2.0'이라는 이름으로 대규모 업그레이드를 진행 중이다. 에너지 효율을 높이고 거래 속도를 개선하기 위해 작업 증명(PoW) 방식 대신 지분 증명(PoS) 방식을 도입해 지분을 예치한 사용자가 거래를 검증하도록 변경했으며, 동시에 더 많은 거래를 병렬로 처리할 수 있도록 하는 샤딩(Sharding) 기술 개발도 병행되고 있다. 다만 이러한 확장성 개선 작업이 아직 완전히 마무리되지 않은 만큼, 후술하는 솔라나처럼 빠른 처리 속도와 낮은 수수료를 내세운 경쟁 플랫폼들이 등장해 이더리움의 시장 점유율을 위협하고 있으며, 이로 인해 가격이 정체되거나 하락하는 흐름도 종종 나타난다. 그럼에도, 이더리움은 스마트 계약을 기반으로 한 탈중앙화 생태계의 중심축으로서 여전히 강력한 네트워크 효과와 기술적 안정성을 보유하고 있다.

특히 2024년 7월 미국 증권거래위원회(SEC)의 승인을 통해 현물 ETF가 정식 거래되기 시작하면서 제도권 편입이 가속화되고 있다. 이로 인해 대형 금융기관의 채택 가능성 또한 확대되어, 이더리움의 장기적 전망은 여전히 긍정적으로 평가된다.

:: 2) XRP

국제 송금 과정의 속도 및 비용 문제를 해결하기 위한 목적으로 개발된 디지털 자산으로, 기업 리플이 개발했다. 기존 SWIFT 기반 결제 시스템의 비효율성을 극복할 수 있는 대안으로 주목받고 있다. 실제로 일본을 비롯한 다양한 국가의 금융기관에서 송금 수단으로 채택되었다.

일례로, 일본의 일부 은행은 XRP를 이용한 국제 송금을 공식적으로 도입했고, 한국 내에서도 하나은행, 신한은행, 우리은행 등이 리플 네트워크를 활용해 실시간 외환 송금 및 증권 거래에 적용했다. 이를 통해 송금 속도 향상과 수수료 절감이라는 실질적 성과를 확인하고 있다.

미국에서는 XRP 기반 선물 상품이 정식으로 출시되어 높은 거래량을 기록하고 있으며, 현물 ETF 승인이 임박한 상황이다.

∷ 3) 솔라나

초당 5만 건 이상의 거래를 처리할 수 있는 고성능 블록체인으로, 기존의 이더리움이나 비트코인이 가진 확장성 한계를 극복한 사례로 평가받는다. 낮은 수수료와 빠른 속도는 NFT, 게임, 탈중앙화 금융 등 다양한 응용 분야에서 솔라나의 활용도를 급격히 높였다.

특히 아시아 시장, 그중에서도 대한민국을 포함한 동아시아 지역에서 솔라나 기반 프로젝트들이 빠르게 확산 중이다. 2025년 4월, 캐나다에서 세계 최초로 솔라나 현물 ETF가 상장되며 제도권 진입의 물꼬를 텄고, 미국의 경우에는 아직 현물 솔라나 ETF가 승인되지 않았으나, 현재 여러 자산운용사의 신청서가 SEC의 심사 중에 있다. 이러한 움직임은 기관 투자자의 직접 참여를 가능하게 하고, 대규모 자금 유입의 기반이 된다는 점에서 솔라나의 장기적 성장 전망에 긍정적인 신호로 해석된다.

| ETF 비교 |

투자 목적	해외 ETF	국내 상장 ETF	특징
기초 단계	VOO, SPY, IVV(S&P500)	TIGER 미국S&P500, KODEX 미국S&P500 등	• 대표 지수를 추종함 • 장기적으로 안정적
안정적 수익	TLT(미국 장기 국채) SHY(미국 단기 국채) SCHP(물가 연동 국채 ETF, Vanguard)	PLUS 미국채30년액티브, TIGER 미국채10년선물 TIGER 미국달러단기채권 액티브 등	• 채권 기반 • 변동성 낮고 꾸준한 수익
변동성 축소	IAU(금) SLV(은) VNQ(리츠) XLE(에너지) DBA(농산물)	ACE KRX 금현물, TIGER 리츠부동산인프라, KODEX 골드선물(H) KODEX 3대농산물선물(H)	• 원자재·부동산 투자로 인플레이션 방어 가능
성장주 투자	QQQM(나스닥100), SOXX(반도체), BOTZ(AI·로봇)	TIGER 미국나스닥100, TIGER 미국필라델피아AI 반도체나스닥	• 기술·혁신 기업 중심 • 성장 가능성 큼
배당 수익	SCHD(배당 성장), VYM, DVY(고배당)	TIGER 미국배당다우존스, KODEX 금융고배당TOP10 타겟위클리커버드콜	• 배당수익을 꾸준히 받을 수 있음
가상 화폐	IBIT, FBTC(현물), BITO(선물)	자본시장법상 비트코인이 ETF 기초 자산으로 인정되지 않아 아직 상장되지 않음 (2025년 기준)	• 공급량이 제한된 디지털 자산이라 변동성이 큼

7

내 집 마련:
저점 매수 타이밍은 언제인가

◇◇◇◇◇◇◇

집, 지금 사도 될까?

지금까지 금융상품 위주로 설명했다. 채권, ETF, 리츠, 주식 등은 자산의 유동성과 분산 효과, 비교적 낮은 진입 장벽 덕분에 많은 개인 투자자들이 첫걸음을 내딛는 영역이다. 이들은 시장 흐름을 읽고, 각자의 투자 성향에 맞게 포트폴리오를 조정해 가는 데 유용한 수단이다. 특히 장기적인 자산 형성과 노후 준비를 위해서는 반드시 익혀야 할 기초적인 투자 도구이기도 하다.

하지만 우리 삶에서 자산이라고 하면, 단연 가장 큰 비중을 차지하는 것은 부동산, 그중에서도 주택이다. 실제로 한국의 가계 자산에서 부동산이 차지하는 비율은 70%에 육박한다. 주택은 단순한 투자 자산을 넘어 거주 공간이라는 실용성과 안정감까지 동시에 추구하는 대상이다.

주택 구입은 금융상품 투자보다 훨씬 복잡한 의사결정을 요구한다. 가격의 규모는 물론이고, 대출과 금리, 입지와 공급, 정책과 세금 등 경제 전반의 구조적 변수가 얽혀 있기 때문이다. 더욱이 사람마다 원하는 집의 형태도, 삶의 방식도, 자산 상황도 모두 다르다. 어떤 이는 도심의 아파트를 선호하고, 어떤 이는 외곽의 단독 주택을 꿈꾼다. 자금 여력과 생애 주기, 가족 구성, 직업 특성 등에 따라 주거의 의미와 접근 방식은 천차만별일 수밖에 없다. 때문에 지나치게 구체적이고 자세한 조언은 오히려 독이 될 수 있으므로, 여기서는 부동산을 하나의 자산으로 바라보는 거시적 관점에서 독자들이 투자 또는 실거주 선택을 할 때 꼭 염두에 두어야 점들만 간단하게 짚고자 한다.

이하에서는 주거용 부동산 가운데 인플레이션 헷지 자산으로서의 의미가 있는 것은 서울을 비롯한 수도권의 주택(핵심지의 값비싼 주택뿐 아니라 비인기 지역에 LTV 70%가 적용되는 빌라 등도 포함된다)에 한정됨을 전제한다. 단지 거주만 할 목적이라면 이야기가 다르지만, 최소한 자산의 운용과 증식이라는 차원에서는 지방 주택 매수를 권하기 어렵다.

1. '비싸다'는 말의 진짜 의미

우리는 일상 속에서 어떤 물건이나 자산을 두고 '비싸다' 혹은 '싸다'는 평가를 자주 내린다. 친구가 산 물건을 보며 "그 돈이면 차라리 ○○을 사지"라며 혀를 차기도 하고, 부동산 뉴스 속 아파트 가격을 보고 "미쳤다"고 말하기도 한다. 하지만 이러한 평가들은 과연 언제나 타당한 것일까? 특히 부동산처럼 고액 자산을 두고 사람들의 의견이 갈릴 때, 우리는 어떤 기준으로 '비싸다'는 말을 할 수 있을까?

집값은 최근 몇 년간 한국 사회에서 가장 첨예한 논쟁거리다. 서울 아파트는 너무 비싸다는 말이 익숙하게 된 지 오래다. 그러나 다른 한편에서는 여전히 저평가되었다고 주장하는 목소리도 있다. 도대체 누구의 말이 맞는 걸까?

이 물음에 답하려면 먼저 가격(Price)이라는 개념을 다시 살펴봐야 한다. 우리가 흔히 사용하는 '비싸다'는 표현은 객관적 기준에 의한 평가가 아닌, 주로 개인의 입장과 처지에 따라 달라지는 상대적 평가다. 어떤 자산의 가격이 높게 느껴지는 것은 실제로 그것이 비싸서라기보다는 그 가격을 감당할 수 없는 개인의 한계에서 비롯된 감정인 경우가 대부분이다. 그러나 경제학적으로 가격의 적절성을 평가할 때는 언제나 '그 자산이 미래에 줄 수 있는 효용이나 가치'를 기준으로 삼는다. 예를 들어 향후 20억 원의 가치가 예상되는 주택이 지금 10억 원에 거래된다면 그 집은 싼 것이다. 반대로, 실질적 효용이 2,000만 원인 집이 1억 원에 팔린다면, 그것은 비싼 자산이다.

문제는 언론과 정부, 전문가들 모두 이런 경제학적 관점보다는 감정적 기준에 따라 가격을 평가한다는 점이다. 한 달 소득이 400만 원인 사람이 13억 원짜리 아파트를 본다면 당연히 '너무 비싸다'고 느낄 것이다. 이해할 수 있는 심리다. 하지만 중요한 것은 '내가 감당할 수 있는가'가 아니라 오로지 '이 자산이 장기적으로 어떤 가치를 창출할 수 있는가'다. 가격을 결정하는 데 사람들의 주머니 사정을 고려하는 시장은 없다.

서울은 한국의 경제, 행정, 교육, 문화의 중심지이자, 동아시아에서 핵심적인 위상을 가진 자본 거점이다. 국내 최대 기업들의 본사가 집중되어 있고, 수많은 사업체들의 산업 생태계가 형성되어 있는 곳이 바로 서울이다. 한류 콘텐츠의 생산과 소비가 동시에 이루어지는 중심지이면서 전 세계 문화 트렌드와 맞닿은 관광과 문화의 공간이기도 하다. 대한민국의 핵심적 의사결정도 서울에서 이루어지고, 국내 최상위권 대학들도 서울에 집중되어 있다. 한국인들은 잘 자각하지 못하지만 사실 세계적으로 서울만한 체급을 가진 도시는 드물다. 그리고 이 영향력과 위상은 서울과 근접한 경기권도 일정 부분 향유하게 된다. 자연스럽게 수요가 공급을 초과하면서 가격은 장기적으로 우상향할 수밖에 없다.

실제로 2024년 7월 기준 서울의 공가율은 3.5%에 불과하며, 2023년 말 기준 주택 보급률은 93.6%로 공급이 현저히 부족한 상태다. 수요는 꾸준히 유입되지만 공급은 제한되는 구조이니 가격 상승은 필연이다.

그러한 작용은 즉각적으로 드러나기도 하지만, 시간이 지나서야 본격화되기도 한다. 예를 들어 2017년 방배동의 어느 아파트는 13억 원에 거래되었고 당시 많은 이들이 '비싸다'고 느꼈을 테지만, 이후 이 아파트는 20억 원을 넘겼고 지금은 30억 원에 달한다. 감정적으로는 비싼 자산이었을지 몰라도, 실물경제 측면에서는 저평가된 자산이었던 것이다.

2. 집값 판단에 활용되는 지표

부동산 가격을 판단하는 데 중요한 지표 중 하나는 소득 대비 주택가격 비율(Price to Income Ratio, "PIR")이다. 예를 들어 강남의 아파트 가격이 1980년대에 7,000만 원이었고 지금은 20억 원이라 해보자. 겉으로는 30배 상승한 셈이지만, 같은 기간 1인당 국민소득도 1,700달러에서 3만 2,000달러로 약 20배 가까이 증가했다. 소득이 늘어나면 가격도 자연스럽게 오르기 마련이며, 특히 부동산처럼 희소한 자산은 더욱 그렇다.

경제가 발전하면서 사람들의 소비 항목은 생필품을 넘어서 다양한 재화로 확장된다. 그럼에도 부동산은 여전히 '필수재'로 기능한다. 사람들이 아무리 다양한 소비를 즐긴다 해도 주거를 위한 지출 비중은 일정 수준 이상을 유지할 수밖에 없다. 게다가 부동산, 특히 토지와 입지는 공급이 물리적으로 제한되어 있기에 수요가 늘어날수록 가격은 더욱 빠르게 오른다. 도쿄, 런던, 파리, 뉴욕 등 세계 주요 도시에서도 비슷한 흐름이 관찰된다.

중요한 것은 PIR이 과거 PIR에 비해 어떤 수준인지다(IMF나 글로벌 부동산 분석 기관들도 PIR의 절대 수치보다는 현재 PIR이 과거 평균에 비해 얼마나 이탈했는지를 중심으로 가격 적정성을 평가한다). 십수년 동안 수도권의 PIR이 다소 높아지기는 했지만 사실 역사적 평균에 비추어 보나 해외 주요 도시들과 비교해 보나 그다지 많이 올랐다고 보기는 어렵다. 나라와 도시마다 경제 상황이 다르므로 국가 간 비교는 의미가 없다.

더불어 또 하나 중요한 지표는 소득 대비 임대료 비율(Rent to Income Ratio, "RIR")이다. 선진국 대도시에서는 보통 가계 세전 소득의 40%가 주거비로 지출된다. 맞벌이 부부가 총소득의 절반을 주거비로 쓰는 셈이다. 일부 개발도상국은 RIR이 100%를 넘기도 한다. 그러나 서울은 평균적으로 20% 미만 수준이며, 일부 지역은 그보다도 낮다. 이는 서울의 주거비 부담이 상대적으로 낮은

지역 및 소득 수준별 소득 대비 주택가격 배율(PIR)[1][2][3]

(단위: 배)

		2012	2014	2016	2017	2018	2019	2020	2021	2022	2023
전체		5.1	4.7	5.6	5.6	5.5	5.4	5.5	6.7	6.3	6.3
지역별[4]	수도권	6.7	6.9	6.7	6.7	6.9	6.8	8.0	10.1	9.3	8.5
	광역시 등	5.0	4.7	5.3	5.5	5.6	5.5	6.0	7.1	6.8	6.3
	도 지역	3.6	4.2	4.0	4.0	3.6	3.6	3.9	4.2	4.3	3.7
소득 수준별[5]	하위 (1~4분위)	7.5	8.3	9.8	8.3	9.0	8.9	8.3	9.4	10.0	8.7
	중위 (5~8분위)	4.3	5.0	5.6	5.2	5.2	5.2	5.7	6.3	6.3	6.3
	상위 (9~10분위)	4.4	4.7	5.0	4.8	4.8	4.8	5.4	7.1	6.4	5.7

◈◈◈ 출처: 국토교통부, 「주거실태조사」

* 통계 공표 시기: 조사 기준년 익년 8월

* 주석

1 소득 대비 주택가격 배율=현재 주택가격÷연 가구 소득.(주택가격과 연가구 소득은 중위값임)

2 2006년 이후 격년마다 조사, 2017년 이후 매년 조사함

3 2018년까지는 주택을 매매했을 경우 예상되는 가격을 기준으로 응답. 2020년부터는 조사 기준년도 6월 셋째 주 월요일 기준

4 수도권: 서울, 인천, 경기

광역시 등: 부산, 대구, 광주, 대전, 울산, 세종. 단 세종은 2018년부터 포함(2017년까지는 충남에 포함)

도 지역: 강원, 충북, 충남, 전북, 전남, 경북, 경남, 제주

5 가구 총소득으로, 세금 등을 제외한 월평균 실수령액임

편이라는 뜻이다. 이처럼 집값과 임대료 모두 그리 높은 편이 아니라는 것은 가격 상승 압력이 항상 존재함을 시사하는 대목이다.

부동산 가격을 금 시세로 환산하면 또 다른 시사점을 얻을 수 있다. 20년 전, 10년 전, 5년 전의 서울 아파트 가격을 그 당시 금값으로 환산해 보고, 지금의 서울 아파트를 현재 금값으로 환산해 보면 확보 가능한 금의 양이 그다지 차이가 나지 않는다는 걸 알 수 있다.

압구정 현대14차 29평형의 가격은 2006년 기준 약 10억 원이었고, 2025년 기준 약 52억 원이다. 금 1온스는 2005년 기준 한화로 약 55만 원 정도였고, 지금은 약 300만 원이다.

결국, 서울을 비롯한 수도권의 집값이 지나치게 올랐다고 보는 것은 통화 가치 하락과 인플레이션이라는 구조적 현실을 무시한 순수 감정적 판단 내지 소망적 사고(Wishful thinking)일 수밖에 없다. 격차가 커 보인다면 그건 다른 지역이 덜 올랐기 때문일 것이다. 물론 지난 몇 년간 정부의 규제 정책이 집값 상승을 부추긴 측면이 있지만, 냉정하게 말해 수도권의 집값은 여전히 싸고, 지방의 집값은 현저히 비싸다. 그래서 수도권의 집값이 내려갈 것이라는 전망은 역사적으로 언제나 그릇된 예측이었고, (디플레이션 등 예외적인 상황이 펼쳐지지 않는 한) 장기적 측면에서 앞으로도 항상 빗나

갈 수밖에 없는 것이다.

3. 투기 억제를 위한 규제 정책: 가격 상승의 시그널

동서고금을 막론하고 투기 억제 정책 발표는 대개 부동산 가격 상승의 신호다. 예를 들어 양도세와 취득세, 보유세를 늘리면 그만큼이 그대로(또는 그 이상의 금액이) 주택가격과 임대료에 전가된다. 또한 대출로 집을 사지 못하도록 LTV를 낮추면, 희소성 프리미엄이 강화되는 것은 물론, 수요자들이 대출 외에 다양한 금융 수단을 동원해 추가 자금을 끌어오려 하는 등 현금 확보 경쟁을 하게 되면서 시중에 유동성이 몰리므로 역시 가격 상승 압력이 커진다. 나아가 시세차익 과세의 명분하에 재건축 초과이익을 환수하거나 분양가에 상한을 두면, 신축 주택의 공급이 끊겨 역시 희소성으로 인해 가격이 폭발적으로 상승한다.

다주택자에 대한 세금 및 취득 제한이 강화된다면 투자 수요가 일시적으로 위축될 수는 있지만 결과적으로는 핵심 입지의 주택 희소성을 부각시켜 가격 상승 압력을 높이는 결과를 낳게 된다. 수요가 억눌려도 실수요가 사라지는 것이 아니기 때문에, 거래는 잠시 주춤할 수 있어도 자산 가격은 구조적으로 우상향할 수밖에 없다. 기체가 주입되고 있는 풍선을 손으로 꼭 움켜쥔다고 해서 풍선 안에 있는 공기가 줄어들지는 않는다.

사실 이제는 구체적인 메커니즘을 설명할 필요도 없다. 투기 억제 정책의 구체적 작용으로 인해 가격이 상승하는 것 이전에, 투기 억제 정책 그 자체가 하나의 독립적 가격 상승 요소라고 보는 것이 정확하기 때문이다. 지난 수십 년간의 한국 경제사는 '투기꾼 정밀 타격'과 '시세차익 징벌'을 표어로 삼아 공급의 씨를 말려 집값을 가파르게 상승시켜 온 역사라고도 할 수 있다.

투기 억제 정책에 찬성하는 이유는 사람마다 다르다. 자산관리에 관심이 큰 현금 보유자나 다주택자, 법인들은 재산을 더 늘릴 기회가 왔다고 여겨서 환호하고(특히 투기 억제 정책을 기획하고 설계해 발표하는 사람들이 이 범주에 들어간다), 자산관리와 투자에 관심이 없는 사람들은 그러한 자산들의 가치가 정말로 떨어질 것으로 착각해서 환호한다. 물론, 그러한 착각에 오래 빠져 있을수록 삶은 더 가혹해진다는 진실을 예외 없이 입증해 온 것이 곧 한국의 부동산 시장이다.

수도권 주택은 단순한 '거주 공간'을 넘어 자산 보존과 축적의 수단으로 기능하고 있고 앞으로도 그럴 것이다. 공급은 제한되고, 수요는 지속되며, 정책은 오히려 가격 상승을 부추기는 방향으로 작동한다. 이자 부담은 존재하지만, 인플레이션과 실물 자산의 연동성, 금융 정책의 방향까지 고려하면 장기적으로 주택 보유자가 무주택자에 비해 더욱 유리한 입지를 갖게 된다. 특히 서울 같은 핵심 입지에서는 실수요와 상징적 가치가 맞물리며 가격을 지지하는 힘이 강하게 작용한다.

특정 지역의 집값이 높게 유지되는 것은 단순한 수요와 공급의 법칙 뿐 아니라 문화적 선호와 사회적 상징성도 작용하기 때문이다. 예를 들어 강남 3구는 교육, 일자리, 의료, 교통 등 모든 측면에서 압도적인 조건을 갖춘 지역이며, 전체 인구 대비 1% 수준의 '선택된 수요'가 집중되는 곳이다. 고소득층을 기준으로 보면 이 지역의 적정 아파트 가격은 가구당 연간 총소득의 15배 수준까지도 내다볼 수 있다. 일반적으로는 10배 수준이 합리적이라 보지만 강남은 예외다. 현재 평균 아파트 가격은 여전히 고소득층의 평균 순자산 대비 낮은 수준이다.

결론적으로 주거용 부동산에 접근할 때에는, 수도권의 집값은 여전히 저렴하고, 투기 억제 정책은 대체로 가격 상승을 불러온다는 점을 기억해야 한다. 서울 집을 지금 당장 사지 않아도 좋지만, 그것은 개인의 가치관이나 생활 패턴, 투자관 등 때문이어야 한다. 간절히 사고 싶지만 '집값이 너무 고평가되어 있어서' 또는 '앞으로 집값이 내려갈 것 같아서' 사지 않는 것이라면, 단언컨대 정부와 시장은 일치단결하여 그 기대를 철저히 배반할 것이다.

4. 초기 진입과 자산 사다리 전략

하지만 다른 한편, 소득 대비 집값 비율로 보면 지금과 예전이 그렇게까지 극단적으로 달라졌다고 보기는 어렵다. 세계 여러 나라와 비교해도 한국은 그 격차가 상대적으로 완만한 편이다. 앞서 설명한, 정부의 거듭된 집값 상승 정책에도 불구하고 서울은 아직 '저렴한 도시'라고 할 수 있다.

예전에도 중간 소득 가구가 10년 정도 꾸준히 일하며 집을 마련할 수 있었다면, 지금도 비슷한 수준의 소득을 가진 사람은 비슷한 시간 동안 준비해서 주거 안정을 이룰 수 있다. 절대적인 금액이 커진 탓에 체감되는 부담감은 더 커졌고, 특히 소득 기반이 아직 약한 청년 세대에게는 그 격차가 심리적 장벽으로 느껴질 수밖에 없지만, 시야를 조금만 넓혀보자. 서울은 강남만 있는 도시가 아니다.

강서구, 은평구, 중랑구 등 비강남권 지역으로 눈을 돌려보면 현실적인 선택지가 꽤 많다. 이들 지역에서는 2억 원 정도면 나름 쾌적한 빌라 한 채를 살 수 있다. 교통도 좋고, 치안도 괜찮으며, 생활 인프라와 직장 접근성도 양호하다. 젊은 세대의 주거지 선택에서 진짜 중요한 것은 '지역 프리미엄'이 아니라 교통, 환경, 생활의 편의성 같은 본질적인 요소들이다. 게다가 생애 최초 주택 구입자의 경우 많은 지역에서 여전히 70% 수준까지 주택담보대출이 가능하다. 막연히 '나중에 큰 집 사야지' 하며 미루지 말고, 지금 할 수 있는 수준에서 시작하는 편이 낫다.

이런 시장 구조에서는 계단식 자산 이동도 가능하다. 처음엔 빌라나 소형 아파트로 시작해서, 3~4년 단위로 갈아타기를 반복하면 10억 원대 아파트로 가는 것도 결코 비현실적인 꿈이 아니다. 또 한 가지 간과하지 말아야 할 점은 재개발 가능성이다. 강서나 은평 같은 빌라 밀집 지역은 재개발 가능성이 높은 곳이다. 특히 지하철 역세권에 위치하고 상업 시설이 적은 순수 주거 지역은 중장기적으로 개발 여지가 크다. 예컨대 화곡동은 마곡 지구와 도심 사이의 핵심 배후지인데, 이런 입지를 가진 지역이 오래된 빌라 단지로만 남아 있기에는 도시 개발 관점에서도 비효율적이다.

청약통장, 단순한 대기표가 아니다

청약통장은 내 집 마련을 준비하는 이들에게는 사실상 필수적인 금융 도구다. 최근 부동산 가격이 가파르게 오르면서 청약의 실효성에 대해 회의적인 시선도 있지만, 여전히 당첨될 경우 시세 차익을 기대할 수 있고, 정부가 운영하는 주택 관련 정책 대출(예: 디딤돌대출, 보금자리론 등)을 받을 때도 유리하게 작용한다. 게다가 일반 정기적금에 비해 금리가 높은 편이며, 납입금에 대한 소득공제 혜택까지 누릴 수 있다.

국내 거주 국민이라면 누구든 주요 시중은행과 인터넷은행에서 청약통장을 개설할 수 있다. 과거에는 청약예금, 청약부금, 청약저축 등 다양한 종류의 상품이 있었으나 신규 가입은 불가하고 (기존 가입자만 유지 가능), 현재는 '주택청약종합저축'으로 일원화되었다.

다만, 만 19세 이상 34세 이하(군복무 기간 산입 시 최대 40세)라면 '청년주택드림 청약통장'에 가입할 수 있다. 단, 연 소득이 5,000만 원 이하인 무주택자여야 한다. 기존에 '청년우대형 청약통장'에 가입해 있었다면 요건이 맞는 경우 자동 전환되지만, 그렇지 않다면 따로 전환 신청을 해야 한다.

청약통장은 자유적립식으로, 매달 납입 금액을 자율적으로 설정할 수 있다. 다만 저축이 아니라 당첨이 목적이라면 막연히 '많이 넣을수록 좋다'는 식으로 접근할 것은 아니고, 자신의 청약 목표에 따라 판단해야 한다. 우선 자신이 공공 분양을 노리는지, 민영 분양을 노리는지부터 구분해야 한다. 그리고 어떤 조건에서 1순위가 되는지를 살펴봐야 한다.

공공 분양을 목표로 하는 경우라면, 중요 평가 기준은 납입 횟수와 저축 총액이다. 공공 분양은 국토교통부, 지방자치단체, LH(한국토지주택공사) 등 공공기관이 공급하는 주택으로, 가격이 비교적 합리적이고 실수요자를 위한 공급이 많다. 이 경우 단순히 큰 금액을 한두 번 넣는 것보다는 적은 금액이라도 꾸준히, 연체 없이, 오랜 기간 납입한 기록이 더 큰 영향을 미친다. 현재 기준으로 인정되는 최대 납입 한도인 월 25만 원을 빠짐없이 넣는 것이 가장 유리하다. 이 금액을 5년간 꾸준히 저축하면 약 1,500만 원 내외로 알려진 청약 당첨 선에 빠르게 도달할 수 있다.

| 1순위 요건 |

지역	납입 횟수
투기·청약 과열 지구	24회
수도권	12회
수도권 외	6회
위촉 지역	1회

민간 분양, 즉 민영 주택(롯데캐슬, 두산위브, GS자이 등 민간 건설사가 공급하는 아파트)을 노리는 경우는 조금 다르다. 여기서는 '가입 기간'과 '예치금'이 청약 자격을 결정하는 핵심 요소가 된다. 따라서 가능한 한 빠르게 통장을 만들어 두는 것이 중요하다(얼마나 꾸준히 납입했는지는 중요하지 않으며, 최대 1,500만 원까지 일시금 납입도 가능하다). 여기에 청약통장 가입 기간과 무주택 기간, 부양가족 수가 가점으로 반영된다. 가점이 높을수록 경쟁에서 유리한 위치를 차지하게 된다.

지역별로 요구하는 가입 기간과 예치금 기준이 다르기 때문에, 지원하려는 주택의 위치와 평형대에 맞춰 꼼꼼히 확인해야 한다.

| 지역별 가입 기간 |

지역	기간
투기·청약 과열 지구	2년
수도권	1년
수도권 외	6개월
위촉 지역	1개월

| 지역별 납입 인정 금액 |

(단위: 만 원)

구분	서울·부산	인천·대전·대구·광주·울산	시·군, 세종시, 제주도
85㎡ 이하	300	250	200
102㎡ 이하	600	400	300
135㎡ 이하	1,000	700	400
모든 면적	1,500	1,000	500

청약통장이 단지 '대기표' 역할만 하는 것은 아니다. 주택청약종합저축은 그 자체로도 매력적인 저축 수단이다. 2024년부터 이자율이 인상되어, 기존의 가입 기간에 따라 최대 3.1%까지 이자가 붙기 때문이다. 청년주택드림통장의 경우 최대 연 4.5%의 고금리

를 제공한다는 점에서 혜택이 더 크다. 여기에 더해, 무주택 세대주이면서 연소득이 3,600만 원 이하인 청년이라면 최대 500만 원까지 이자소득세가 면제되는 비과세 혜택도 누릴 수 있다.

| 통장별 금리 비교 |

구분	1개월 이내	1개월 초과~ 1년 미만	1년 초과~ 2년 미만	2년 초과~ 10년 이내
주택청약 통장	무이자	연 2.3%	연 2.8%	연 3.1%
청년 주택드림 통장	무이자	연 3.7%	연 4.2%	연 4.5%

소득 공제 혜택도 빼놓을 수 없다. 연소득 7,000만 원 이하의 무주택 세대주는 연간 300만 원 한도 내에서 납입 금액의 40%까지, 연말 정산 시 소득공제를 받을 수 있다. 예컨대 매달 10만 원씩 1년간 꾸준히 납입한 경우, 총 120만 원의 납입 금액 중 40%인 48만 원을 소득 공제받을 수 있다.

청약통장은 유사시 활용 가능한 금융 수단이 되기도 한다. 갑작스러운 자금이 필요할 때 청약통장을 해지하지 않고, 이를 담보로 대출을 받을 수 있다. 은행마다 조건은 다르지만, 예치된 금액의 90~100% 범위 내에서 대출이 가능하다. 청약통장을 해지하면 그간 쌓아온 1순위 자격과 청약 가점이 모두 초기화되지만, 담보대출을 받을 경우, 통장 자체는 유지되므로 가입 기간 역시 그대로 이어진다.

자녀를 위해 주택청약통장을 만들어 주고 싶다면 만 14세가 되었을 때(중학교 2학년이 되는 해의 생일이 지났을 때) 하면 된다. 아이가 태어나자마자 청약통장을 개설해서 성인이 될 때까지 20년을 납입해도 인정되는 횟수는 총 60회 차(5년)이고, 이를 초과해도 더 가산되는 점수는 없기 때문이다. 그 이전이라면 주택청약통장에 자금을 묶어두는 대신 자녀 명의의 펀드나 ETF에 투자하는 편이 낫다.

8

은퇴 준비:
월급 없는 360개월 어떻게 살까

◇◇◇◇◇◇◇◇

월급 없는 360개월

평균 기대수명이 이미 83세를 넘어섰다(2023년 통계청 기준 83.5세). 머잖아 90세를 넘어서는 시대가 올 전망이다. 60세 전후로 퇴직한 이후에도 20년에서 30년 이상을 더 살아야 하는 장수 사회에 진입한 셈이다. 이에 따라 길어진 생애의 후반부를 지탱해 줄 지속적 소득원을 마련할 필요성이 과거와는 비교할 수 없을 만큼 커졌다. 급여가 더는 들어오지 않는 상황에서 삶을 영위하는 데 필요한 모든 비용(의료, 주거, 식료, 여가 등)을 오직 과거 축적한 자산을 소모하는 방식으로만 충당하기란 불가능하다. 퇴직 이후 삶을 안정적으로 영위하려면 일정한 간격으로 생활비가 들어오는 구조를 만들어야 한다.

30세에 취업해 60세까지 일한다면(매우 이상적인 가정이다. 한국에서 퇴직 연령은 평균 49.3세이고, 평균 근속 기간은 12.9년이다), 총 360회에 걸쳐 월급을 수령하게 된다. 90세까지 생존한다고 가정하면, 다시 360회의 '월급 없는 달'을 살아가야 하는 것이다.

퇴직 후의 현금 파이프라인이라고 하면 보통 공적연금과 퇴직연금을 떠올린다. 먼저, 국민연금을 비롯한 공적연금은 국가가 운영하는 대표적인 사회보장제도로, 국민의 노후 소득을 보장하고 생활 안정을 지원한다는 취지로 마련된 제도다. 가입자가 일정 기간 동안 보험료를 납부하면 노후에는 연금 형태로 급여를 지급받게 된다.

가능한 한 국민연금의 잠재력을 최대한으로 활용해야 한다. 임의 가입 제도를 통해, 일정 요건을 충족하면 근로소득이 없는 사람(가정주부, 대학생, 소상공인 등)도 자발적으로 국민연금에 가입할 수 있다. 이는 다른 공적연금에 가입하고 있지 않은 경우 만 60세 이전까지 본인이 희망하면 언제든 국민연금에 가입할 수 있는 제도다. 특히 연금 수급에 필요한 가입 기간을 채우지 못한 경우 이 제도를 활용해 납부를 이어갈 수 있다. 가입 기간이 부족한 상태에서 만 60세 생일이 다가오고 있다면 적극적으로 고려해야 할 선택지다.

만 60세가 가까워졌는데도 여전히 가입 기간이 부족하다면, 임의 계속 가입 제도를 통해 납부 기간을 연장할 수 있다. 이 제도는 만 60세 이후에도 보험료를 계속 낼 수 있도록 허용해 주는 장치다. 일반적으로는 만 65세까지 연장이 가능하지만, 특정 요건을 충족하면 그 이후에도 예외적으로 납부가 허용된다. 예를 들어 만 59세 11개월 시점에 가입 기간이 5년뿐인 사람이 있다고 하자. 이 경우 임의 가입을 통해 60세 이후부터 5년을 더 납부하고, 이후 예외 조항을 활용해 만 69세 11개월이 될 때까지 납부하면 연금 수급 자격을 갖출 수 있다.

과거에 납부하지 못했던 기간이 있다면, 추후 납부 제도를 통해 해당 기간의 보험료를 다시 낼 수도 있다. 병역, 유학, 출산, 실직 등의 이유로 납부 예외 처리가 된 기간이 있는 경우, 이를 나중에 추납할 수 있게 하는 제도다. 납부 방식은 일시납과 분할납 모두 가능하며, 분할 시에는 최대 5년간 나누어 낼 수 있다. 추납한 금액은 연말 정산 시 소득공제 대상이 되므로 절세 효과도 함께 누릴 수 있다.

국민연금에 잠깐 가입했다가 가입 기간이 짧아 연금 대신 일시금으로 보험료를 환급받았던 적이 있다면 반환 일시금 반납 제도를 활용해 다시 복귀할 수 있다. 이는 과거에 돌려받은 보험료를 이자와 함께 다시 납부하고 당시의 가입 기간을 복원할 수 있는 제도다. 반납 후 몇 년만 더 납부하면 10년 수급 요건을 충족시킬 수 있으며, 결과적으로 일시금 대신 매달 연금을 받는 안정적인 노후 소득으로 전환할 수 있다. 한때 포기했던 연금 수급권을 다시 확보할 수 있는 기회인 셈이다.

국민연금은 단순히 오래 납부했다고 해서 무조건 수익률이 올라가는 구조는 아니다. 국민연금은 사회보험으로서 소득 재분배 기능을 갖고 있기 때문에, 상대적으로 적게 낸 사람일수록 낸 돈 대비 더 많은 연금을 수령하는 구조다. 따라서 무리해서 많은 금액을 납부하기보다, 최소 기준으로 꾸준히 유지하는 것이 장기적으로 더 효율적인 전략이 될 수 있다. 결국 국민연금은 단순한 저축이 아니라, 사회적 안전망으로서의 역할을 고려하며 접근해야 한다.

퇴직연금은 회사가 근로자의 퇴직 이후를 대비해 일정 금액을 금융기관에 적립하고 이를 근로자가 퇴직 시 정기금 형태로 지급 받도록 하는 제도로, 크게 확정급여형(DB형)과 확정기여형(DC형)으로 나뉜다. DB형의 경우 퇴직급여 액수가 재직 기간과 퇴직 직전 평균 임금에 의해 미리 정해진다. 회사는 매년 정해진 부담금을 금융회사에 맡겨 운용하고, 운용 결과가 어떻든 근로자가 받을 퇴직금 액수에는 변동이 없다. DC형은 매년 회사가 납입해야 할 부담금이 '해당 근로자의 연간 총임금의 1/12 이상'으로 미리 정해지는 형태다. 이 기여금은 근로자 본인의 이름으로 적립되어, 퇴직 후에는 그 적립금과 운용 성과를 합산한 금액을 연금이나 일시금으로 받는다. 운용은 근로자의 몫이므로, 증권, 펀드, 예·적금 등 다양한 금융상품 중 본인의 위험성향과 기대 수익률에 맞추어 포트폴리오를 구성할 수 있다.

이 퇴직연금은 일시금이 아니라 연금으로 수령하는 경우에는 퇴직 소득세의 30~40%를 절세할 수 있다(10년 차까지는 퇴직 소득세의 30%, 11년 차 이후는 40%).

문제는 공적연금과 퇴직연금을 모두 활용한다고 해도 퇴직 이후의 생활을 감당하기 쉽지 않다는 것이다. OECD가 권고하는 퇴직 후 소득 대체율(재직 시 평균 소득 대비 퇴직 후 확보되는 소득의 비율)은 약 70% 이상이지만, 국민연금과 퇴직연금으로 이만한 현금 흐름을 창출하기란 거의 불가능하다. 2026년부터 적용될 국민연금의 소득 대체율은 40년간 성실히 보험료를 납부했을 때를 기준으로 43%인데, 현실에서는 평균 가입 기간이 이보다 훨씬 짧은 경우가 많고 실제 소득 대체율은 대략 20%에서 25% 사이에 머문다(공무원 연금의 소득 대체율도 과거에는 70%에 달했으나 현재는 43~45% 수준밖에는 되지 않는다). 여기에 퇴직연금을 합하더라도 소득 대체율이 30~50%대 수준에 머무는 것이 대체적이다. 더욱이 현실에서 퇴직연금 수급자의 절대 다수는 연금이 아닌 일시금 수령을 택하고, 이 일시금은 은퇴 초기 몇 년을 넘기지 못하고 소진되는 경우가 다반사다.

이 공백은 개인연금(연금저축펀드, IRP, 연금보험 등)을 통해 메울 수밖에 없다. 퇴직 이후의 삶을 공적연금만으로 감당한다는 것은 열흘 치 식량과 식수만 지닌 채 한 달 넘게 황무지를 횡단하는 것과 같다. 하루에 한 끼만 먹고 주린 배를 움켜쥐며 버티거나, 어쩌다 마주치는 짐승을 잡아먹으며 당장의 허기를 채운다면 목적지에 도착하는 것 자체는 어찌어찌 가능할 수 있다. 그러나 처음부터 충분한 식량을 싣고 여행하는 경우와 비교하면 삶의 질이 매우 떨어질 뿐더러, 상시 굶주리고 불안한 여정이 될 수밖에 없다.

대부분의 사람들은 이 준비를 인생 후반부 돌입 직전에서야 부랴부랴 시작한다. 결혼을 해 주거지를 마련하고 아이를 키운 후 직장 생활을 마무리할 즈음에서야 퇴직 후 삶에 대한 고민을 시작하는 것은 상당히 위험한 접근이다. 예를 들어 한 중산층 부부가 65세에 퇴직하고 월 300만 원의 생활비가 필요하다고 하면, 단순히 현재 기준으로 30년을 곱하면 약 10억 원에 달하는 자금이 필요하다.

퇴직 후 인생에 대한 대비를 활발한 경제 활동이 이루어지는 '지금' 이 순간부터 시작하지 않는다면, 노년의 재정적 불안은 피할 수 없는 현실이 된다. 사전적으로 '퇴직(退職)'이란 직장에서 물러나는 것을, '은퇴(隱退)'는 사회 활동에서 손을 떼고 한가히 지내는 것을 의미한다. 지금부터 대비하지 않는다면 '퇴직'은 (당)할 수 있어도 '은퇴'는 할 수 없을 것이다.

가이드라인은 단순하다. ① 직장인의 경우, 퇴직연금은 본질적으로 유동성 자산이 아니라 가급적 손대지 말아야 할 미래의 생애 자산임을 상기해 가급적 중도 인출을 하지 말고, 퇴직연금에 들어가는 돈과는 별개로 재직 중 세전 연봉의 약 10~15%를 사적 연금 자산으로 꾸준히 축적할 필요가 있다. 다음으로 ② 퇴직연금 제도에 편입되지 못한 자영업자, 프리랜서, 개인사업자의 경우 직장인보다 더 많은 연금 자산 축적을 필요로 한다. 따라서 총소득의 20% 이상을 IRP나 연금저축 등에 꾸준히 납입하는 것이 바람직하다. 여기에 노란우산공제까지 함께 활용한다면 노후 준비와 절세 효과를 동시에 누릴 수 있다.

노란우산공제는 소상공인, 자영업자, 프리랜서, 소기업 대표 등을 위한 퇴직금 마련 제도다. 일정 금액을 매달 납입하면, 폐업이나 노후 등 예상치 못한 상황에 대비할 수 있는 일종의 안전장치 역할을 한다. 가장 큰 장점은 세제 혜택이다. 연 최대 600만 원까지 소득 공제를 받을 수 있어, 연금저축펀드나 IRP와 함께 활용하면 추가적인 절세 수단이 된다. 다만 중도해지 시에는 그동안 소득공제를 통해 환급받은 세금을 다시 납부해야 하므로 신중하게 판단할 필요가 있다.

소득 공제 한도는 4,000만 원 이하일 때 가장 높지만, 절세 효과의 금액은 소득 금액 1억 원 이하일 때까지 높아진다. 소득 금액 1억 원 초과 구간은 고소득자로 분류되어 절세 효과가 상대적으로 떨어진다.

공제금에는 복리 이자가 적용된다. 현재 기준 이율은 약 3% 수준이며, 장기적으로 자금을 불릴 수 있는 구조다. 또한 공제금은 압류나 가압류의 대상이 되지 않기에 사업 실패로 인한 강제 집행 위험에서도 비교적 자유롭다. 필요할 경우 해약환급금의 90% 이내에서 저금리로 대출을 받을 수도 있으며, 가입 후 2년 동안은 중소기업중앙회에서 무료 상해 보험 혜택도 제공한다.

본인이 아직 청년이더라도 이 준비는 지금부터 해야 한다. 은퇴 자금 마련의 핵심은 '시간'이다. 30세부터 5%의 이율을 가진 상품에 매월 20만 원씩 35년간 투입해 65세부터 연금을 수령한다고 가정해 보자. 총 투자금 8,380만 원이 복리의 힘으로 불어나 65세가 되면 2억 2,153만 원이 된다. 반면, 같은 금액과 이율로 45세부터 65세까지 20년간 투입하면, 총 납입금은 4,780만 원이고 65세 시점에서는 8,097만 원이 된다. 억 단위의 차이가 생기는 것이다.

늦게 준비할수록 은퇴 시점은 늦어지고 퇴직 후 삶이 버거워진다. 늦은 만큼 더 많은 금액과 더 높은 수익률로 운용하면 된다고 생각할 수도 있지만, 그 시점에 그런 위험을 감당할 여유를 가진 사람은 그리 많지 않다.

| 저축 기간 20년 |

(단위: 원)

연금 상품 수익률	1%	5%	8%	10%	15%
월 5만 원	1,322	2,024	2,841	3,589	6,564
월 10만 원	2,644	4,048	5,682	7,178	13,128
월 20만 원	5,288	8,097	11,365	14,356	26,257
월 30만 원	7,933	12,146	17,048	21,534	39,385
월 50만 원	13,221	20,244	28,414	35,890	65,642

| 저축 기간 30년 |

(단위: 원)

연금 상품 수익률	1%	5%	8%	10%	15%
월 5만 원	2,091	4,072	7,041	10,317	27,873
월 10만 원	4,183	8,145	14,082	20,634	55,746
월 20만 원	8,366	16,29	28,165	41,268	111,49
월 30만 원	12,549	24,436	42,247	61,902	167,238
월 50만 원	20,916	40,727	70,412	103,170	278,730

30년 납입의 경우 저축 기간은 20년 납입의 경우와 비교해 1.5배에 불과하지만, 수익에서는 2배 이상으로 차이가 날 수 있다. 납

입 금액이 월 5만 원이고 수익률이 낮다면 1,000만 원 정도의 차이에 불과하나, 월 50만 원으로 납입 금액이 크고 수익률이 15%로 높다면 20년 납입 시 약 6억 5000만 원, 30년 납입 시 약 27억 8,000만 원이 되어 4배 이상 차이가 난다. 보편적인 예에 따라 월 납입금 20만 원, 수익률 8%로 가정하더라도, 20년 납입 시 약 1억 1,000만 원, 30년 납입 시 약 2억 8,000만 원이 되어 두 배 이상 차이가 난다. 단순히 10년을 더 '납입해서'가 아니라, 10년을 복리의 힘으로 '굴려서' 빚어지는 차이다. 당장 돈이 없다고 하지 말고, 불필요한 지출을 줄여 월 10만 원만 미래의 나에게 투자해 보자. 30년 동안 평균 수익률 8%로 운용하면 은퇴 자금 1억 4,000만 원이 확보된다.

| 복리&단리 비교 그래프 |

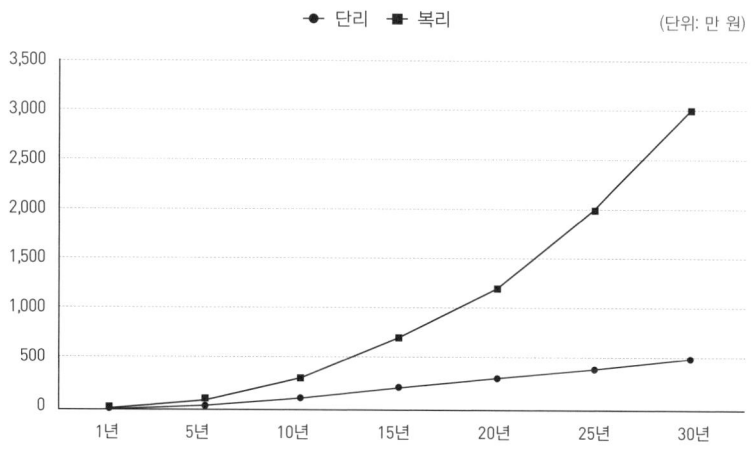

그렇다면 개인형 사적 연금은 도대체 어떻게 준비해야 할까? 매달 얼마를 저축해야 하고, 어떤 방식으로 자산을 쌓아가야 하며, 어떤 금융상품을 활용해야 하는가에 대한 고민이 따르게 된다. 실제로 사적 연금이라고 해서 하나의 상품만 존재하는 것은 아니다. 크게는 세제 혜택이 주어지는 '세제적격연금'과 그렇지 않은 '세제비적격연금'으로 나뉘고, 세제적격안에서도 다시 여러 상품 유형이 존재한다. 각각의 상품은 구조와 장점, 유연성에서 차이가 있다.

세제적격연금

세제적격연금은 말 그대로 세법상 세제 혜택을 받는 자격을 갖춘 연금으로, 연금저축보험, 연금저축펀드, IRP가 이에 속한다. 이들은 납입 시점에 세액공제 혜택을 받을 수 있다는 장점이 있다 (즉, 연말 정산 때 일정 한도 내에서 세금을 돌려받을 수 있다).

1. 연금저축보험

연금저축보험은 보험회사가 판매하는 상품으로, 개인연금의 가장 전통적인 형태다. 일정한 보험료를 정기적으로 납입하고, 일정 시점부터 연금을 지급받는다. 보험이라는 특성상 원금보장이 되며, 사망 보험금이나 진단금 등 부가적인 보장 기능도 탑재되어 있는 경우가 많다. 예를 들어 30세 직장인이 매달 30만 원씩 연금저축 보험에 가입하고 60세부터 연금을 수령하면, 가입 기간 동안 일정한 이율로 불어난 적립금이 노후의 소득원이 된다. 다만 수익률이 낮은 편이고, 중도해지 시 불이익(납입한 보험료 중 일부가 먼저 사업비로 차감되고 나머지가 실제 연금 자산으로 적립되기에, 일정 기간 내 해지 시 원금 손실이 발생한다)이 따를 수 있다.

연금저축보험을 선택하는 가장 큰 이유는 원금이 보장되고 최저 보증 이율까지 제공된다는 '안정성' 때문이다. 그러나 기본적으로 금리가 보수적으로 책정되고, 공시 이율이 적용되기에 현재와 같은 고물가·저금리 기조 속에서는 물가상승률을 뛰어넘는 실질 수익을 얻기 어렵다는 단점이 있다.

실제로 금융감독원 공시 자료에 따르면, 생명보험사 17곳의 지난해 연금저축보험 연 수익률 평균은 2.44%였다. 지난해 물가상승률 3.6%를 고려하면 사실상 마이너스에 해당한다. 같은 해 은행권의 정기예금(가중 평균 기준)은 3.68%, 정기적금은 3.5%였다. 연금저축 보험의 최근 5년 평균 수익률은 1.81%, 7년 평균 수익률은 1.28%, 10년 평균 수익률은 1.51%였다. 이는 한국은행이 목표로 하는 물가상승률 2%에도 미치지 못한다.

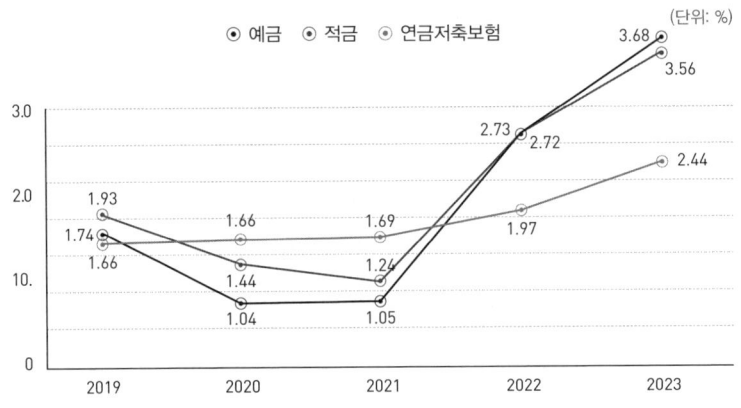

◈◈◈ 출처: 금융감독원, 한국은행

2. 연금저축펀드

연금저축펀드 계좌는 증권사에서 개설할 수 있는 개인 연금계좌의 한 형태로, 가입자가 직접 다양한 펀드나 ETF 등에 투자하며 자산을 운용하는 구조다. 투자 성과에 따라 비교적 높은 수익을 기대할 수 있다. 수익률의 변동성이 존재하기는 하지만, 장기적으로 운용할 경우 복리 효과와 시장 누적 수익의 가능성을 고려할 때 상당히 매력적인 선택지로 평가된다. 이와 같은 특성 덕분에 연금저축펀드는 장기 투자에 대한 이해와 일정 수준의 리스크 감내 능력을 지닌 투자자에게 적합하다. 비정기적으로 발생하는 성과급이나 상여금 등으로 납입의 유연성이 필요한 사람에게도 좋은 선택이 된다.

2021년 금융감독원의 자료에 따르면, 연금저축펀드의 수익률은 13%대였고, 연금저축보험의 수익률은 1%대였다. 동일한 세제 혜택을 받지만 연금저축보험보다는 연금저축펀드 쪽의 수익률이 더 높은 것이다.

이미 연금저축보험에 가입한 사람이라도 나중에 마음이 바뀌어서 연금저축펀드로 바꾸고 싶을 수 있다. 이럴 때에는 계약 이전 제도를 활용해 연금저축펀드 계좌로 자금을 옮길 수 있다(즉, 연금저축의 '틀'은 그대로 유지하면서 보험사에서 증권사로 갈아타는 것이다). 이 경우 원금이 그대로 이전되는 것이 아니라 해지 환급금 상당액이 이전되므로, 해지 환급금이 지금까지 내가 납입한 금액보다 많이 적다면 조금 더 기다렸다가 갈아타는 것이 좋다.

| 연금저축펀드 vs. 연금저축보험 |

상품 구분	연금저축펀드(ETF 포함)	연금저축보험
운용 주체	자산운용사	보험사
주요 판매사	증권사, 은행	보험사
납입 방식	자유 납입	정기 납입
연금 지급 방식	확정 기간형(기간 제한 없음)	확정 기간형 또는 종신형
원금보장	비보장	보장
예금자보호	비보호	보호

3. 개인형퇴직연금

개인형퇴직연금(Individual Retirement Pension, "IRP")은 퇴직 시 받은 퇴직 급여와 본인이 자율적으로 납입하는 적립금을 모아 운용할 수 있는 상품이다.

본래 IRP는 근로자가 퇴직금을 일시금으로 받지 않고 이를 연금 형태로 수령할 수 있도록 마련된 장치, 즉 퇴직연금으로 출발했다. 퇴직금을 IRP 계좌에 이체해 퇴직 소득세를 바로 내지 않고 연금 수령 시점으로 이연할 수 있고, 그 자산을 예금이나 펀드 등 다양한 방식으로 장기 운용할 수 있다는 점에서 IRP는 기본적으로 퇴직연금의 제도적 틀 안에 있다.

하지만 다른 한편, IRP는 퇴직금이 없는 사람도 소득만 있다면 누구나 가입할 수 있으며, 매년 일정 금액을 자발적으로 납입하면 세액공제 혜택을 받을 수 있다는 점에서 개인연금의 성격도 강하게 띤다. 자영업자나 프리랜서처럼 퇴직연금 제도에서 소외된 사람들도 IRP를 통해 노후 대비를 시작할 수 있고, 매년 최대 900만 원까지 세액공제를 받을 수 있다는 점에서 연금저축과 유사한 기능을 수행한다고 할 수 있다(DC형 가입자 또는 연금저축 가입자가 함께 IRP를 운용하는 경우, 각각의 세제 혜택을 병행하여 받을 수 있다). 요컨대 IRP는 퇴직연금이면서 세제적격 개인연금인 셈이다.

IRP 계좌는 은행, 증권사에서 모두 개설할 수 있다. 그러나 은행의 IRP는 상품 선택의 폭이 좁고, 연금 자산운용에 따른 수수료도 상대적으로 높은 편이다. 반면 증권사 IRP는 예금, 펀드, ETF 등 다양한 자산에 투자할 수 있으며 낮은 보수의 상품을 선택할 수 있어 수수료 측면에서도 더 유리하다. 이러한 이유로 실제 자산운용 측면에서는 증권사 IRP를 선택하는 것이 더 합리적인 선택이 될 수 있다.

:: 1) 연금저축펀드와의 차이점

IRP는 연금저축펀드와 성격이 유사하지만 다음과 같은 차이가 있다. 먼저 IRP의 경우, 반드시 30% 이상을 안전자산(원금 손실이 적거나 없는 자산으로서 예금, 증권사 ELB(주가연계파생결합사채), RP(환매조건부채권), 국채증권, TDF 등이 이에 해당한다)에 투자해야 한다는 제한이 있다. 반면 연금저축펀드는 펀드, ETF, 리츠 등 다양한 자산에 자유롭게 투자할 수 있는 유연성을 제공한다. 따라서 고위험 고수익을 추구한다면 연금저축펀드가, 보다 안정적 자산운용을 원한다면 IRP가 적합하다.

| 소득 금액에 따른 연금저축 한도 |

종합소득금액(총 급여액)	연금저축 한도 (퇴직연금포함 통합한도)	공제율/최대 공제 금액
4,500만 원 이하(5,500만 원)	600만 원(900만 원)	16.5%/99만 원(148.5만 원)
4,500만 원 초과(5,500만 원)		13.2%/79.2만 원(118.8만 원)

이 두 계좌들은 납입 시 세액공제를 받고 연금으로 수령 시 저율의 연금소득세가 부과된다. 세액공제를 받은 원금과 이에 따른 수익에는 연금소득세가 부과되며, 그 세율은 수령자의 나이에 따라 3.3%에서 5.5% 사이로 차등 적용된다. 반면, 세액공제를 받지 않은 납입금에 대해서는 과세되지 않는다.

연금소득세율은 수령 시점이 만 55세에서 만 69세 사이인 경우 5.5%, 만 70세부터 만 79세는 4.4%, 만 80세 이상은 3.3%다. 나이가 많을수록 낮은 세율이 적용되는 구조이기 때문에, 수령 기간을 길게 설정하는 것이 유리하다.

다음으로, IRP는 퇴직 이후 연금 수령 시까지 원칙적으로 중도 인출이 불가하고 교육비·의료비·파산 등의 사유가 있을 때만 예외적으로 허용되는 반면, 연금저축펀드는 중도 인출이 비교적 자유롭다(다만 55세 이전에 해지하거나 연금 외 방식으로 인출할 경우에는 세액공제받은 금액에 대해 기타소득세 16.5%가 부과되므로 주의가 필요하다).

:: 2) 퇴직 급여 수령은 새로운 IRP 계좌로

퇴직할 때 세액공제를 받기 위해 이미 개설해 둔 기존 IRP 계좌로 퇴직 급여를 받는 경우가 많다. 그러나 이 방법은 자칫 큰 손해를 불러올 수 있다. 기존 IRP 계좌는 연말 정산 시 세액공제를 받았기 때문에, 퇴직급여가 입금되면 그 계좌에 있던 납입금과 운용 수익 전체가 세법상 제약을 받는다. 중도 인출을 하려 해도 법에서 정한 사유(주택 구입, 질병 등)에 해당하지 않으면 일부 인출이 불가능하다. 이런 제한 때문에 결국 계좌 전체를 해지하는 경우가 많은데, 이 과정에서 세액공제받은 원금과 수익에 대해 16.5%의 퇴직 소득세를 내야 한다. 더욱이 IRP 계좌는 연금 수령과 일시금 수령 방식을 혼합해 선택할 수 없다는 법적 제약도 있어, 일부는 연금으로 받고 일부는 자유롭게 쓰고자 하는 계획이 무산되는 경우도 있다. 따라서 퇴직 급여 수령 시 반드시 새로운 IRP 계좌를 개설해 입금받아야 한다.

이미 퇴직 급여가 기존 IRP 계좌로 입금되어 손실 우려가 있다면, '연금계좌 이동제도'를 통해 해결할 수 있다. IRP 계좌에서 세액공제 받은 원금과 수익을 연금계좌(연금저축펀드, 다른 개인형 IRP)로 이전하는 것이다. 퇴직 급여와 분리된 운용을 통해 향후 전액 해지 없이도 일부 인출/운용할 수 있다.

4. 어떻게 운용해야 할까

연금저축펀드와 IRP 계좌와 같은 개인연금 상품을 통해 운용할 수 있는 포트폴리오는 나이대와 투자 성향에 따라 달라져야 한다(이는 DC형 퇴직연금도 마찬가지다). 예를 들어 사회 초년생은 앞으로 꾸준한 소득이 기대되며 상대적으로 투자할 수 있는 기간도 길다는 점에서 장기적 자산 증대를 목표로 하는 것이 바람직하므로, 다양한 고위험·고수익 투자 상품에 분산 투자함으로써 포트폴리오를 구성하는 것이 적합할 수 있다. 만약 일정 규모의 자산을 축적한 투자자라면, 자산의 증대와 보존을 동시에 고려해야 하는 만큼 미국 대표 지수 추종형 ETF와 배당주 중심의 글로벌 ETF, 안정적인 채권형 ETF를 조합해 리스크를 분산하는 것이 바람직할 것이다. 그리고 퇴직을 앞둔 투자자라면, 그간 축적한 자산을 보다 안전하게 운용하는 동시에 시중 금리 이상의 안정적 수익을 목표로 삼아야 하므로, 국공채 중심의 채권형 ETF, 배당주 ETF, 리츠, 인프라 자산을 편입하게 된다.

스스로의 상황을 객관적으로 평가하기 어렵거나 어떤 자산으로 구성해야 할지 잘 모르겠다면 타깃 데이트 펀드(Target Date Fund, "TDF")를 활용할 수 있다. TDF는 목표 퇴직 시점에 맞춰 예금, 채권, 주식 등 자산 비중을 자동으로 조절하는 펀드다. 퇴직 시점이 멀 때에는 주식 비중을 높여 공격적으로 투자하다가, 퇴직이 가까워질수록 주식 비중을 줄이고 안전자산인 예금이나 채권 비중을 늘린다. 그래서 가입자가 따로 신경 쓰지 않아도 퇴직 시점에 맞춰 적절한 자산 배분이 이뤄지는 게 가장 큰 장점이다. 예를 들어 퇴직이 30년 이상 남았다면 TDF2050이나 TDF2060을, 퇴직이 임박한 50대라면 TDF2030이나 TDF2035 같은 상품을 고르면 된다(TDF 뒤 숫자는 퇴직 예정 연도를 뜻한다).

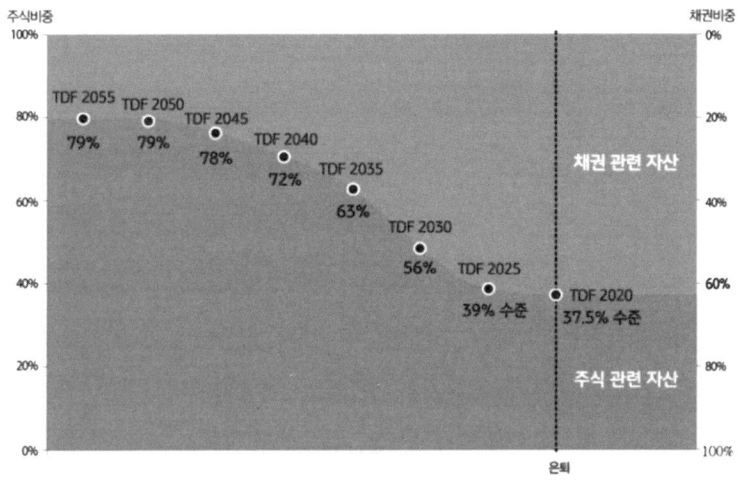

◈◈◈ TDF의 운용 구조를 나타내는 그래프다. (자료: KB자산운용)

    퇴직 연금계좌 내 위험자산 투자 한도는 70%로 제한되어 있지만, TDF는 생애 주기 맞춤 전략으로 안정성이 보장되어 적립금의 100%까지 투자할 수 있다. TDF는 운용사가 자사의 운용 역량을 보여주는 대표 상품이라 운용사도 성과 관리에 집중한다. 투자에 익숙하지 않은 초보자라면 퇴직연금 자산의 절반 이상을 TDF로 운용하기를 권한다.

    퇴직 이후의 연금 수령 전략을 설계할 때 반드시 유념해야 할 요소 중 하나는 바로 사적 연금 분리과세 한도에 대한 이해다. 현행 제도에서는 연금저축펀드와 개인형 IRP 등에서 발생하는 연금 수령액이 연간 1,500만 원을 초과하면 ① 종합과세(다른 소득과 합산해 누진세율 적용) 또는 ② 분리과세 16.5% 중 선택해야 한다. 따라서 연간 수령액이 1,500만 원을 넘지 않도록 설계해야 한다.

세제비적격연금

세제비적격연금은 생명보험사에서 주로 판매하며 대체로 '연금보험', '비과세 저축성보험' 등의 이름으로 마케팅된다. 납입 시점에는 별다른 세액공제를 받을 수 없지만 연금 수령 시점에서 과세가 면제된다는 특성이 있다. 세제 적격 상품은 소득이 발생하는 현재의 절세 효과를 노리는 반면, 세제 비적격 상품은 노후에 발생할 세금 부담을 줄이는 데 주력한다고 볼 수 있다.

현행 소득세법은 소득을 종합소득, 퇴직소득, 양도소득으로 구분한다. 그중 종합소득에는 이자소득, 배당소득, 사업소득, 근로소득, 연금소득, 기타소득이 포함된다. 세제비적격연금에서 발생하는 수익은 이중 '연금소득'이 아니라 '이자소득'에 해당하며, 금융소득종합과세 대상에서 제외되고 건강보험료 부과 기준에서도 빠진다. 따라서 고소득자라면 연금 수령 시 과세 부담을 피하고 건강보험료 상승을 방지할 수 있는 세제 비적격 상품이 더 유리하다. 그리고 납부하는 소득세가 없는 사람(예를 들어 전업주부)도, 애초에 세제적격연금의 세액공제 효과를 활용할 수 없으므로 세제비적격

연금보험을 고려하는 것이 더욱 유리한 전략이 될 수 있다.

세제비적격 연금보험은 특정 요건을 충족할 경우 이자소득세가 전면 면제되는 비과세 혜택을 누릴 수 있다. 그 요건은 다음과 같다.
- 일시납보험의 경우, 1억 원 이하를 10년 이상 유지할 것
- 월적립식보험의 경우, 월 150만 원 이하로 5년 이상 납입하고 10년 이상 유지할 것
- 종신형연금보험의 경우, 55세 이후 사망 시까지 연금 형태로만 수령할 것

꼭 세제적격연금과 비적격연금 중 어느 하나만을 선택해야 하는 것은 아니다. 예를 들어 비정기적으로 발생한 소득(성과급, 상여금 등)은 세액공제 한도인 연 600만 원 이하로 연금저축펀드에 납입하고, 매달 20만 원씩 비과세 연금보험에 꾸준히 적립한다면 이상적인 조합이 된다. 퇴직 후 연금저축펀드로부터는 종합소득세 기준인 연 1,500만 원 이하로 연금을 수령하고, 부족한 부분은 비과세 연금으로 보완해 세금 부담을 최소화할 수 있다.

◆ 제3부 ◆

사고, 위기, 위험을 대비하는 보험관리의 기술

9

나와 내 자산을
지켜주는 보험

내 몸과 자산을 지키는 금융상품

"환자분, 실손보험에 가입되어 있으신가요?" 고액 치료비가 수반되는 상황에서 의료진이 자주 묻는 질문이다. 일상에서도 "이번에 누구는 보험금 얼마 받았다더라" 식의 이야기가 자주 나온다. 그리고 우리 모두가 부인할 수 없는 진실이 있다면, 바로 '건강에 이상이 생겼을 때 가장 먼저 찾게 되는 것이 보험'이라는 점이다.

모든 사람은 질병, 사고, 사망 등 수많은 위험에 노출되어 있고, 이 위험은 언제 누구에게 어떤 규모로 발생할지 예측할 수 없다. 별것 아닌 위험도 있지만, 한 사람의 생활 세계 전체를 파괴하고 자산을 단숨에 무너뜨리는 위험도 있다. 이런 불확실성 속에서 살아가는 인간에게는 위험을 관리하고 대비하는 수단이 필수적이고, 보험은 바로 그러한 보호막으로서의 역할을 해준다.

누구도 병을 계획하지 않고, 사고를 기다리지 않으며, 죽음을 대비할 준비가 되어 있지 않다. 하지만 보험은 우리가 그런 순간을 맞이했을 때 적어도 재정적으로만큼은 고립되지 않게 해준다. 병원비로 예·적금을 다 허무는 대신 보험금으로 치료를 받으며 소득의 공백기를 버틸 수 있게 해주고, 가장이 세상을 떠났을 때 남겨진 이들이 삶을 유지할 수 있게 해준다. 보험은 단순한 금융상품이 아니라 인류가 오랜 시간 고민해 온 위험에 대한 사회적 해법이자, 나 자신과 가족들의 삶의 존엄을 지키기 위한 최소한의 배려다. 내가 감당할 수 없는 손실을 대신 떠안아 주고, 내가 준비할 수 없는 순간을 위해 미리 자리 잡고 기다려 주는 장치다. 그래서 '선택사항'이 아니라, 불확실한 세계를 살아가는 우리 모두에게 반드시 필요한 삶의 인프라라고 할 수 있다.

물론, 보험은 무분별한 영업 관행 때문에 대중의 피로감과 부정적 인식이 만연한 영역이기도 하다. 실제로 보험은 지인이나 친지로부터 권유받기 쉬운 대표적 금융상품이라 가벼운 마음으로 접근하는 경우가 많고, 그렇기에 (수익률을 꼼꼼히 따지는 적금과 달리) '관계에 의존해' 가입하거나 손쉽게 해지하는 일이 빈번하다. 보험의 본질적 가치를 충분히 이해하고 철저한 학습을 거쳐 가입하는 사례는 극히 드물다.

그러나 바로 그러한 까닭에 보험에 대해 제대로 알고 주도적으로 선택하는 태도가 더욱 중요해진다. 맹신해서는 안 되지만 맹목적으로 거부하거나 회피해서도 안 되는 것이 보험이다. 위험에 적절히 대처하면서도 불필요한 금전적 손실을 보지 않으려면 자기 삶의 구조와 재무 상황에 비추어 보험의 필요성을 주체적으로 판단할 수 있어야 한다. 보험을 단지 필요악으로 받아들이기보다는, 재무적 회복 탄력성을 높이는 하나의 수단으로써 능동적으로 활용하려 할 때 나의 삶과 자산이 보다 안전하게 보호받게 된다.

설계자와 긴밀한 관계 구축이 필수적이다

보험은 단순한 '선택'이 아니라 '설계' 과정을 필요로 한다. 보험 설계는 각자 삶의 양태와 재정적 여건, 가족 구조 등 제반 사정을 면밀히 고려해 정교하게 이루어져야 하는 작업이기에 획일적이고 일의적인 기준이란 있을 수 없다.

따라서 이 책에서는 구체적 보험상품은 추천하지 않는다. 만약 책꽂이에 일률적 기준을 제시하거나 개별 상품을 추천하는 자산관리 서적이 있다면, 신속히 그 책을 들고 분리수거장으로 향하기를 권한다.

그 과정을 함께할 사람은 일회성 상품을 판매하는 '중개인'이 아니라, 장기적 관점에서 신뢰할 수 있는 조언자, 가급적이면 금융 생애 전반을 함께해 줄 만한 '파트너'여야 한다. 보험에 관한 의사 결정은 단발적 권유나 프로모션에 의해서가 아니라 지속적인 상담과 점검, 상황 변화에 따른 유연한 조정에 의해서 이루어져야 한다. 신뢰할 수 있는 전문가와의 관계를 구축하고, 그 관계 속에서 자신의 보장 구조를 정확히 이해하고 주기적으로 관리해 나가는 것이야말로 보험을 제대로 활용하는 지름길이다. 그 상대방이 가족, 친지인지 아니면 외부 전문가인지 그 자체는 중요하지 않을 수 있다.

보험 기초 용어 이해하기

1. 계약자, 피보험자, 수익자

보험계약을 체결하고 보험료를 납입할 의무를 지는 사람을 계약자라 한다. 계약자는 보험상품을 선택하고 유지하는 주체다. 한편, 보험의 대상이 되는 자로서 상해나 질병, 사망 등 보험사고가 발생했을 때 보상의 기준이 되는 사람을 **피보험자**라 한다. 그리고 보험사고 발생 시 보험금의 수령 권한을 갖는 사람을 수익자라 한다. 보통 계약자 혹은 피보험자 본인이 수익자가 되지만, 제3자를 수익자로 지정할 수도 있다.

2. 보험료와 보험금

계약자가 보험계약에 따라 보험회사에 납입하는 돈을 보험료라 하고, 보험사고가 발생했을 때 보험사가 수익자에게 지급하는 보상을 보험금이라 한다. 보장 내용이 같더라도 보험료는 납입기간과 보장기간에 따라 크게 달라진다. 일반적으로 납입기간이 짧을수록 월 보험료는 높아지고, 납입기간이 길어질수록 월 보험료는 낮아지는 경향이 있다. 그러나 총 납입 금액의 관점에서 보면, 짧은 기간 동안 집중적으로 납입하는 방식이 오히려 이점이 있을 수 있다. 예를 들어 20년납과 30년납 상품을 비교해 보면, 월 보험료 기준으로는 30년납이 상대적으로 저렴하지만, 총 납입 금액은 20년납이 더 적은 경우가 많다.

보험사는 보험금을 지급해야 하는 미래의 위험에 대비해 현재 보험료를 산정하는데, 그 과정에서 일정한 이자율(할인율)을 적용해 미래에 지급할 금액의 현재 가치를 계산한다. 납입기간이 짧으면 보험사는 자금을 빠르게 모아 운용할 수 있으므로, 장기간에 걸쳐 분할 납입하는 경우보다 현재 가치 기준으로 필요한 보험료 총액이 적게 산정될 수 있다.

한편, 보장기간이 길어질수록 보험료는 상승하게 된다. 예를 들어 만기가 80세인 상품보다 100세 만기 상품이 더 높은 보험료를 요구하는 것은, 보험사가 보다 오랜 기간 동안 보장 위험을 감당해야 하기 때문이다. 따라서 보험료를 단순히 '월 얼마'로만 판단하기보다는, 납입기간과 보장기간, 총 납입 금액을 종합적으로 고려하는 것이 바람직하다.

납입기간은 보험료 부담 능력과 경제적 여건에 맞추어 선택해야 하며, 보장기간은 보장의 지속성과 개인의 생애 주기를 반영해 결정해야 한다. 활발한 경제 활동기인 30~40대는 상대적으로 짧은 기간 내에 보험료를 집중 납입하여 향후 현금흐름의 여유를 확보하는 전략을 선호하는 경우가 많다. 그리고 노후 의료비 위험을 대비해 100세 만기와 같은 장기 보장을 선택하는 경향도 뚜렷하다.

당장의 월 보험료 부담을 줄이고자 할 때는 장기 분할 납입 방식도 고려할 수 있지만, 이 경우 보장 공백 발생 가능성과 총 납입액 증가 위험 역시 함께 염두에 두어야 한다.

3. 후유장해

질병이나 상해로 인해 신체에 영구적인 기능 손실이나 구조적 훼손이 발생한 상태를 후유장해라 한다. 일정한 장해지급률에 따라 보험금 지급의 근거가 된다.

4. 급여항목과 비급여항목

국민건강보험법에 따라 공적 보험 급여가 적용되는 진료 항목(진료비의 일부가 건강 보험 재정에서 부담되는 항목)을 **급여항목**이라 한다. 이에 반해 건강보험의 적용을 받지 않아 진료비 전액을 환자가 부담해야 하는 진료 항목을 **비급여항목**이라 한다.

5. 저해지 환급형과 무해지 환급형

저해지 환급형의 경우 중도해지 시 해지 환급금이 30~50% 수준으로 적게 지급된다. 그러나 납입을 완료한 이후에는 환급금이 점차 증가하며, 장기적으로 유지할 경우 표준형 보험보다 더 높은 환급금을 제공하는 구조를 지닌다. 무해지 환급형의 경우 중도해지 시 해지 환급금이 없는 대신 보험료가 저렴하게 책정된다.

6. 보장성보험과 저축성보험

보장성보험은 상해, 질병 등 예기치 못한 위험으로 인한 손실을 보장받기 위해 가입하는 보험으로, 경제적 피해를 보완하는 데 중점을 둔 상품이다. 저축성보험은 보험 기능보다는 자산을 불리기 위한 목적이 강조되는 상품으로, 만기 시 일정 금액을 환급받는 등의 저축 효과를 기대할 수 있다.

7. 갱신형 보험과 비갱신형 보험

갱신형 보험은 보험 기간을 설정한 뒤 그 기간이 지나면 나이와 위험률을 다시 적용하여 보험료를 재산출하고 계약을 갱신하는 보험상품이다. 비갱신형 보험은 보험 가입 시점에 보험료가 확정되며, 계약 만기까지 보험료가 변동되지 않는 상품이다.

갱신형 보험의 경우 초기에는 상대적으로 낮은 보험료로 시작하지만 갱신할 때마다 보험료가 인상된다. 일반적으로 연령이 증가함에 따라 질병 및 사고 발생 가능성, 즉 위험률이 높아지기 때문이다. 이에 반해 비갱신형 보험은 미래의 위험을 미리 반영해 보험료를 산정하는 구조이기에 초기 가입 시점에서는 갱신형 보험의 경우에 비해 보험료가 높지만, 오랜 시간이 지나 총 보험료를 비교해 보면 비갱신형 보험 쪽이 훨씬 저렴하다.

보험료 납입 여력이 충분하거나 위험률이 낮은 젊은 연령층이라면 가급적 비갱신형을 선택하는 것이 좋겠지만, ▲ 위험에 노출되는 환경적 요인을 지녔거나, ▲ 위험률이 높은 연령이거나, ▲ 가족력으로 인해 위험 발생 가능성이 높거나, ▲ 보험료 납입 여력이 불충분한 사람이라면 갱신형을 선택하는 것이 더 합리적일 수 있다.

8. 부담보와 전면보장

특정 신체 부위나 질병에 대해 일정 기간 또는 전 기간 동안 보장을 제외하는 방식을 부담보라 한다. 이에 반해 보장 제외 조건 없이 모든 부위와 질환에 대해 보장하는 방식을 **전면보장**(전부 보장)이라 한다.

9. CI보험과 GI보험

CI보험이란 중대한 질병(Critical Illness) 진단 시 사망 보험금의 전부 또는 일부를 선지급하는 보험이다. 주요 보장 대상은 암, 중대한 뇌졸중, 중대한 급성심근경색, 말기간질환, 말기폐질환, 말기신부전증 등 6대 질환과 대동맥치환술, 심장판막수술, 관상동맥우회술, 장기이식수술, 중증치매 등 주요 수술 항목이다. GI보험이란 CI에서 보장하지 않는 일반 질병(General Illness)에 대해 보장하는 상품으로, 대표적으로 암, 뇌출혈, 급성심근경색 등 주요 질병을 포함한다. 명칭상으로는 CI와 구분되지만 실제 보장범위에서는 상당한 유사성이 있다.

10

실손, 특약, 진단비
현명하게 챙기는 법

◇◇◇◇◇◇◇

단체보험이 있어도 실손은 따로

진료비 영수증을 살펴보면 크게 두 가지 항목, 즉 급여와 비급여로 나뉘는 것을 알 수 있다. 급여항목 안에는 환자가 직접 부담하는 본인 부담금과 국민건강보험공단에서 부담하는 금액이 포함된다. 실손의료보험은 이러한 본인 부담금과 비급여항목에 대해 일정 한도 내에서 보장을 제공하는 보험이다(2023년 기준으로 최대 5,000만 원 한도 안에서 급여는 80%, 비급여는 70%까지 보험금이 지급된다).

일반적인 정액형 보험과 달리, 실손의료보험은 실제로 발생한 의료비를 기준으로 보상한다. 이를 '포괄주의'라고 하는데, 이는 보상하지 않는 항목들을 구체적으로 명시하여 그 범위를 명확히 하는 방식이다. 보험의 기본 원칙 중 하나는 '실제 손해에 대해 보상한다'는 것이기에(이른바 실손보장원칙), 통상의 보험상품에서는 '실손'이라는 표현을 덧붙일 필요가 없다. 그러나 사람의 생명이나 신체 가치를 금전적으로 산정하기 어려운 인보험 분야에서는 이 원칙에 예외가 적용되는 경우가 많다. 실손의료보험은 인보험임에도 이 예외를 적용하지 않기에 특별히 '실손'이라는 명칭을 사용하는 것이다.

실손보험은 가장 최우선적으로 가입해야 하는 보험이다. 특히 소득이 없는 가정주부, 미성년 자녀, 퇴직 후 소득 활동을 하지 않는 노인처럼 질병으로 인해 소득 손실이 발생하지 않는 경우에는, 소득 손실 보장보다도 실손의료비 보장을 우선적으로 준비하는 것이 더욱 중요하다.

실손보험은 여러 보험사에 중복 가입하더라도 보험금이 이중으로 지급되지 않고, 각 보험사가 부담 비율에 따라 나누어 보상한다(이른바 비례보상 원칙). 예를 들어 단체실손보험과 개인실손보험을 동시에 가입해 뒀다 해도 치료비 전액을 각각에서 중복 수령할 수 없다. 그러나 단체보험이 있더라도 개인실손보험은 따로 가입해야 한다. 단체보험은 퇴직과 동시에 종료되고, 이후 개인실손보험을 새로 가입하려 할 경우 과거 병력으로 인해 가입이 거절되거나 일부 질환에 대해 보장이 제한되는 부담보 조건이 설정될 수 있기 때문이다.

단체실손보험도 중도해지가 가능하다. 만약 그 보험료가 복지 포인트나 급여에서 빠져나가는 구조라면, 현재 내가 갖고 있는 개인실손보험과 비교해 어느 쪽 보장이 더 나은지를 따져보고, 더 유리한 쪽을 선택해 활용하는 것이 좋다.

단체보험이 있는 경우, 개인실손보험의 가입은 유지하면서 납입만을 정지할 수 있다. 가입 기간이 1년 이상인 경우 재직 중 보험료 납입을 중단하고, 퇴직 후 별도의 심사 없이 재개하는 것이다(재직 중 병력이 있어도 상관없고, 재개 시점에 새로 판매 중인 상품으로 전환도 가능하다). 다만 무심사 재개는 퇴직 후 1개월 이내에 신청해야 한다.

진단비·수술비 특약, 어떻게 설계해야 할까

1. 실손보험의 한계
많은 이들이 실손의료보험 하나로 충분하다고 여기지만, 이는 어디까지나 치료비 같은 적극적 손해에 국한된 보장일 뿐이다. 더욱이 실손보험의 보험료는 손해율을 기준으로 산정되기에 나이가 들수록 자연스럽게 보험료 부담이 커진다. 실제로 보장 비율이 90퍼센트에서 100퍼센트에 이르는 실손보험에 가입한 60~70대의 경우 월 보험료가 20만 원대에 이르는 사례가 적지 않다. 정기적인 소득이 단절된 시기에 이처럼 높은 보험료를 지속적으로 부담하는 일은 상당한 재정적 압박으로 작용할 수밖에 없다.

더욱이 실손의료보험의 보장 범위는 시간이 흐를수록 점차 축소되는 경향을 보인다. 실손보험은 보험사 입장에서 손해율이 높은 상품이기에(특히 근래 과잉 진료와 의료 쇼핑으로 인해 재정 손실이 더욱 커지고 있다) 2013년 8월 이후 나온 '표준화 실손보험'부터는 갱신 주기가 1년으로 설정되었고, 15년 후에는 재가입절차를 거치도록 설계되었다. 나아가 2021년 7월 이후 판매되고 있는 이른바 '4세대 실손보험'은 이전 세대에 비해 자기부담금 비율이 높아졌으며 5년 단위로 재가입해야 하는 구조다(즉, 가입 시점으로부터 5년이 경과하면 당시 시판 중인 실손보험으로 새롭게 가입해야 한다). 특히 비급여항목에 대해서는 추가 보험료가 부과되는 '비급여 할증 제도'가 적용된다.

따라서 현재 본인이 가입한 실손보험이 만기 시점까지 동일한 조건으로 보장되는지 여부를 우선적으로 확인할 필요가 있다. 가장 손쉬운 확인 방법은 갱신 주기를 살펴보는 것이다. 갱신 주기가 3년 또는 5년으로 설정된 상품의 경우, 기존 조건이 비교적 안정적으로 유지되는 경향이 있으나 그만큼 보험료 상승폭도 클 수 있다. 반면, 1년 단위로 갱신되는 실손보험은 통상적으로 15년마다 재가입이 요구되는 구조이므로, 추후 보장 조건이 변경되거나 새로운 심사를 거쳐야 할 가능성도 배제할 수 없다.

바야흐로 실손보험만으로 장기적인 의료비 위험을 이전과 같은 방식으로 충분히 대비하기는 점점 더 어려워지고 있다. 주지하듯 암, 심장질환, 뇌혈관질환처럼 치명적인 질병은 단순히 병원비 수백만 원 수준으로 끝나지 않는다. 수술, 항암제, 방사선 치료, 재활 치료를 거치는 데 수천만 원에서 억 단위의 돈이 들고, 이들은 실손으로는 절대로 방어할 수 없다. 더욱이 오랜 치료를 위해 일을 쉬는 동안 대출 이자, 생활비, 자녀 교육비는 그대로 빠져나가며, 얼마 지나지 않아 재정은 걷잡을 수 없이 무너지게 된다. 병원비보다 더 무서운 건 소득이 끊기는 순간부터 시작되는 파산의 도미노다.

중대한 질병으로 인한 가계 파탄을 막으려면 진단금과 수술비처럼 큰돈을 한 번에 받을 수 있는 직접적 보장 수단이 반드시 필요하다. 실손은 제1방어선에 불과하고, 대규모 전쟁에서 제1방어선은 무조건 뚫린다.

2. 진단비 특약의 핵심 요소

:: 1) 암

우리나라 주요 사망 원인 중 1위는 단연 악성 신생물, 즉 암이다. 2022년 암 등록 통계에 따르면 기대수명까지 생존할 경우 암에 걸릴 확률은 남성의 경우 37.7%로 약 5명 중 2명, 여성의 경우 34.8%로 약 3명 중 1명으로 추정된다. 러시안 룰렛(Russian Roulette)보다도 2배나 높다.

암진단비 특약은 반드시 넣어야 한다. 암에 한 번 걸리면 소득 상실, 장기요양, 돌봄 부담 등으로 인해 가계경제 전체에 엄청난 충격이 뒤따르기도 하지만, 이에 앞서 일단 암 중 2/3가 DNA 무작위 변이 오류로 발생하기 때문이다. 다시 말해 암에 걸릴지 아니면 걸리지 않을지를 결정하는 주된 요인은 생활 습관(흡연, 음주, 비만, 식습관)이나 환경이 아니라 '운'이다. 매일 라면만 먹는 흡연자가 술과 담배를 입에도 대지 않고 탄수화물, 단백질, 지방 비중을 철저히 관리해 식단을 꾸리는 사람보다 암에 걸릴 확률이 '유의미하게' 높다고 단언하기 어렵다. 기본적으로 '나는 언젠가 반드시 암에 걸리며, 그것은 나의 생활 습관과는 무관하다'고 생각해야 한다.

암 진단 시에는 '건강보험 중증질환 산정특례'가 적용되어 급여 치료비의 95%까지 지원을 받을 수 있다. 하지만 본인 부담금 5%

는 환자가 직접 부담해야 하며, 비급여항목은 전액 본인 부담으로 처리되기 때문에 실질적인 치료비 부담은 여전히 크다.

표적 항암 치료의 경우, (암의 종류에 따라 상이하지만) 1회 투약 시 약 500~800만 원 정도 소요되고, 평균적으로 8회~13회 투약하니 전체 비용은 대개 4,000만 원에서 1억 원 정도다. 그리고 현존하는 암 치료 방법 중 가장 효과가 뛰어나고 폐암·간암·췌장암 등 생존율이 낮은 난치암에도 주효하다고 알려진 중입자 치료의 경우, 평균적으로 3,000만 원에서 5,000만 원 정도의 비용이 소요된다. 이들 모두 비급여항목에 속한다.

암진단비는 일반적으로 '일반암'과 '유사암(또는 소액암)'으로 구성된다. 그러나 암은 단 한 번의 진단으로 끝나는 질환이 아니라, 재발이나 전이의 가능성이 높아 장기적인 치료와 지속적인 관리가 요구되는 병증이다. 이에 따라 보험사에서는 기존 보장 체계를 보완하기 위해 '통합암', '전이암' 등 보다 정교하고 세분화된 특약들을 지속적으로 개발해 출시하고 있다.

대부분의 보험사들은 암진단비 지급에 있어 일정한 면책 조건을 둔다. 일반적으로 계약일로부터 90일 이내에 진단된 암에 대해서는 보험금 지급이 제한되며, 가입 후 1년 이내의 암 진단에 대해서는 보험금의 50%만 지급하는 경우가 많다. 그러나 최근에는

| 보험사의 암진단비 보장 예시 |

일반암 진단비	갑상선암 등 일부를 제외한 대부분의 악성 종양에 대해 최초 1회 지급
유사암 진단비	제자리암, 경계성 종양, 기타 피부암 등 비교적 예후가 양호한 암에 대해 최초 1회 지급
소액암 진단비	유방암, 자궁암, 전립선암 등 특정 암에 대해 지급(진단비가 상대적으로 적게 책정)
통합암 진단비	신체 부위별로 암을 분류하여 각기 다른 부위의 암에 대해 각각 보장
전이암 진단비	최초 진단 이후 발생한 전이암에 대해 추가 보장

이와 같은 제한 조항이 없는 상품들도 출시되고 있다.

무엇보다 중요한 것은 암 진단 후의 삶이다. 병마와 싸우는 동안 수입이 중단되거나 생활의 리듬이 무너질 수밖에 없는 만큼, 암진단비는 치료비를 넘어 삶의 안정까지 견인할 수 있어야 한다. 따라서 암진단비는 최소한 자신의 연간 소득 수준만큼 준비할 것을 권한다. 여력이 된다면 치료비 특약을 함께 준비해 실질적인 암 치료에 더욱 집중할 수 있도록 하는 것도 좋다.

:: 2) 심장질환

앞서도 언급했듯 우리나라의 사망 원인 1위는 암이다. 그리고 2위가 바로 심근경색, 협심증 등 심장질환이다.

| 2023년 사망원인 통계 결과(24년 10월 기준) |

(단위: 인구 10만 명당 명)

예금	사망원인	사망률	2022년 순위 대비
1	악성신생물(암)	166.7	—
2	심장질환	64.8	—
3	폐렴	57.5	↑ (+1)
4	뇌혈관질환	47.3	↑ (+1)
5	고의적 자해(자살)	27.3	↑ (+1)
6	알츠하이머병	21.7	↑ (+1)
7	당뇨병	21.6	↑ (+1)
8	고혈압 질환	15.6	↑ (+1)
9	패혈증	15.3	↑ (+2)
10	코로나19	14.6	↓ (-7)

◈◈◈ 출처: 통계청

암에 비해 심장질환 발병 확률은 생활 습관의 관리로 어느 정도 낮출 수 있지만, 아무리 건강을 잘 관리해도 유전적 요인이나 선천적 구조 문제로 심장질환이 발병할 수 있다.

질병 통계에 따르면 허혈성심장질환은 남성에게서 더욱 높은 발병률을 보인다. 2022년 기준으로, 협심증 705,259명, 급성심근경색 132,041명이다. 급성심근경색보다 협심증의 환자가 약 5.3배 더 많고 해마다 증가하는 추세다.

이처럼 심장질환은 생명에 큰 위협이 되는 질병임에도 불구하고, 실제 보험 가입 현황을 살펴보면 '급성심근경색 진단비' 특약만 가입된 경우가 많다. 그러나 급성심근경색은 허혈성심장질환 중에서도 발생 확률이 비교적 낮은 일부 질환에 국한된다. 정작 더 흔하게 발생하는 것은 협심증, 심부전, 부정맥 등이다.

따라서 심장질환에 제대로 대비하려면 최소한 허혈성심장질환 진단비 특약을 통해 보장 범위를 넓혀야 한다. 최근에는 빈맥, 부정맥, 심부전 등까지 포함하는 '심장질환 전체 진단비' 특약을 제공하는 상품들도 출시되어 보장의 폭이 한층 더 확장되는 추세다. 심장질환은 단일 질환이 아니라 다양한 형태로 나타나는 만큼, 가

| 보험에서 심장질환의 범위 |

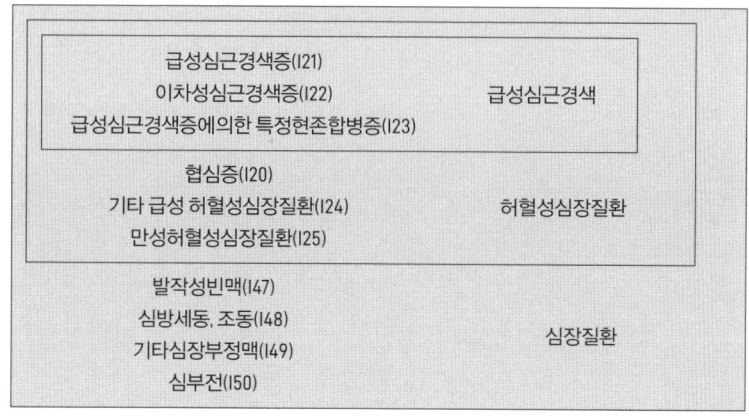

능한 넓은 범위의 보장을 준비해 건강과 생활의 연속성을 지킬 필요가 있다.

:: 3) 뇌혈관질환

　뇌는 우리 몸 전체를 조절하고 생명을 유지하는 데 핵심적인 역할을 하는 기관이다. 뇌에 발생한 문제는 단순한 증상을 넘어 생명에 위협이 되는 중대한 질환으로 이어질 수 있다. 실제로 뇌혈관질환은 국내 사망 원인 4위에 해당할 정도로 위험성이 높으며, 매년 약 5만 명의 신규 뇌졸중 환자가 발생하고 있다. 최근에는 청년층에서도 뇌혈관질환의 진단 사례가 증가하는 추세이므로 이를 단지 중장년층의 문제로만 국한하는 인식은 더 이상 유효하지 않다. 연령대와 상관없이 뇌혈관질환의 예방과 조기 관리에 대한 경각심을 가져야 한다.

　뇌질환은 다른 질환에 비해 심각한 후유증을 남길 가능성이 크며, 이로 인해 회복에 많은 시간과 치료비가 발생하거나, 소득 활동의 중단으로 이어질 수 있다. 그렇기에 건강을 지키는 차원을 넘어, 재정적인 위험에 대비하기 위한 준비가 필요하다.

　과거에는 '뇌출혈 진단비' 특약 위주로 가입하는 경우가 많았으나 뇌출혈은 전체 뇌혈관질환 중 일부에 해당하기 때문에 이것만으로는 충분하지 않다. 보다 철저한 보장을 위해서는 '뇌혈관질환 전체'에 대한 진단비 특약을 넣는 것이 바람직하다.

| 보험에서 뇌혈관질환의 범위 |

```
┌─────────────────────────────────────────────────┐
│         지주막하출혈(I60)                          │
│           뇌내출혈(I61)                    뇌출혈   │
│   기타 비외상성 두개 내 출혈(I62))                   │
│                                                 │
│           뇌경색증(I63)                            │
│  뇌경색증을 유발하지 않은 뇌전동맥의 폐쇄 및 협착((I65))  뇌졸중 │
│  뇌경색증을 유발하지 않은 대뇌동맥의 폐쇄 및 협착(I66)    │
│                                                 │
│   출혈 또는 경색증으로 명시되지 않는 뇌졸중(I64)         │
│           기타 뇌혈관질환(I67)                      │
│     달리 분류된 질환에서의 뇌혈관장애(I68)      뇌혈관질환 │
│          뇌혈관질환의 후유증(I69)                    │
└─────────────────────────────────────────────────┘
```

3. 반복되는 보장, 수술비 특약

수술비 보험은 말 그대로 수술이 시행될 경우 정해진 보험금을 지급하는 보험상품이다. 현행 의료 체계에서는 대부분의 수술이 건강보험 급여항목으로 분류되고, 여기에 더해 실손의료비보험이 본인 부담분의 일부를 보상한다. 그러나 실손보험은 해마다 갱신되는 구조이기에 고령이나 질병 발생률 상승과 함께 보험료 부담이 빠르게 증가하고, 퇴직 이후에는 오히려 보험료가 치료비보다 더 커지기도 한다. 따라서 고비용의 비급여 수술에 대해서는 실손보험만으로는 충분한 대비가 어려운 것이 현실이다. 이 때문에 수술비 특약을 별도로 준비해 두는 것이 바람직하다.

수술 건수 자체도 꾸준히 증가하고 있다. 과거에는 수술이라 하면 크고 위험한 절차로 여겨졌지만, 최근에는 의료 기술의 발전으로 회복이 빠르고 침습이 적은 방식들이 일반화되고 있다. 암 수술조차 절개 없이 시행할 수 있으며, 심장 수술도 로봇을 이용한 비침습적 방식으로 대체되고 있다. 정기적인 건강검진이 보편화되면서 조기 진단 및 조기 수술이 증가한 것도 전체 수술 건수의 증가를 이끄는 원인 중 하나다.

진단비 특약의 경우 보장이 단회성으로 끝나지만, 수술비 특약은 수술이 이루어질 때마다 반복적으로 보험금이 지급된다. 예컨대 한쪽 유방에 양성 종양으로 수술한 후 악성 종양으로 진단되어 암 진단금을 수령한 경우, 이후 반대쪽 유방에 암이 재발하더라도 진단비는 이미 소진된 상태라 추가 보장을 기대하기 어렵다. 하지만 수술비 특약을 가지고 있다면 두 번의 수술에 대해 각각 보장을 받을 수 있다. 동일 부위의 재수술은 물론, 전혀 다른 부위의 수술에도 반복 지급이 가능하다는 점에서 실질적인 보장 수단이 된다.

게다가 동일한 금액의 보장을 제공하는 수술비 특약과 진단비 특약을 비교할 때, 수술비 특약은 훨씬 낮은 보험료로 가입할 수 있다. 대부분의 보험사는 매회 수술마다 정액으로 보험금을 지급하는 구조를 채택하고 있어, 경제적 효율성 면에서도 좋은 선택이다.

모든 외과적 처치가 보험금 지급의 대상이 되는 것은 아니다. 보험사

약관에서는 '의사가 의료기관 내에서 생체의 절단 또는 절제를 수반하여 치료 목적으로 시행하는 외과적 조작'을 수술로 정의한다. 따라서 단순 주사나 진단 목적의 시술, 미용·피임 같은 치료 외적 행위는 보장 대상에 포함되지 않는다.

수술비 특약은 그 구조와 목적에 따라 다양하게 나뉜다. 가장 기본적인 형태는 질병이나 상해로 인해 수술이 이루어졌을 때 정해진 금액을 지급하는 '질병/상해 수술비'이며, 수술의 위험도에 따라 보장 금액이 차등화된 '종수술비' 특약도 있다. 1종에서 5종(또는 8종)까지 구분되는데, 예를 들어 백내장, 맘모톰 수술은 1종, 위 절제술이나 관혈 심장 수술은 고위험군에 해당하는 4종 또는 5종으로 분류된다. 일부 특약은 비급여 시술에도 적용되어 요실금, 치핵, 제왕절개 등 다양한 수술에 대한 보장을 가능케 한다. 이 밖에도 특정 신체 부위나 질환군에서 반복적으로 발생하는 수술에 대비해 주요 수술을 선별해 보장하는 'N대 수술비' 특약이 있다. 이는 고액 수술이나 종수술비에서 상대적으로 보장 금액이 낮거나 누락된 수술들을 보완하여, 두텁고 촘촘한 보장을 원하는 가입자들이 추가로 선택하는 보완적 특약의 역할을 한다.

수술비 특약을 구성할 때는 개인의 가족력, 과거 병력, 생활 습관 등을 고려해 자신에게 맞는 담보를 선택하는 것이 중요하다. 암, 심장질환, 뇌혈관질환 같은 3대 질환을 중심으로 설계하되, 필요에 따라 질병 및 상해 수술비, 종수술비, N대 수술비 등을 적절히 조합해 반복되는 치료 상황에 유연하게 대응할 수 있도록 구성하는 것이 바람직하다.

| 추천 진단비와 수술비 종류 |

진단비	상해 후유장해(3~100%) 최소 1억 원 이상 준비할 것을 권장한다.
	질병 후유장해(3~100%) CDR 척도에 따른 치매까지 보상하기에 100세 만기로 설계 시 보험료가 높다. 80세 만기로 설계하면 보험료를 낮출 수 있다.
	암진단비 자기 연봉의 최소 1배수 이상 준비할 것을 권장한다.
	유사암진단비 보험사별로 유사암 범위가 다를 수 있으니 반드시 유사암의 범위를 확인해야 한다.
	뇌혈관 진단비
	허혈성심장질환 진단비 최근에는 I49(기타부정맥) 등 기존 허혈성심장질환 진단비보다 더 폭넓은 범위의 심장질환을 보상하는 심장질환 진단비가 있다.
수술비	질병 수술비 질병으로 인한 보험사 약관상 '수술'의 정의에 부합하는 모든 수술을 보상한다. 표피낭종 같은 경미한 수술도 인정받을 수 있는 담보로 활용 범위가 매우 넓다.
	상해 수술비 상해로 인한 수술비는 질병에 비해 빈도가 낮아 질병 수술비보다 더 높은 보장이 가능하다. 질병 수술비에 비해 보험료가 낮기에 100만 원 이상 가입할 것을 권장한다.

수술비	질병종 수술비	1종은 경미한 수술(대장 용종 절제술, 자궁 폴립, 하지정맥류, 치핵, 피부 낭종 등), 5종에는 고난이도, 생명과 직결되는 수술(심장개복, 개두술, 개복 복부 대수술) 등이 해당된다.
	상해 종수술비	1종은 경미한 수술(변연절제를 동반한 창상 봉합술, 피부 이식 수술 등), 5종은 고난이도 생명과 직결되는 수술(개흉술, 개두술)을 포함한다.
	N대 수술비	보상 가짓수가 높다고 좋은 것이 아니라 N에 포함된 수술별 보장 금액 확인이 필요하다.
추천 부가 항목	질병 입원비	특히 어린 자녀를 둔 가정에서 가입하는 것이 바람직하다. 이는 소아가 성인에 비해 입원할 확률이 상대적으로 높고, 입원 시 발생하는 비용 부담이 가계에 미치는 영향이 크기 때문이다.
	상해 입원비	건설업, 제조업, 운수업 같은 고위험 직종의 경우 상해 사고 발생률이 높다. 장기간 입원 치료를 요할 경우 소득 상실 보전 수단으로 활용이 가능하다.
	항암 방사선, 약물 치료비	암에 걸리면 가장 기본적이고 필수적인 치료다. 중입자 치료 시에도 이 담보로 보상받을 수 있다. 대부분 암 진단 시 병행되는 치료 기법으로 암진단비를 보완한다.
	표적 항암 치료비	아직 손해율이 높지 않아 가성비가 좋은 항목이다.
	골절 진단비	상해 내 발생 빈도가 매우 높으므로 가입할 만하다.
	화상 진단비	심재성 2도 화상 진단 시 보험금을 지급한다.

추천 부가 항목	깁스 치료비 통깁스 치료 시에 보상된다. 반깁스는 해당 사항이 아니다.
	양성 뇌종양 치료비 뇌혈관 진단비에는 뇌종양 관련 보장이 포함되지 않은 경우가 많다.
	혈전 용해 치료비 뇌경색 또는 급성심근경색의 치료를 위해 필수로 사용되는 치료법이다. 2대 진단비를 보완할 수 있다.

수술비 특약과 함께 자주 언급되는 담보로 입원비 보장 특약이 있다. 입원한 일수에 따라 정해진 금액을 지급받는 형태의 담보다. 다만 입원비는 손해율이 높아 보험료가 상대적으로 비싼 편이라, 보험료 대비 효율이 좋지 못하다. 더욱이 최근 병원들이 입원 치료를 줄이고 통원 치료로 대체하는 추세가 강해지면서 실제 입원 일수가 감소하는 경향이 있다. 따라서 성인의 경우 입원비 담보는 보험료 납입 여력이 충분할 때 후순위로 준비하길 권한다.

태아보험, 꼭 가입해야 할까

과거에 비해 아이가 출생 후 건강 문제를 겪는 경우가 많아지고 있기에, 이제 태아보험은 부모에게 필수적인 보험으로 자리 잡고 있다. 출생 전후에 발생할 수 있는 의료적 위험이 단순히 건강의 문제를 넘어서 가정의 경제적 안정에까지 영향을 줄 수 있기 때문이다. 임신이나 출산은 누구에게나 기쁜 일이지만, 그 과정에서 예상치 못한 상황은 언제든 발생할 수 있다. 조산이나 저체중아 출산, 선천적 질환으로 인한 수술과 입원은 흔하지는 않지만 결코 드문 일도 아니다. 이때 실질적인 대비가 되어 있지 않다면, 신생아 집중 치료비 같은 고비용 의료비는 부모에게 적지 않은 부담이 된다.

태아보험은 보통 임신 초기, 특히 1차 기형아 검사 이전인 임신 12주 이내에 가입하는 것이 가장 이상적이다. 이 시기에는 선천성 질환이나 저체중아 출산, 인큐베이터 입원 등 핵심 보장 특약 대부분이 가입 가능한 상태로 유지되기 때문이다. 임신 22주가 지나면 해당 특약들의 가입이 제한되거나 보장에서 제외될 수 있다. 또한 산모의 병력에 따라 보험료 인상이나 가입 거절이 발생할 수 있어, 관련 검사가 본격화되기 전 가입을 완료하는 것이 중요하다.

태아보험은 선천성 질환이나 신생아 입원 치료 등 출생 직후 발생할 수 있는 의료적 위험에 중점을 두고 구성된다. 특히 저체중아 출산이나 조산, 신생아 중환자실 치료 같은 고비용 치료 등에 대비해 많은 예비 부모들이 태아보험을 필수적으로 준비한다.

앞서 언급했듯 성인 보험에서 입원비 특약은 실효성이 크지 않지만, 태아보험의 경우에는 이야기가 다르다. 출생 직후 인큐베이터 입원 가능성이 존재하고, 유아기에 접어든 이후에도 장염이나 수족구, 독감 등 각종 전염성 질환으로 인해 병원 1인실에 입원하는 사례가 잦기 때문이다. 이와 같은 경우 실손의료비 보험만으로는 충분한 보장을 받기 어렵기에 입원일당 특약을 활용함으로써 의료비 부담의 공백을 효과적으로 메울 수 있다.

태아보험의 필요성은 임신 중 발생할 수 있는 각종 위험에 대비할 수 있다는 점에서 시작된다. 임신 중독증, 조산, 유산 등 예기치 못한 상황은 임산부에게 큰 신체적·정서적 부담이 될 뿐 아니라 경제적 손실을 야기할 수 있으므로, 이를 보험으로 대비할 필요가 있다. 출산 이후에는 선천적 질환이나 신생아 질환 등의 건강 문제가 현실적인 위험으로 다가오는데 이 역시 태아보험을 통해 일정 부분 보장이 가능하다. 특히 수술이나 입원과 같이 고액의 의료비가 발생할 수 있는 상황에 대한 대비는 의료비 부담을 완화하고 치료 선택의 폭을 넓혀준다는 점에서 실질적인 도움을 준다.

신생아 보장 특약은 반드시 포함시켜야 한다. 저체중아로 태어나 인큐베이터에 입원하게 될 경우 실손의료비 보장과 중복하여 입원일당 지급받을 수 있는데, 이는 경제적 부담을 크게 완화시킨다. 출생 위험 보장도 중요하다. 이는 저체중아로 혹은 장해를 가진 상태로 출생했을 경우 일정 금액의 보험금을 일시금 형태로 지급하는 보장이다(장해의 정도에 따라 보험금 규모는 달라질 수 있다). 이와 더불어 선천 이상 수술비 보장도 필수다.

한편 태아보험은 단기적인 보장만을 목적으로 설계해서는 안 되고, 자녀가 성인이 된 이후에도 각종 질환으로부터 보장을 받을 수 있도록 암, 뇌질환, 심장질환, 각종 수술비 같은 성인 대상의 주요 보장 항목들도 꼭 포함시켜야 한다. 자녀가 보험을 전환하거나 새롭게 가입하지 않더라도 장기적으로 보호받을 수 있는 기반을 마련해 준다.

마지막으로 많은 부모들이 고민하는 선택지 중 하나는 바로 보험 만기 문제다. 즉, 30세 만기로 준비할지, 아니면 100세 만기로 설계할지를 두고 갈등하게 되는 것이다. 30세 만기의 경우 동일한 보장을 보다 저렴한 보험료로 준비할 수 있다는 장점이 있지만, 만기 이후 자녀가 다시 보험에 가입하거나 전환할 때, 그 당시의 건강 상태나 나이, 기존 병력 등에 따라 가입이 제한되거나 보험료가 급격히 상승할 수 있는 리스크가 존재한다. 100세 만기로 가입하게 되면 초기 보험료 부담은 다소 높지만, 이후 별도의 절차 없이 자녀가 평생 보장을 받을 수 있다는 점에서 안정적 선택이 될 수 있다. 정답이 없는 문제이므로 가계의 보험료 납입 여력과 자녀의 장기적 보장 필요성을 함께 고려해 본인의 상황에 맞는 선택을 하면 된다.

11

일상 속 위험과
사고 대비하기

◇◇◇◇◇◇◇◇◇

생활 속 배상책임으로부터의 안전망

우리는 일상에서 뜻밖의 사고를 마주하곤 한다. 자전거를 타다 보행자와 충돌하거나, 반려견이 행인을 물어 다치게 하는 경우, 또는 자녀가 공놀이를 하다 상점 유리창을 깨뜨리는 등, 누구나 가해자의 입장에 놓일 수 있다. 이런 사고로 인해 법적 배상책임이 발생했을 때 경제적 부담을 덜어주는 담보들이 있다. 여기서는 주거 환경에서 빈번히 발생할 수 있는 사고들을 대비하는 장치인 일상생활배상책임, 임대인배상책임, 급배수시설누출손해 등 담보들에 관해 설명한다.

1. 일상생활배상책임

일상생활배상책임은 피보험자 또는 그 가족이 일상 생활 중 우연히 제3자에게 신체적 또는 재산상 손해를 입혀 법적 배상책임이 발생했을 경우, 이를 보장해 주는 담보다. 보통 어린이 보험, 운전자보험, 가족 단위의 통합 보험 등에 특약 형태로 포함되어 있으며, 보험료는 월 1,000원 내외로 매우 저렴한 편이다. 실손 보상이므로 여러 건을 중복 가입해도 실제 손해 범위를 초과해 보상받을 수는 없다.

예를 들어 자전거를 타다 행인과 부딪혀 다치게 한 경우, 반려견이 이웃을 물어 상해를 입힌 경우, 지인의 집에서 실수로 가구나 전자 제품을 파손한 경우 등이 보상 대상이 된다. 본인의 집에서 발생한 누수나 화재로 인해 아래층이나 이웃집에 피해가 발생했을 때도, 그 피해가 우연한 사고로 인정된다면 보상이 가능하다.

고의로 유발한 사고, 통제된 환경에서의 충돌(예: 스포츠 경기 중 부상), 업무 중 발생한 사고, 전동 킥보드 같은 전동 이동수단으로 인한 사고, 지진·태풍 등 자연재해로 인한 손해 등은 보장에서 제외된다.

보장의 인적 범위는 담보마다 다르다. 일반적인 '일상생활배상책임' 담보는 보통 본인과 배우자, 만 13세 미만 자녀까지만 보장하지만, '가족일상생활배상책임'으로 가입하면 동거 중인 친인척까지도 보호를 받을 수 있다. 피보험자 자녀만의 과실에 대한 책임을 보장하는 '자녀일상생활배상책임' 담보도 존재한다.

가족일상생활배상책임 담보는 가족 구성원이 각각 가입되어 있더라도 보상금이 2배, 3배로 늘어나지 않고 보상 한도 내에서 실제 부담한 손해 배상금만 보상되기에 불필요한 중복 가입은 피하는 것이 좋다. 일부 특약의 경우 일정 금액 자기부담금이 발생할 수 있으나, 동거 가족 중 2인 이상이 가족일상생활배상책임보험에 가입된 경우 비례보상 산식에 따라 자기부담금이 발생하지 않는 예도 있다.

2. 임대인배상책임

임대인배상책임은 피보험자가 소유한 주택을 타인에게 임대했을 때, 그 주택에서 발생한 사고로 인해 제3자에게 손해가 생긴 경우 임대인으로서의 법적 배상책임을 보장해 주는 담보다. 예를 들어 임대 중인 집에서 누수가 발생해 아래층에 피해가 생겼다면, 그 사고는 임대인의 관리 책임하에 발생한 것이므로 임대인배상책임 담보가 적용된다.

경우에 따라 '일상생활배상책임' 담보로도 청구가 가능하지만, 반드시 보험증권상 해당 주택이 명시되어 있어야 한다. 만약 보험 가입 시 임대용 주택이 아닌 본인이 거주 중인 집만 보험에 등록해 두었다면,

임대 중인 집에서 발생한 사고에 대해서는 일상생활배상책임 담보로 보상이 이뤄지지 않는다.

3. 급배수시설누출손해

'급배수시설누출손해'는 주택 내부의 급수·배수 설비나 배관에서 발생한 우연한 누수로 인해, 피보험자 본인의 주택에 직접적으로 발생한 손해를 보상하는 담보다. 이는 타인에 대한 배상이 아닌 자기 주택의 수리비를 보장하는 성격을 띠고 있다.

우리 집의 배관에서 누수가 발생했지만, 그로 인해 피해가 우리 집 내부에만 국한된 경우에는 타인에 대한 배상책임이 발생하지 않기 때문에 '일상생활배상책임' 담보로는 보상이 어렵다. 이 경우에는 급수나 배수 설비의 문제로 인해 자기 주택에 발생한 손해를 보장하는 급배수시설누출손해 담보를 통해 보상을 받을 수 있다. 반면, 우리 집 배관의 누수로 인해 이웃집에까지 피해가 확산된 경우라면, 타인 재산에 대한 피해는 일상생활배상책임이나 임대인배상책임을 통해 보상된다.

자동차보험과 운전자보험

1. 자동차보험

자동차를 소유하거나 운행할 경우 자동차보험 가입이 의무다. 자동차보험은 사고 발생 시 민사상 손해를 보전하는 역할을 한다. 전통적으로는 보험설계사를 통해 가입했으나 최근에는 온라인 다이렉트 보험을 통해 보다 간편하고 저렴하게(설계사 중개수수료 없이) 가입할 수 있다. 같은 차종과 연령대라고 해도 보험사별 손해율 산정 방식이 달라 보험료에 차이가 생기므로 반드시 여러 보험사의 견적을 비교한 후 가입해야 한다.

자동차보험은 기본적으로 타인의 차량 손해에 대한 대물 담보, 타인의 신체 피해에 대한 대인 담보, 운전자 본인의 신체나 차량 피해에 대한 자기신체사고 및 자기차량손해 담보 등으로 구성된다. 주요 세부 특약을 살펴보면 다음과 같다.

① 대물배상은 내 차로 인해 상대방 차량이나 재산에 손해를 입힌 경우를 대비하는 특약이다. 최소 가입 금액은 2,000만 원이지만, 고가 외제차나 다중 추돌 사고를 대비하려면 5억 원 또는 10억 원 이상으로 설정하는 것이 좋다. 보험료 차이가 그리 크지 않기 때문에 넉넉한 보장으로 설정해 두는 것이 유리하다.

② 대인배상 I 은 자동차 사고로 타인을 다치게 하거나 사망에 이르게 한 경우를 대비한 특약이다. 사망 및 후유장해는 각각 최대 1억 5,000만 원, 부상은 최대 3,000만 원까지 보장된다. 하지만 이 한도로는 실제 손해액을 모두 보전하기 어려운 경우가 많기에 대인배상 II 특약을 반드시 추가해야 한다. 대인배상 II 는 대인배상

Ⅰ의 보상 한도를 초과한 손해(치료비, 위자료, 휴업손해, 장례비 등)까지 포괄한다.

③ **자기신체사고**와 **자동차상해**는 운전자 본인의 신체 피해에 대한 보장을 목적으로 한다. 자기신체사고는 상해 급수에 따라 보상 범위가 제한되지만, 자동차상해는 실제 치료비와 간접 손해까지 보장받을 수 있어 보다 포괄적이다. 자기신체사고보다는 자동차상해를 선택하는 것이 유리하다.

④ **자기차량손해** 담보는 내 차량이 사고나 자연재해 등으로 인해 파손된 경우 수리비를 보장하는 항목이다. 사고율이 높은 운전자나 고가 차량 보유자의 경우 유용하게 활용할 수 있다.

⑤ **무보험차상해**는 상대 차량이 보험에 가입되어 있지 않거나 뺑소니 사고 등으로 인한 손해에 대해 우선적으로 보험사가 피해자를 보호하는 구조다. 사고 이후 가해자에게 직접 치료비를 청구해야 하는 번거로움을 줄여준다.

⑥ **다른자동차운전자담보**는 보험에 가입된 운전자가 본인 차량이 아닌 다른 차량을 운전하다 사고를 낸 경우에 대비하는 특약이다. 주의할 점은 렌터카, 법인차량, 영업용 차량, 주차 및 정차 중 사고에는 보상이 적용되지 않는다는 것이다.

⑦ **긴급출동특약**은 차량 운행 중 발생할 수 있는 각종 긴급 상황에 대응하기 위한 서비스다. 배터리 방전, 타이어 펑크, 연료 부족, 열쇠 분실, 견인 필요 등의 상황에 대해 보험사가 직접 출동해 도

움을 주며, 긴급 출동 거리 옵션을 최대로 설정하더라도 보험료 부담은 크지 않다. 특히 장거리 운행이 잦은 운전자에게 실질적인 도움이 되는 특약이다.

2. 운전자보험

운전자보험은 운전자가 교통 사고를 냈을 때 지게 되는 형사책임으로부터 발생하는 법적 비용(벌금, 합의금, 변호사 비용 등)을 보장해 주는 보험이다. 아무리 방어 운전을 한다고 해도 예기치 않은 사고는 발생할 수 있고, 특히 보행자와의 사고나 이륜차와의 충돌 시 중상 혹은 사망 사고로 이어질 가능성이 커 형사책임을 피하기 어려운 만큼, 운전자보험에도 필수적으로 가입해야 한다. 최근 법 개정으로 인해 자동차보험의 형사 합의금 보장 기능이 제한되었고, 법적 규제 강화로 운전자의 형사책임이 확대되고 있으므로 운전자보험의 필요성은 과거보다 더욱 커졌다고 할 수 있다.

운전자보험은 보장 금액 대비 매우 경제적인 비용으로 가입이 가능하다. 1만 원대 보험료로도 수천만 원에 이르는 보장을 받을 수 있으므로 가성비 측면에서도 매우 우수한 보험이다.

운전자보험에는 필수 담보 외에도 기본 담보에 추가로 설계할 수 있는 다양한 보장들이 존재한다. 그중 하나로 소개할 만한 담보가 바로 '차대차사고 시세하락 위로금'이다. 차대차 사고로 인해 피보험자의 차량이 손상되었을 때, 자동차 정비 업체에서 차량을 수리하는 비용이 사고 직전 차량 가액의 20%를 초과하는 경우에 보상을 제공한다. 즉, 수리비가 일정 기준을 넘을 때 사고 이후 차량 가치 하락분에 대한 위로금 성격의 보상금을 약관에 명시된 일정 비율에 따라 지급하는 것이다. 그 외에도 상해 담보를 추가해 보장을 더욱 확장할 수 있다(예를 들어 골절, 상해 수술, 상해 입원 등 신체 손상에 대한 보장). '자동차부상치료비(이른바 '자부치')'라는 담보를 통해 자동차 사고로 인한 본인의 부상 치료비를 지원받을 수도 있다. 피보험자가 운전 중 겪은 갑작스러운 자동차 사고는 물론, 운행 중인 자동차에 탑승만 하고 있을 때 발생한 외부 사고도 보장 범위에 포함된다. 나아가 피보험자가 자동차에 탑승하지 않은 상태에서 운행 중인 자동차와 부딪힌 경우나, 해당 차량에서 발생한 화재나 폭발 같은 사고까지도 보상 범위에 포함된다.

개인화재보험, 꼭 필요할까

화재보험은 화재로 인한 재산 피해를 보장하는 보험으로, 보장 범위는 건물, 동산(가재도구 등), 대인·대물 배상책임으로 나뉜다. 대부분의 아파트 단지에는 공용부를 대상으로 한 '단체화재보험'이 관리비에 포함돼 있지만, 이는 화재가 발생한 일부 구역만을 보상하며 개인 세대의 실질적 손해나 배상책임까지는 보장하지 않는다(전·월세 거주자의 과실로 화재가 발생한 경우에는 임대인이 가입한 화재보험이 있더라도 임차인이 직접 손해를 배상해야 한다). 단체화재보험과 개인화재보험에 동일한 담보가 중복 가입된 경우 각 보험사의 가입 비율에 따라 비례보상된다. 하지만 개인화재보험은 단체보험과 달리, 화재로 인한 법적 배상책임, 임시 거주비, 가전제품 수리비, 도난 손해, 벌금 등 다양한 위험까지 폭넓게 보장한다는 점에서 이점이 있다. 따라서 일단 대규모 화재가 발생했을 때 개인화재보험에 가입한 경우와 그렇지 않은 경우 간 실질적 차이는 매우 크다.

그럼에도 개인화재보험은 보통 필수로 인식되지 않는다. 오늘날 건축 기술과 소방 인프라의 발달로 대규모 화재의 발생 빈도가 과

| 단체화재보험 vs. 개인화재보험 |

	단체화재보험	개인화재보험
건물	비례보상	실손 보상(한도 내 전액)
가재도구	비례보상	실손 보상(한도 내 전액)
타인 물건	보상	보상
화재 배상책임	보상 불가	보상
도난 손해	보상 불가	보상
화재 벌금	보상 불가	보상
건물 복구비	보상 불가	보상
임시 거주비	보상 불가	보상

거에 비해 현저히 낮아졌고, 실제로 일상에서 화재로 인한 전소(全燒) 피해를 입는 사례가 극히 드물기 때문이다. 화재 발생 시 이웃집에 엄청난 피해가 발생해 막대한 손해 배상 채무를 지게 될 수 있음을 특별히 강조하며 일률적으로 개인화재보험 가입을 권하는 사례가 적잖이 보인다. 그러나 개인화재보험 가입 여부는 본인의 주거 환경과 생활 패턴을 복합적으로 감안해 결정할 문제다. 단독 주택이나 연립 주택처럼 단체보험이 없는 경우에는 개인 보험 가입을 적극적으로 고려할 만하지만, 단체보험이 있는 주거 형태라면 다음의 사항들을 고민해야 한다.

가장 중요한 것은 주거 공간의 물리적 상태다. 최근에 지어진 아파트나 철근콘크리트 구조의 주택은 화재에 대한 내성이 강할 뿐 아니라 스프링클러나 화재 감지기 등의 방재 설비가 기본적으로 갖추어져 있어 화재 발생 확률 자체가 적고 화재로 인한 실질적 피해도 그다지 크지 않다. 반면 노후 주택, 특히 20년 이상 지난 건물로 전기 배선이 낡았거나 가스 설비가 오래되어 누전이나 누출 사고가 발생할 가능성이 높은 경우(더욱이 목조 마감재가 많고 문어발식 전기 배선을 사용할 수밖에 없는 환경인 경우)에는 그만큼 화재 발생 가능성과 화재 발생 시 피해 정도가 상승하므로 개인화재보험 가입을 고려해 봄직하다.

주거 공간에 보관된 자산의 가치나 화재 시 예상되는 부수 피해의 규모도 중요한 판단 기준이 될 수 있다. 예컨대 집 안에 고가의 예술품이나 귀금속, 고급 오디오나 수입 가구 등 고액 자산이 다수 존재하는 경우 단체화재보험이 실질적 보장을 제공하지 못할 가능성이 크므로 이에 대한 개별 보장을 염두에 둘 필요가 있을 것이다. 그 외에도 가전제품이 얼마나 밀집해 있는지, 각종 전열기구를 많이 사용해야 하는 특수한 환경인지(작업실, 소형 공방, 홈카페 등), 소방차 접근이 어려운 곳에 위치해 있는지(좁은 골목이나 상가 밀집 지역) 등을 종합적으로 평가해야 한다.

| 실생활 속 보험금 지급 사례 정리 |

내시경 중 발견된 뜻밖의 암 진단 50대 직장인 김OO 씨는 건강검진 중 대장내시경을 받았다가, 대장 점막에서 제거한 용종이 조직검사 결과 악성 종양으로 진단되었다. 이후 대장점막내암으로 판정됐지만, 항암 치료는 진행하지 않았다. 김씨는 유사암진단비로 1,000만 원, 수술비(질병수술비, 종수술비, 유사암수술비 등)로 2,300만 원을 받아 총 3,300만 원의 보험금을 수령했다.

두통으로 찾은 병원에서 뇌동맥류 발견 70대 주부 고OO 씨는 평소와 달리 심한 두통이 지속되어 병원을 찾았고, 뇌MRI 검사 후 뇌동맥류 진단을 받았다. 이후 뇌혈관 조영술도 함께 진행됐다. 고씨는 뇌혈관진단비 특약으로 1,000만 원을 지급받았다.

갑작스러운 부정맥 증세로 수술 세 자녀의 엄마인 40대 이OO 씨는 잠들기 직전 갑작스럽게 맥박이 빨라지고 숨쉬기 어려워 응급실을 찾았다. 검사 결과 상심실성 빈맥(부정맥)으로 진단되어 전극도자 절제술을 받았다. 이씨는 허혈심장질환 진단비로 1,000만 원, 수술 관련 특약으로 1,500만 원을 받아 총 2,500만 원의 보험금을 지급받았다. 그는 진단 후 일을 그만두게 되었지만, 보험금 덕분에 경제적 부담 없이 수술에 집중할 수 있었다.

단순 염증인 줄 알았던 표피낭종 수술 20대 직장인 장OO 씨는 목 뒤 염증이 계속돼 병원을 찾았고, 표피낭종이라는 진단을 받았다. 이후 근육층을 포함하지 않는 비교적 간단한 종양 제거 수술을 받았고, 질병수술비 특약으로 50만 원의 보험금을 수령했다.

아기의 설소대 수술 2024년 7월에 태어난 정OO 양은 분유를 먹기 힘들어하고, 수유 시간이 지나치게 길어 병원에 방문했다. 진료 결과 혀 유착증 진단을 받고 설소대 절개술을 시행했다. 이 수술로 인해 질병수술비 및 선천이상수술비 특약에서 100만 원의 보험금을 받았다.

실수로 발생한 가전제품 파손 2023년 5월, 권OO 씨는 지인 집 집들이에 갔다가 바닥의 휴지를 미처 보지 못해 미끄러지며 들고 있던 접시를 떨어뜨려 TV를 파손했다. TV 패널 교체로 약 70만 원의 수리비가 발생했으나, 가족일상생활배상책임 특약을 통해 권씨와 남편 명의로 각각 35만 원씩 총 70만 원의 보험금이 비례보상됐다.

걷다가 사고 … 비운전 중 보상된 운전자보험 2023년 12월, 박OO 씨는 셀프 세차장에서 걷던 중 후진하던 차량에 발이 끼이는 사고를 당해 엄지발가락 골절 진단을 받았다. 치료비는 가해 차량의 자동차보험으로 처리되었고, 박씨가 가입해 둔 운전자보험의 특약인 자동차부상치료비(11급) 130만 원과 골절진단비 50만 원을 추가로 수령하여 총 180만 원을 지급받았다.

집에서 발생한 화재로 인한 주변 피해 30대 강OO 씨는 출근 준비 중 안방에서 연기가 나는 것을 발견했고, 확인해 보니 사용하지 않던 전기장판에서 화재가 발생해 검은 연기가 퍼졌다. 이로 인해 윗집과 아랫집, 옆집까지 그을음과 연기 피해가 발생했고, 강씨 자택의 가전제품과 집기류도 훼손됐다. 이웃에 대한 피해 보상금 5,300만 원은 아파트 단체화재보험과 강씨 개인화재보험이 비례보상하여 전액 처리됐고, 강씨 자택 복구비용은 감가상각을 반영한 뒤 5,100만 원이 지급되었다.

◆ 제4부 ◆

돈 걱정 없는 노후를 위한 자산관리 시스템

12

얼마나 버느냐보다
어떻게 쓰느냐가 중요하다

    지금까지 자산관리의 핵심인 저축, 투자, 보험에 대해 일반론적으로 살펴봤다. 어떻게 저축해야 하는지, 어떤 기준으로 투자 결정을 해야 하는지, 보험은 왜 필요하고 무엇을 고려해 가입해야 하는지를 정리해 보았다. 이론만 놓고 보면 명확해 보인다. 저축은 소득의 일정 비율로, 투자는 분산과 장기로, 보험은 리스크에 대비하여 적정선으로. 하지만 책을 덮고 현실로 돌아가는 순간 우리는 여전히 고민하게 된다.

'이걸 내 상황에 어떻게 적용해야 하지?'
'나는 월급이 일정하지 않은데, 저축을 어떻게 해야 할까?'
'투자, 하고는 싶은데 뭐부터 해야 하지?'
'보험을 줄이고 싶긴 한데, 지금 해지해도 되나?'

선뜻 결단을 내리지 못하는 것은 복잡한 금융상품에 대한 이해 부족이나 불확실한 경제 상황 때문이 아니다. 자신의 재정 상태가 어디에 있는지, 무엇을 먼저 정리해야 할지 감이 잘 오지 않기 때문에 실천에서 막히는 것이다. 사실 자신의 삶과 숫자 사이를 잇는 방법은 누가 가르쳐 주지 않는다. 스스로 시행착오를 겪고 남들의 사례도 어깨 너머로 보면서 익히는 수밖에 없다.

책 앞부분에서 비상 예비 자금은 월 소득의 3~6개월 치가 적정하다고 설명했다. 그런데 매출이 매달 다르고 수입이 불규칙한 자영업자라면 이 기준을 어떻게 해석해야 할까? 직장에서 매달 연봉 외에 수당이 다르게 들어오는 사람은 어떤 기준으로 지출 구조를 세워야 할까? 이런 질문에 정답은 없지만 최소한의 방향 정도는 세울 수 있다.

우리가 독자들이 직접 겪어야 할 시행착오를 대신해 줄 수는 없다. 하지만 남들의 사례를 공유해 주는 것은 가능하다. 4부에서는 다양한 생애 주기 속에 있는 사람들의 재무상담 사례를 소개한다. 30대 자영업자의 현금흐름 설계, 아이 교육비로 지출이 많은 40대 직장인의 재정 점검, 은퇴를 눈앞에 둔 60대 부부의 출구 전략 등 각 사례별로 누구나 공감할 만한 고민이 담겨 있다. 상담을 통해 구체적인 숫자와 목표를 정리하고, 현실 가능한 선택지를 만들어가는 과정은 이 책에서 다룬 이론이 어떻게 삶 속에서 작동하는지를 잘 보여줄 것이다.

책의 서두에서도 언급했지만 자산관리의 필요성과 전략은 가진 돈이 얼마나 되는지, 매월 얼마나 버는지 여부와는 관계가 없다. 우리가 만난 고객들 중에는 연소득 3,000만 원대의 청년도 있었고, 자산이 10억 원이 넘는데도 매달 마이너스 가계부를 쓰던 50대도 있었다. 자산관리의 시작은 '얼마나 있는가'가 아니라 '지금 어떻게 쓰는가'를 점검하는 데 있다. 그리고 그 흐름을 삶의 목적과 연결 지을 수 있을 때 비로소 재정적 안정이란 무엇이며 그 진정한 가치가 어떤 것인지 실감할 수 있게 된다.

열심히는 버는데

A씨는 30대의 미혼 여성으로 대학병원 간호사다. 안정적인 월급을 받지만 자산과 부채의 구성이 비효율적이었고, 장기적인 재무 목표를 위한 준비도 미흡한 상태였다. 열심히 벌지만 돈이 어디로 새는지 모르겠다고 말한 A씨는 정작 돈의 흐름을 정리해 본 적은 없었다. 우리가 처음 살펴본 것은 그의 자산부채표와 직전 달의 현금흐름표였다.

| 상담 전 자산부채표와 현금흐름표 |

자산부채표			
자산		부채	
금융 자산		기타 부채	
현금	450만 원	2,700만 원	
정기 예적금	550만 원		
퇴직연금	1,900만 원		
총자산	2,900만 원	총부채	2,700만 원
순자산		200만 원	

현금흐름표	
총소득	350만 원
비저축성 지출(고정)	120만 원 (대출 상환 70만 원)
비저축성 지출(변동)	70만 원 내외
저축성 지출	50만 원

총자산은 2,900만 원이었고, 그중 현금성자산이 450만 원, 정기 예적금이 550만 원, 퇴직연금이 1,900만 원이었다. 부채는 2,700만 원인데 대부분이 기타 부채 항목에 속해 있었다. 순자산은 고작 200만 원에 불과했다. 매달 들어오는 총소득은 350만 원이었지만, 그 가운데 대출 상환금 70만 원을 포함한 고정지출이

120만 원, 변동지출이 70만 원이었으며 저축성 지출은 50만 원에 그쳤다. 나머지 110만 원은 월급 통장에 그대로 표류하는 상태였다.

문제점은 명확했다. 소득과 지출의 흐름이 체계적이지 않아 총합이 맞지 않았고(순현금흐름 110만 원), 다음으로 재무 목표에 비해 저축의 비중이 지나치게 낮았다. 나아가 세제 혜택을 받을 수 있는 금융상품을 전혀 활용하지 않고 있었다. 소득은 있으나 자산으로 전환되지 못하고 부채에 묶인 상태였던 것이다.

우리는 상담을 통해 몇 가지 전략을 제시했다. 첫째, 매월 납입 중이던 적금 50만 원에 더해 고금리를 제공하는 상호금융기관의 정기적금을 추가로 가입해 저축 비중을 확대하기로 했다(요즘은 '마이뱅크' 같은 비교 앱을 활용하면 금융기관별 금리를 쉽게 비교할 수 있어 유용하다). 둘째, 연말 정산 시 세제 혜택을 동시에 누릴 수 있도록 증권사의 연금저축펀드를 활용하기로 했다. 연간 600만 원 한도 내에서 납입하면 최대 99만 원까지 세액공제를 받을 수 있으므로, 단순한 저축 이상의 절세 효과를 기대할 수 있다.

셋째, 향후 내 집 마련을 염두에 둔 주택청약통장에 가입하도록 했다. A씨는 현재 전월세 형태로 거주 중인데, 주택 구입 계획이 당장 현실화되지 않더라도 청약통장은 추후 내 집 마련의 마중물이 될 수 있으므로 미리부터 준비할 필요가 있기 때문이다.

마지막으로, 원활한 부채 상환과 저축액 증가를 위해 추가 소득을 만들어 내도록 했다. 시간 여유 및 근무 여건상 투잡은 어려운 상태였으므로, 직장 내 교강사 직무에 지원해 월 40만 원의 교육수당을 부수입으로 만들었다.

결과적으로 같은 350만 원의 월 소득을 바탕으로 저축은 200만 원으로 대폭 상승했고, 고정지출과 변동지출은 각각 120만 원, 70만 원으로 유지되었다.

| 상담 후 현금흐름표 |

총소득	390만 원
고정지출	120만 원
변동지출	70만 원
저축	200만 원

A씨는 향후 장기적인 수익률 제고를 위해 ETF를 활용한 분산투자도 병행하기로 했다. 연금저축펀드 내 ETF를 담으면 세제 혜택과 복리 효과를 동시에 누릴 수 있어, 비교적 안전한 자산운용 수단으로 초보 투자자에게도 적합하다. 앞서도 언급했듯 ETF는 개별 주식보다 위험이 분산되어 있으며, 매월 적립식으로 투자하면 시장의 등락에 크게 휘둘리지 않고 장기적으로 안정적인 수익을 기대할 수 있다.

소득이 일정하지 않아 돈 관리가 힘들 때

30대 초반의 B씨는 요식업 매장을 직접 운영하는 미혼 남성이었다. 자영업을 시작한 지 몇 해가 지났고, 운영 자체는 순조로운 편이었지만 수입이 늘어날수록 이상하게 돈이 남지 않는다는 막막함이 들었다. 돈이 안 남는 건 아닌 것 같은데, 도대체 어디로 새

| 상담 전 자산부채표와 현금흐름표 |

자산부채표			
자산		부채	
금융 자산		기타 부채	
수시 입출금	1,400만 원	창업 대출 1억 원	
정기적금	100만 원		
총자산	1,500만 원	총부채	1억 원
순자산		−8,500만 원	

현금흐름표	
총소득	700만 원
비저축성 지출(고정)	100만 원
비저축성 지출(변동)	200만 원
저축성 지출	200만 원

는지 알 수 없었다.

그의 고민은 '돈이 없는 것'이 아니라, '돈이 보이지 않는 것'에 가까웠다. 매출은 매일 발생했지만, 정작 한 달 단위로 얼마를 벌었는지, 어디에 얼마를 썼는지 정확히 파악하지 못하고 있었다. 자영업자로서 발생하는 소득은 수시입출금 통장에 그대로 들어왔고, 고정비와 변동비, 개인 생활비, 사업 운영비가 모두 뒤섞인 상태였다. 현금흐름이 정제되지 않으니 예산도 세우기 어렵고, 세금이나 연금 같은 장기 이슈는 더더욱 대비하지 못하고 있었다. 자산부채표와 직전 달 현금흐름표는 위와 같았다.

실제로 B씨의 총자산은 1,500만 원 수준이었지만, 창업 당시 받은 1억 원의 대출로 인해 순 자산은 -8,500만 원에 달했다. 매월 총소득은 약 700만 원으로 추정되었으며, 고정지출 약 100만 원, 변동지출 약 200만 원, 저축 약 200만 원을 하고 있었지만, 이 역시 명확한 구분 없이 이루어지고 있었다. 무엇보다 자영업자는 직장인과 달리 퇴직연금이 없기 때문에 스스로 노후를 준비해야 하는데, B씨는 이 부분에 대한 준비가 전혀 되어 있지 않았다.

우리는 이 문제를 해결하기 위해 세 가지 전략을 수립했다. 첫 번째는 B씨만의 '월급'을 설정하는 것이었다. 매출 자료를 분석해 가장 매출이 낮았던 달의 순수익을 기준으로 삼고, 그 금액을 기준으로 고정비와 저축 가능액을 산출했다. 그 결과, 총소득은 570만 원 수준으로 조정하고, 그 안에서 월급처럼 일정한 금액만 본인의 생활비로 책정하기로 했다.

두 번째는 통장 구조의 개편이었다. 기존의 단일 수시 입출금 계좌를 여러 개로 나누었다. 가게 운영비 전용 통장, 본인에게 월급을 주는 월급 통장, 세금 납부용 통장, 비상금통장 등을 별도로 마련해 자금을 목적에 따라 분리하였다. 이렇게 구조화된 통장을 통해 이체일을 고정하고, 자동이체를 활용해 지출과 저축이 시스템처럼 운영되도록 구성했다.

세 번째는 노후 준비였다. 자영업자에게 중요한 것은 '세제 혜택을 놓치지 않으면서도 안정적인 연금 기반을 갖추는 것'이다. 연금저축펀드와 연금보험을 병행해 가입하고, 각각의 성격에 따라 납입 금액과 기간을 조정하였다. 특히 세제 적격 상품인 연금저축펀드에는 월 30만 원, 연금보험에는 월 20만 원을 납입하기로 하고, 이외의 자금은 자유적립식 저축이나 정기적금 형태로 운영하였다.

이렇게 변화한 이후, B씨의 재무 흐름은 확연히 달라졌다. 고정지출은 90만 원, 변동지출은 100만 원으로 조정되었고, 매월 350만 원 이상이 각 목적에 맞는 항목으로 저축되었다. 정기적금 100만 원, 적립식 펀드 100만 원, 주택청약 10만 원, 비상금 40만 원, 세금 전용 통장 80만 원, 여기에 추가 소득이 발생하는 달은 자유적립식 통장에 별도로 적립하도록 설계하였다.

우리는 실전 운영을 위한 핵심 원칙도 함께 설정했다. 첫째, 가장 매출이 적은 달의 수입을 기준으로 전체 현금흐름 시스템을 설계하고, 그 틀 안에서 생활이 유지되도록 한다. 둘째, 추가 소득이 발생하는 달에는 반드시 자유적립식 저축으로 자금을 이동시켜 저축률을 끌어올릴 수 있도록 유도했다. 셋째, 세금 납부 준비금은 매월 일정 금액을 세금 전용 통장에 적립하여 부가세와 종합소득세 신고 시기에 당황하지 않도록 대비했다. 마지막으로, 매장 유지를 위한 비상 상황이나 대외 활동 자금은 별도의 비상금 통장을 통해 충당할 수 있도록 여유 자금을 마련했다.

| 상담 후 현금흐름표 |

총소득		570만 원
비저축성 지출(고정)		90만 원
비저축성 지출(변동)		100만 원
저축성 지출	연금저축펀드	30만 원
	연금보험	20만 원
	정기적금	100만 원
	적립식 펀드	100만 원
	주택청약	10만 원
	비상금 통장	40만 원
	세금 통장	80만 원
	자유 적립 적금	+추가 소득액

자영업자에게는 '돈을 얼마나 버느냐'보다 '돈이 어떻게 흘러가고 있느냐'가 훨씬 더 중요하다. B씨처럼 소득의 흐름이 불규칙한 사람일수록 체계적인 시스템을 갖추는 것이 절실하다. 자산이든 소득이든, 그 흐름에 이름을 붙여주고 방향을 설정해 줄 때 비로소 돈이 일을 하기 시작한다.

금융상품을 잘 알지만

하루에도 수십 명의 고객을 만나 금융상품을 안내하고, 상담을 통해 자산을 관리해 주는 일을 해오던 30대 초반의 여성 C씨는 은행원이었다. 하지만 그는 어느 순간 문득 이런 생각이 들었다. '나는 과연 내 자산을 제대로 관리하고 있는 걸까?'

전문가로서 금융에 대한 지식은 충분했지만, 자신의 소득과 소비, 저축과 투자 흐름이 체계적인 구조 안에서 관리되고 있는지는 확신할 수 없었다. 특히 그의 수입은 기본급 외에도 수당과 상여금이 포함된 형태였기 때문에, 매달 들어오는 급여가 일정하지 않았고 그로 인해 고정비를 정하고 저축액을 결정하는 데에도 어려움을 겪고 있었다. 매달 수입의 총합은 약 400만 원 내외였으나 소비 성향에 따라 지출이 유동적이었고, 자산의 흐름 또한 명확히 파악되지 않는 상태였다(순 현금흐름 20만 원).

| 상담 전 자산부채표와 현금흐름표 |

자산부채표			
자산		부채	
금융 자산				
수시 입출금	80만 원	0원	
정기적금	1,000만 원		
펀드	3,000만 원		
주식	1,500만 원		
주택청약	700만 원		
정기예금	3,000만 원		
총자산	9,280만 원	총부채	0원
순자산		9,280만 원	

현금흐름표	
총소득	400만 원
비저축성 지출(고정)	90만 원
비저축성 지출(변동)	170만 원
저축성 지출	120만 원

자산 구성은 겉보기에 나쁘지 않았다. 정기적금 1,000만 원, 펀드 3,000만 원, 주식 1,500만 원, 정기예금 3,000만 원 등 총 9,280만 원의 금융 자산을 보유했고, 부채는 없었다. 하지만 문제

는 자산의 방향성과 목적이 불분명하다는 데 있었다. 다양한 금융 상품을 골고루 보유했지만, 어떤 자산이 단기 목적이고, 어떤 자산이 중장기적인 투자나 노후 대비용인지 구분되지 않았다.

또한 보장 자산에 대한 점검도 필요했다. 생애 주기 리스크를 고려한 보장성보험이 체계적으로 설계되지 않았고, 경쟁력 있는 비과세 개인연금 상품을 가입하려 했지만 정보 부족으로 미뤄둔 상태였다. 재무적으로 여유가 있어 보일 수 있지만, 구조적 계획이 부재하다는 것이 C씨의 가장 큰 약점이었다. 이에 따라 우리는 C씨의 금융 생활을 다음과 같이 재설계했다.

우선 현금흐름 시스템을 다시 만들었다. 매달 수입이 들쭉날쭉하기 때문에, '가장 적게 들어오는 달'을 기준으로 생활비 예산을 설정하고 이를 중심으로 고정비와 저축 구조를 설계했다. 결과적으로 월 고정지출 90만 원, 변동지출 140만 원을 설정하고, 남은 여유 자금은 목적별로 분산 저축했다.

다음으로, 포트폴리오 리밸런싱을 통해 투자 자산의 방향을 조정했다. 기존에는 펀드, 주식, 예금 등이 목적 없이 흩어져 있었으나, 단기 자금은 정기적금과 CMA로, 중장기 투자금은 적립식 펀드로, 노후 대비 자금은 개인연금과 보험 상품으로 분리해 운용하기로 했다. 나아가 보장성보험의 기본 틀을 재정비했다. 비갱신형 보장성보험을 통해 생애 주기 전반의 리스크에 대비하고, 리스크 스코어를 반영한 최소 보장을 설정해 재무구조의 안정성을 높였다.

마지막으로 여유로운 노후 자산 구조 설계에 착수했다. 국민연금 외에도 퇴직연금, 사내 적립 연금, 개인연금 등으로 구성된 다층 구조를 설정하여 은퇴 이후의 현금흐름을 안정적으로 유지할 수 있도록 준비했다.

　결과적으로 C씨의 월 현금흐름은 다음과 같이 바뀌었다. 총소득 380만 원 기준으로 고정지출 90만 원, 변동지출 140만 원 외에, 연금보험 20만 원, 정기적금 83만 원, 적립식 펀드 45만 원, 주택청약 2만 원으로 자산이 배분되었고, CMA에는 추가 소득분이 유입되는 구조로 설정되었다.

| 상담 후 현금흐름표 |

총소득		380만 원
비저축성 지출(고정)		90만 원
비저축성 지출(변동)		140만 원
저축성 지출	연금보험	20만 원
	정기적금	83만 원
	적립식 펀드	45만 원
	주택청약	2만 원
CMA		+추가 소득액

　C씨는 금융 전문가였지만, 중이 제 머리 못 깎는다는 말처럼 자

신의 자산은 정리되지 않은 상태였다. 그리고 단순히 여러 금융상품을 보유하는 것이 능사가 아니라 각 자산에 목적을 부여하고 흐름을 정비하는 일이 더 중요하다는 것을 깨닫게 되었다.

자녀 학자금을 미리 준비하고 싶다면

D씨는 사립학교 유치원에서 12년째 근무 중인 38세 여성으로, 월 370만 원의 급여를 받았다. 맞벌이 부부로서 남편과 함께 4살 된 자녀를 양육하고 있었으며, 부부가 모두 근무하는 시간에는 부모님이 자녀 돌봄을 맡았다. 가계의 전체적인 자산 운영과 저축, 투자 등은 남편이 주도했으며, D씨는 주로 생활비와 자녀 양육에 집중했다.

부부는 자녀 돌봄비로 부모님께 매월 200만 원을 송금했고, 생활비로는 매월 100만 원을 지출했다. 최근에는 육아 휴직의 영향으로 공적연금 납입액이 일시적으로 증가했지만, 1년 후부터는 약 40만 원의 여유 자금이 생길 예정이었다.

이 외에도 매년 400만 원 상당의 정기 성과급을 수령하고 있으나, 별도의 재무 전략 없이 단순 유보된 상태였다. D씨 본인의 보유 자산은 현금성자산 600만 원과 연금저축펀드 계좌에 입금만 된 600만 원이 전부이며, 나머지 자금은 전세 보증금 형태로 묶여 있어 실제 운용 가능한 자산은 제한적이었다.

| 상담 전 자산부채표와 현금흐름표 |

자산부채표				
자산			부채	
금융 자산				0원	
현금성자산	600만 원			
연금저축펀드	600만 원			
전세 자금	1억 원			
총자산	1억 1,200만 원		총부채	0원
순자산			1억 1,200만 원	

현금흐름표	
총소득	370만 원
고정지출	215만 원(돌봄비 200만 원, 보장성보험 15만 원)
변동지출	100만 원(자녀 생활비)
입출금 통장	55만 원

주요 재무 목표는 은퇴 준비와 자녀의 교육비 마련이었다. 특히 향후 5년간은 자녀 양육비 명목으로 부모님께 꾸준히 지원해야 하므로, 제한된 여유 자금을 활용해 본인의 은퇴 대비와 자녀 중·고

등학교 이후의 교육비를 선제적으로 준비하려는 계획을 세웠다.

보험료는 월 15만 원 수준이었지만, 실손보험을 제외하면 CI 종신 보험만으로 구성되어 있어 구조 조정이 필요한 상황이었다. 그러나 D씨는 가족들을 위한 종신 보험이 있으면 좋겠다는 의견을 피력했고, 현재 보험의 만기도 약 2년 정도 남은 상태이므로 기존 보험은 유지하되, 종합 건강 보험(암, 뇌, 심장 진단비 및 수술비 담보)을 추가로 가입하기로 했다. 이에 따라 고정지출이 월 20만 원 증가하게 되었다.

다행히 D씨는 사학연금을 통해 공적연금이 월 소득의 약 18% 수준으로 꾸준히 적립되고 있고, 퇴직금 역시 별도로 안정적으로 쌓이고 있었다. 이에 따라 개인연금 영역에서는 세액공제를 받을 수 있는 연금저축펀드를 중심으로 은퇴 자산을 구축하기로 하였다.

기존 연금저축펀드에 예치되어 있던 600만 원에 더해, 매년 수령하는 성과급 400만 원과 월 20만 원의 정기 납입을 추가하여 총 640만 원을 운용하기로 했다. 투자 전략은 미국지수추종 ETF, 배당 ETF, 금 ETF를 혼합한 포트폴리오로 구성하였으며, 이는 D씨의 보수적인 투자 성향을 반영하면서도 일정 부분 장기적인 성장 가능성에 노출될 수 있는 구조였다. 또한 연금저축펀드는 세액공제를 통한 절세 효과뿐 아니라 복리 효과도 기대할 수 있으므로, 세액 환급분은 재투자하는 방식으로 자산을 확대하도록 권장했다.

생활비 지출에 대해서도 점검을 진행한 결과, 불필요하게 과다 지출되던 항목을 조정해 월 15만 원가량을 절감할 수 있었고, 이는 여유 자금으로 전환되어 자녀 교육비 저축에 활용할 수 있게 되었다.

자녀 교육비는 목적 자금이므로 원금이 보장되는 장기 저축성 보험을 활용해 매월 30만 원씩 5년간 납입한 뒤, 10년 이후 이자 비과세 혜택을 적용받아 자금을 수령할 수 있는 구조를 만들었다. 이를 통해 자녀의 중학교 이후 교육비를 사전에 안정적으로 마련할 수 있도록 하였다.

| 상담 후 현금흐름표 |

총소득		370만 원
비저축성 지출(고정)		235만 원(돌봄비 200만 원, 보장성보험 35만 원)
비저축성 지출(변동)		85만 원(자녀 생활비)
저축성 지출	저축성보험	장기 저축 30만 원(자녀)
	연금저축펀드	은퇴 자금 20만 원

평생 혼자 살고자 한다면

E씨는 30대 초반의 여성으로 중소기업 직장인이었으며 앞으로

결혼할 계획 없이 혼자 사는 삶을 선택한 비혼주의자였다. "평생 혼자 살고 싶어요"라는 단호한 말 속에는 삶의 방식에 대한 뚜렷한 의지가 담겨 있었지만, 돈 문제 앞에서는 막연한 불안이 그의 마음을 무겁게 하고 있었다. "여태 취미 생활 하느라 돈도 못 모았

| 상담 전 자산부채표와 현금흐름표 |

자산부채표		
자산		부채
금융 자산		0원
주택청약	340만 원	
수시 입출금	200만 원	
정기적금	500만 원	
정기예금	2,000만 원	
주식	1,000만 원	
총자산	4,040만 원	총부채 0원
순 자산		4,040만 원

현금흐름표	
총소득	약 300만 원
고정지출	140만 원
변동지출	110만 원
저축	50만 원

는데 노후가 걱정돼요"라는 말처럼, 현재의 즐거움과 미래의 대비 사이에서 균형을 잡는 일이 그에겐 쉽지 않았다.

E씨의 총자산은 약 4,040만 원. 그중 정기예금이 2,000만 원, 주식이 1,000만 원, 정기적금 500만 원, 수시 입출금 통장 200만 원, 주택청약 340만 원으로 구성되어 있었다. 부채는 없었고, 순자산과 총자산은 동일했다. 월 소득은 약 300만 원, 지출은 고정지출이 140만 원(그중 85만 원이 주거비, 보험료 45만 원), 변동지출이 110만 원, 저축은 50만 원 수준이었다. 저축률은 16.7%로 현저히 낮았다. 여기에 현재는 월세 60만 원의 오피스텔에 거주 중으로, 관리비를 포함하면 주거비 부담이 상당했다.

무엇보다도 문제였던 것은 보험료였다. 월 소득의 15%에 달하는 45만 원이 보험으로 지출되고 있었는데, 그 중 20만 원은 종신 보험이었다. 특별한 사정이 없는 한 싱글 가구에게 사망 보장이 우선 순위일 이유는 없다. 오히려 혼자서 아플 경우 돌봐줄 인프라가 부족하기 때문에, 입원이나 수술, 간병 상황에 대응할 수 있는 실손 및 특약 중심의 보장이 더 시급하다. 이에 따라 종신 보험은 해지하고, 해지 환급금을 비상금으로 전환한 뒤, 실손보험과 3대 진단비 중심으로 보장 내용을 재편했다.

현재 소득과 자산 수준으로는 당장 내 집 마련이 어려운 상황이었다. 하지만 고정지출을 줄이기 위해, 기존 오피스텔 계약 종료 시점에 1.5억 원 수준의 전세로 전환하는 방안을 검토했다. 전세

대출을 활용하면 월 주거비를 약 20~30만 원 줄일 수 있어, 그 차액을 저축으로 돌릴 수 있었다. 동시에 주택청약 납입도 지속하여 장기적으로는 소형 부동산 매입을 고려할 수 있도록 유도했다.

생활비 측면에서는 비상 자금의 필요성이 절실했다. 실직이나 건강 악화로 인한 소득 부재에 대비해, 월 생활비 6개월 분량인 최소 1,500만 원 이상의 현금을 비상금으로 확보해 두는 것이 우선이었다. 앞서 해지한 종신 보험의 환급금과 수시 입출금 계좌 금액을 합산해 확보된 비상자금을 CMA나 파킹통장 등 이자가 붙는 유동성 상품에 분산해 관리하기로 했다.

노후 준비는 연금저축펀드와 퇴직연금으로 나누어 접근했다. 연말 정산 세액공제를 고려해 연금저축펀드에 월 20만 원씩 자동이체하도록 하고, 회사 퇴직연금은 DC형으로 선택해 TDF 등을 활용해 장기 복리 효과를 기대할 수 있도록 안내했다. 혼자서 은퇴를 맞이하는 만큼, 국민연금 외에도 퇴직연금, 개인연금 등 다층적 구조로 노후 소득을 설계하는 것이 필수였다.

최종적으로 고정지출은 140만 원에서 95만 원으로, 변동지출은 110만 원에서 80만 원으로 감소했다. 반면, 저축은 50만 원에서 125만 원으로 늘었고, 그중 70만 원은 정기적금, 30만 원은 은퇴 자산에 배분했다. 주택청약 납입도 지속해 (연말 정산 소득 공제 혜택을 도모하면서) 장기적으로 소형 부동산 매입을 고려할 수 있도록 유도했다.

| 상담 전 후 현금흐름표 비교 |

항목	상담 전	상담 후
고정지출	140만 원	95만 원
주거비	85만 원	55만 원
통신비	10만 원	10만 원
보험료	45만 원	30만 원
변동지출	110만 원	80만 원
저축	50만 원	125만 원
정기적금	50만 원	70만 원
은퇴 자산	-	30만 원
주택청약	-	25만 원

 혼자라는 이유로 뒤처지는 삶이 아니라, 혼자라서 더 철저히 준비된 삶. 그것이 E씨가 앞으로 실현해 갈 자산관리의 방향이었다.

13

목적과 규모에 따른
중장기, 전환기 재무설계 가이드

◇◇◇◇◇◇◇

사업 자금과 생활 자금이 분리가 안 될 때

요식업을 운영하는 30대 중반의 남성 F씨는 두 자녀를 둔 기혼자로, 일정한 매출과 소득이 있음에도 자금 관리에 늘 혼란을 느꼈다. 그가 처음 상담을 요청했을 때 토로한 고민은 사업 자금과 생활 자금이 분리가 안 된다는 것이었다. 자영업자라면 누구나 공감할 수 있는 대목일 것이다.

그가 원하는 것은 첫째, 사업 자금과 가계 자금의 명확한 분리를 통해 현금흐름을 바로잡는 것이었고, 둘째, 부부의 은퇴 자산 마련이었다. 현재는 모든 지출이 한 계좌에서 이뤄지다 보니 생활비인지 사업비인지 구분이 되지 않았고, 그 결과 어디서 돈이 새는지 파악조차 어렵다고 호소했다.

처음 살펴본 재무 상태는 다음과 같았다.

| 상담 전 자산부채표와 현금흐름표 |

자산부채표			
자산		부채	
현금	580만 원	신용 대출	290만 원
주식	720만 원	카드 할부금	140만 원
금	1,200만 원	–	–
총자산	2,500만 원	총부채	430만 원
순 자산		2070만 원	

현금흐름표	
총소득	350만 원
고정지출	65만 원
변동지출	??
저축	50만 원

총자산은 2,500만 원으로 현금 580만 원, 주식 720만 원, 금 1,200만 원으로 구성돼 있었고, 총부채는 430만 원으로 신용 대출과 카드 할부가 포함되어 있었다. 겉으로 보기에는 양호한 순자산 2,070만 원을 보유하고 있었지만, 현금흐름은 문제투성이였

다. 총소득은 350만 원이었으나 고정지출 65만 원을 제외한 나머지는 모두 물음표로 표시될 만큼 변동지출이 통제되지 않았고, 저축은 겨우 50만 원에 불과했다. 수입과 지출이 섞여 사용되면서 생기는 전형적인 불투명 형태였다.

더 큰 문제는 저축률이 14%에 그칠뿐더러 은퇴 준비가 전혀 안 되어 있다는 점이었다. F씨는 근로자가 아니기 때문에 퇴직연금도 준비가 되지 않았고 종합소득세 신고 때 세제 혜택도 받지 못했다. 사업소득에서 보험료, 관리비, 통신비 등 일부 고정지출이 자동이체로 빠져나가는 구조 역시 생활비와 사업비의 구분을 어렵게 만들었다.

이에 따라 우리는 다음과 같은 재무 전략을 수립했다. 첫째로 '통장 나누기'를 통해 자금 흐름을 구분했다. 신용 카드를 없애고 생활비 전용 체크카드와 생활비 통장을 분리해 '쓸 돈'과 '모을 돈'을 명확히 나누도록 했다. 소득이 들어오는 주계좌 외에 저축 전용 계좌를 만들어 선저축 구조로 전환함으로써, 소득 대비 저축률을 높일 수 있었다. 이는 단순한 통장 정리를 넘어 소비를 구조적으로 줄이고 저축을 습관화하는 효과를 가져왔다.

둘째, 노란우산공제를 통한 은퇴 재원 마련이다. F씨는 자영업자로서 따로 퇴직금이 발생하지 않는 구조였다. 때문에 세액공제 혜택이 동반되어 연간 종합소득세 신고 시 세금을 줄이는 데에도 효과적인 노란우산공제를 통해 폐업이나 은퇴 시 활용 가능한 목돈을 준비하도록 했다.

셋째, 배우자의 은퇴 자금 마련이다. 아내는 소득이 없기 때문에 증권사의 연금저축펀드에 가입하더라도 세제 혜택을 받을 수 없다. 따라서 보험사의 비과세 연금 상품을 활용하는 것으로 방향을 설정했다. 얼마 후 F씨의 가계 재무구조는 눈에 띄게 개선되었고, 저축률은 14%에서 약 34% 수준까지 상승했다.

상담 전후 현금흐름표	
총소득	350만 원
고정지출	65만 원
변동지출	165만 원
저축	120만 원

목적 없이 묶인 돈

대기업에 재직 중인 40대 미혼 여성 G씨는 안정적인 소득을 가지고 있었지만, 자산의 대부분이 묶여 있다는 막연한 불안감을 가지고 상담을 요청했다. 공부도 안 하고 투자를 시작했는데 손실만 크고, 자금이 여기저기 묶여 있다는 취지였다. 실제로 그는 스스로도 어떤 자산이 어디에 얼마나 들어 있는지 제대로 파악하지 못한 상태였다. 매달 빠듯하지 않게 생활하고 있음에도 돈이 효율적으로 일하지 않다는 막연한 답답함이 주된 고민이었다.

G씨는 자산관리의 목표를 두 가지로 정했다. 첫째는 그동안 제대로 관리되지 않은 주식과 펀드를 정리하는 것이고, 둘째는 자금의 성격에 따라 목적에 맞게 배분하여 불필요한 유동성과 위험을 줄이는 것이었다.

그의 재무 상태는 다음과 같았다.

| 상담 전 자산부채표와 현금흐름표 |

자산부채표			
자산		부채	
현금	1억 3,000만 원	카드 할부금	290만 원
주식/펀드	2억 원		
은퇴 자산	3,000만 원		
총자산	3억 3,000만 원	총부채	290만 원
순자산		3억 2,810만 원	

현금흐름표	
총소득	570만 원
비저축성 지출(고정)	85만 원
비저축성 지출(변동)	185만 원
저축성 지출	300만 원

총자산은 약 3억 3,000만 원으로, 현금 1억 3,000만 원, 주식 및 펀드가 2억 원, 은퇴 자산 3,000만 원으로 구성되어 있었으며, 부채는 카드 할부금 290만 원이 전부였다. 순 자산은 3억 2,810만 원으로 자산 규모 자체는 상당히 건실해 보였다.

 그러나 자산 구조를 자세히 들여다보니, 위험자산(주식/펀드)의 비중이 과도하게 높았고, 대부분 타인의 추천이나 특정 타이밍에 의존해 매수한 것이었다. 그 결과 본인의 투자 성향과 맞지 않는 포트폴리오를 보유하게 되었고, 운용 성과 역시 만족스럽지 못했다. 나아가 은퇴 자산은 고작 3,000만 원으로, 퇴직연금과 연금저축펀드 같은 절세형 장기 자산운용은 전혀 이루어지고 있지 않았다.

 그는 매달 300만 원을 저축하고 있었으나, 목적 없는 자유적금 형태로 운용되었다. 언뜻 보면 저축률이 높은 것처럼 보이지만, 단기적 목표도 없고 중장기적 플랜도 없이 한 통장에 자금을 몰아넣다 보니, 필요할 때는 해지하고 여유가 생기면 다시 모으는 패턴이 반복되었다. 결과적으로 자금이 비효율적으로 묶이거나 유실되는 구조였고 비상금도 확보되지 않은 상태였다.

 이에 따라 우리는 다음과 같은 개선 전략을 제시했다. 우선 자산을 목적에 따라 분산하는 구조로 재설계했다. 월 300만 원의 저축액 중 200만 원을 목적별로 나누어, 단기 자금은 은행의 정기적금(100만 원), 중기 자금은 보험사의 저축성보험(50만 원), 노후 자금은 개인연금(30만 원), 자산 증식을 위한 투자 자금은 적립식 ETF 투자(20만 원)에 쓰고, 비상금 100만 원은 별도 계좌로 분리하여 운용하도록 했다. 그 결과 저축은 총 300만 원을 종전과 같이 유지하되, 모든 자금이 목적에 따라 구조화되어 운용되기 시작했다.

다음으로, 기존에 보유한 주식과 펀드의 구성을 리밸런싱했다. 단순히 개별 종목 위주의 투자에서 벗어나, 증권사의 TDF와 ETF를 활용해 안정성 및 수익률을 동시에 추구하는 포트폴리오로 재구성했다. 특히 TDF는 은퇴 시점을 기준으로 자산 배분이 자동으로 조절되므로, 시간과 에너지를 들이지 않고도 안정적인 장기 운용이 가능한 도구였다.

한편, 예상치 못한 지출로 인해 적금을 해지하는 상황을 막기 위

| 상담 후 현금흐름표 |

총소득	570만 원
비저축성 지출(고정)	85만 원
비저축성 지출(변동)	185만 원
저축성 지출	단기 저축 100만 원
	장기 저축 50만 원
	은퇴 자금 30만 원
	적립식 투자 20만 원
	비상금 100만 원

해 저축도 분산했다. 한 곳에 몰아넣는 방식이 아닌, 자금의 목적과 시점에 따라 분리 운용함으로써 자산의 유동성과 안정성을 동시에 확보했다.

결과적으로 G씨는 단순히 많이 모으는 것이 중요한 게 아니라, 왜 모으는지를 아는 게 훨씬 중요하다는 걸 깨달았다. 기존에는 목적 없이 모으기만 하던 돈이 이제는 단기 여행, 중기 가족 이벤트, 장기 은퇴 준비 등 삶의 방향성에 맞게 정리되었고, 자신이 돈을 통제하고 있다는 확신도 생겼다.

퇴직이 눈앞인데

H씨는 오랜 시간 건설 분야 개인 사업을 운영해 온 자영업자로 올해 66세이고, 가정주부인 아내는 59세였다. 이제 막 삶에 여유가 생긴 듯했지만, 막상 은퇴를 생각하자 머릿속이 복잡해졌다. "젊을 때 사업이 망하고, 다시 일으키느라 앞만 보고 달려왔어요. 은퇴 준비는 하나도 못했네요." H씨는 담담하게 웃으며 말했지만 그 속엔 막막함이 담겨 있었다. "딸이 하나 있는데, 우리가 짐이 되고 싶지는 않아요." 아내의 말은 이들의 재무상담 목적을 단번에 보여주었다. 이제 은퇴를 앞두고, 그들은 현실적인 준비를 시작하고자 했다.

이 부부의 목표는 분명했다. 첫째는 은퇴 후에도 부부가 합산 월 250만 원 이상의 현금흐름을 확보하는 것이었고, 둘째는 자녀의 결혼을 지원할 수 있는 일정 금액의 자산을 증여하는 것이었다. 현재의 총자산은 약 5억 원 정도로, 전세 보증금 1억 5,000만 원과 비거주 부동산 2억 5,000만 원, 그리고 금융 자산 약 1억 원으로 구성돼 있었다. 빚은 없었고, 순 자산이 그대로 총자산이었다.

| 상담 전 자산부채표와 현금흐름표 |

자산부채표			
자산		부채	
전세 보증금		0원	
1억 5,000만 원				
비거주 부동산				
2억 5,000만 원				
금융 자산				
주택청약	360만 원		
정기적금	100만 원		
정기예금	2,000만 원		
주식	2,000만 원		
노란우산공제	520만 원		
개인연금	4,050만 원		
총자산	4억 9,980만 원	총부채	0원
순자산		4억 9,980만 원	

현금흐름표	
총소득	약 1,000만 원+a
고정지출	500만 원
변동지출	200만 원
저축	200만 원
용돈	100만 원

문제는 자산 구성보다 흐름이었다. 사업 특성상 공사 대금은 대부분 전자어음으로 들어오기 때문에 자금화까지 시차가 존재했고, 사무실 임대료로만 매월 200만 원이 지출되었다. 부부는 연간 약 1억 2,000만 원의 순 수익을 기록하고 있었지만, 수입과 지출의 흐름이 일정하지 않아 체감상 항상 돈이 부족한 느낌을 받는다고 했다. 실제 고정지출과 변동지출, 용돈 등의 항목이 구분 없이 섞여 있어 예산 관리도 어려웠다.

은퇴 자금의 구조를 들여다보니 남편은 곧 국민연금을 통해 매달 61만 원을 수령할 예정이었고, 아내는 과거 국민연금 가입 기간이 1년에 불과해 수령 대상이 아니었다. 다만, 아내 명의로 보험사 개인연금이 있었고 3개월 뒤 납입 완료 예정이었다. 이 연금은 만 65세부터 월 33만 원씩 수령 가능했다. 이렇게 공적·사적 연금을 모두 포함해도 은퇴 후 월 94만 원에 불과했으며, 부부가 목표로 삼은 250만 원의 현금흐름에 비하면 156만 원이 부족한 셈이었다.

우리는 가장 먼저 은퇴 자금의 출구전략을 재구성했다. 아내는 국민연금에 다시 가입해 최대 한도로 10년간 납입하고, 만 70세부터 월 42만 원을 수령할 수 있도록 설계했다. 납입 재원은 남편이 받는 국민연금에서 충당하기로 했다. 이와 함께, 아내는 종합소득세 대상이 아니기 때문에 보험사의 비과세 개인연금보험에 월 150만 원씩 5년간 불입하고, 이후에는 확정 보증형 연금을 수령하는 구조로 조정했다. 남편은 비정기수입이 있을 때마다 IRP 계좌에 연 700만 원까지 납입하기로 하고, 여유 자금이 생긴다면 일시납 연금도 추후 고려하기로 했다. 그러나 현재 목돈 여유가 부족했기 때문에, 장기적으로는 주택 연금의 활용 가능성도 열어두었다.

자녀에 대한 증여 전략도 함께 다듬었다. 은퇴 후 부부는 현재 전세로 거주 중인 집을 비우고 자신들이 소유한 빌라로 이사할 예정이었는데, 이때 전세 보증금 1억 5,000만 원을 자녀에게 증여하고 싶어 했다. 이에 따라 성년 자녀에게 적용되는 비과세 한도, 즉 10년간 5,000만 원의 범위를 설명하고, 현금화된 보증금을 10년 동안 5,000만 원씩 나누어 증여하는 방식을 제안했다. 이렇게 하면 불필요한 증여세 부담 없이도 계획적인 자산 이전이 가능하다.

보장 자산 역시 점검이 필요했다. 은퇴 이후엔 의료비나 간병비 같은 지출이 불규칙하게 증가할 수 있기 때문이다. 그러나 추가적인 보험 가입은 하지 않기로 했다. 이미 가입된 보장 자산이 일정 수준 유지되고 있었고, 60대 이후 보험료는 부담이 크며 효율성도 낮기 때문이다. 대신 보장 내용을 점검하고, 필요한 경우 특약 조정을 통해 최적화하는 선에서 마무리했다.

　마지막으로, 현재 매월 100만 원씩 주식 계좌에 적립하고 있던 자금은 절반으로 줄였다. 당장 은퇴 자금 마련이 우선인 만큼, 남은 자금은 안전자산 중심으로 운용하도록 조정했다. 매월 50만 원은 계속해서 투자하되, 개별 종목보다는 ETF나 배당 중심 자산으로 운용해 위험을 분산시킬 수 있도록 설계했다.

　이러한 과정을 통해 H씨 부부의 현금흐름도 구조적으로 개선됐다. 고정지출은 500만 원에서 430만 원으로, 변동지출은 200만 원에서 160만 원으로 조정되었으며, 저축은 기존 200만 원에서 375만 원 이상으로 확대됐다. 여기에 IRP 계좌를 통한 비정기 저축이 매달 평균 60만 원씩 추가되어, 전체적으로 안정적인 구조를

| 상담 후 은퇴 수입 예상 스케줄(현재 가치 기준) |

	2025년(은퇴 전)	2031년	2036년~
남편 국민연금	61만 원	61만 원	61만 원
아내 국민연금	-	-	42만 원
아내 개인연금 1	-	33만 원	33만 원
아내 개인연금 2	-	58만 원	58만 원
남편 퇴직연금(IRP)	-	25만 원	25만 원
예금 이자	-	a	a
배당금	-	a	a
예상 수령액	61만 원	177만 원+a	219만 원+a

갖추게 됐다.

아이 교육비, 이대로 괜찮을까

I씨는 40대 중반의 직장인으로, 중학생과 초등학생 두 자녀를 둔 아버지였다. 대기업에 근무하며 안정적인 소득을 유지하고 있었지만, 그는 상담 자리에서 조심스럽게 털어놓았다. "매달 아이들 교육비가 너무 많이 나가는데, 이대로 괜찮은 걸까요?" 누가 봐도 성실하고 책임감 있는 아버지였지만, 그는 지금의 지출 구조가 과연 올바른 방향인지 확신이 없었다.

| 상담 전 자산부채표와 현금흐름표 |

자산부채표			
자산		부채	
금융 자산		주택담보대출	
현금성자산	600만 원	1억 5,000만 원	
주식	1800만 원	보험약관대출	
퇴직연금	3,000만 원	400만 원	
총자산	5,400만 원	총부채	1억 5,400만 원
순자산			-1억 원

현금흐름표	
총소득	650만 원
고정지출	350만 원 (교육비 200만 원, 주담대 65만 원)
변동지출	230만 원
저축	70만 원

I씨의 총소득은 월 650만 원. 그중 고정지출이 무려 350만 원에 달했고, 이 중 교육비만 200만 원을 차지했다. 여기에 주택담보대출 원리금 상환이 65만 원, 생활비로 분류되는 변동지출이 230만 원이었다. 결국 저축으로 남는 돈은 70만 원 남짓. 다달이 빠듯한 구조였고, 자산 현황도 위태로웠다. 현금성자산은 600만 원, 주식 1,800만 원, 퇴직연금 3,000만 원이 전부였으며, 주택담보대출과 보험약관대출을 포함한 총부채는 1억 5,400만 원에 달했다. 자산과 부채를 단순히 비교하면, 순 자산은 마이너스 1억 원이었다.

그는 누구보다 자녀 교육에 진심이었다. "우리 아이들이 하고 싶은 건 뭐든 해보게 해주고 싶었어요." 그 마음은 충분히 이해됐지만, 현실적으로 이대로의 지출 구조가 유지되기는 어려웠다. 단기적으로는 현금흐름의 불균형이 문제였고, 중장기적으로는 은퇴 이후를 준비할 수 있는 자산이 매우 부족한 상태였다.

이에 우리는 세 가지 관점에서 재무 전략을 수립했다. 첫 번째는 교육비 점검이었다. 자녀에게 필요한 교육과 단지 '남들이 하니까 하는' 교육을 구분하고, 실질적인 효과와 비용 대비 효율을 고려하여 교육비 구조를 재편성했다. 그 결과 사교육비는 월 200만 원에서 130만 원 수준으로 줄일 수 있었고, 이는 고스란히 고정지출의 감소로 이어졌다.

두 번째는 자녀의 학자금 마련을 위한 중장기 저축 전략이었다. 단기 사교육비에 집중된 구조에서 벗어나, 대학 등록금 같은 미래 지출을 대비할 수 있는 구조로 전환했다. 이를 위해 10년 이상 유지 가능한 저축성보험과 적립식 펀드를 병행해 각각의 자녀에게 목적성 있는 자금을 분리해 운용하기로 했다. 특히 첫째는 이미 중학생이었기에, 적립식 펀드로 비교적 유동성이 높은 운용 수단을, 둘째는 저축성보험을 활용해 안정적인 장기 자산을 설정하는 방식으로 구성했다.

세 번째는 부부의 은퇴 자산 준비였다. 남편은 현재 IRP를 보유하고 있었으나 추가 납입은 하지 않고 있었다. 우리는 연말 정산 시 세제 혜택을 극대화할 수 있는 선에서 연간 불입 한도를 설정하고, 그 범위 안에서 추가 납입을 진행해 연금 수령액을 높이도록 조정했다. 아내는 별도의 소득이 없어 세제 적격 상품의 혜택을 받을 수 없었기 때문에, 보험사의 비과세 연금보험을 활용해 노후를 준비하기로 했다. 소득 조건과 세제 효율을 고려해 각자의 상황에 맞는 은퇴 설계를 적용한 것이다.

이러한 조정이 이루어진 후, I씨의 재무구조는 눈에 띄게 개선되었다. 고정지출은 350만 원에서 220만 원으로 줄었고, 저축은 기존 70만 원에서 200만 원으로 세 배 가까이 증가했다. 변동지출은 그대로 유지되었지만, 나머지 지출 구조가 체계화되면서 전체 가계 흐름에 여유가 생겼고, 무엇보다도 지출의 목적이 명확해졌다. 단순히 줄이는 것이 아니라, '어디에 왜 쓰는지'를 기준으로 우선순위를 재조정한 결과였다.

| 상담 후 현금흐름표 |

총소득	650만 원
비저축성 지출(고정)	220만 원(교육비 130만 원, 주담대 65만 원)
비저축성 지출(변동)	230만 원
저축성 지출	200만 원

근래 다시 만난 I씨는 이렇게 말했다. "아이들을 위해 열심히 살아온 건 맞는데, 진짜 아이들을 위해 어떤 선택이 필요한지는 이제야 알게 된 것 같아요." 그 말 속엔 안도감과 다짐이 동시에 담겨 있었다.

예·적금밖에 몰라서

J씨는 33세의 전업주부로, 세 살배기 아이를 양육하며 가정을 돌보고 있었다. 남편은 따로 사업을 하면서 생활비를 전액 부담했다. J씨는 별도의 직장 소득은 없지만, 연간 1,000만 원가량의 임대 수익을 꾸준히 올리고 있으며, 조만간 둘째 자녀도 계획하고 있어 당분간은 육아에 집중할 계획이었다. 그는 "절대 손실은 없어야 해요", "그냥 파킹통장에 넣어둬요"라고 말할 만큼 금융에 대해 잘 알지 못했고, 부모님께 빌린 전세 자금의 상환을 목적으로 대부분의 여윳돈을 예·적금에 묶어두고 있었다.

J씨의 말 속에 단지 소극적인 태도만 담긴 것은 아니었다. 거기에는 자녀에게 돈을 물려주고 싶다는 생각, 집을 마련하고 싶다는 목표, 재정적으로 흔들리지 않고 살고 싶다는 바람이 있었다. 실제로 J씨는 만 18세부터 국민연금 임의 가입을 시작해 지금까지 매월 10만 원씩 납입해 왔고, 저축성보험, 청약통장, 청년도약계좌, 노란우산공제 등 다양한 금융상품에 꾸준히 돈을 넣으며 성실하게 자산을 쌓아왔다. 문제는 이러한 자산이 '어떤 목적을 위해 얼마큼' 배분돼야 하는지를 스스로 판단하기 어려웠다는 점이었다.

| 상담 전 자산부채표와 현금흐름표 |

자산부채표				
자산			부채	
금융 자산			0원	
저축성보험	3,500만 원			
청년도약계좌	840만 원			
청약통장	1,015만 원			
노란우산공제	2,172만 원			
총자산	7,527만 원		총부채	0원
순자산				7,527만 원

현금흐름표		
총소득		1,000만 원
고정지출		170만 원(자녀 교육비)
변동지출		60만 원
저축성 지출	저축성보험	30만 원
	청년도약계좌	70만 원
	청약통장	25만 원
	노란우산공제	30만 원

J씨의 자산은 총 7,527만 원이며, 부채는 없었다. 주요 자산은 정기예금과 저축성보험, 청년도약계좌, 청약통장, 노란우산공제 등으로 안정성 중심이다. 한편 지출을 보면, 자녀 양육비 등으로

매달 약 230만 원을 비저축성으로 쓰고 있었고, 저축성 지출액은 청약통장 25만 원, 청년도약계좌 70만 원, 저축성보험 30만 원, 노란우산공제 30만 원 등으로 총 155만 원이었다. 문제는, 이미 민간 청약 요건을 충족했음에도 불구하고 청약통장에 계속 납입하고 있었고, 현금성자산은 부모님께 빌렸던 전세 자금을 갚고 나니 사실상 0원이라는 것이었다.

우리는 우선 기존의 저축 내역을 점검하고, 목적별로 재무구조를 재편하기로 했다. 청약통장은 이미 납입 요건이 충족되었기에 추가 납입을 중단하고, 목돈 마련 관점에서 5개월 남은 저축성보험("저축성보험1")과 청년도약계좌는 기존대로 유지하기로 했다. 저축성보험1은 10년째 되는 시점에 비과세혜택이 적용되므로, 그때 인출해 추후 내 집 마련을 위한 예금으로 전환하기로 했다. 여유자금 약 640만 원 중 250만 원은 상호금융기관의 정기적금에 넣어 세제 혜택을 누리면서도 안정적인 수익률을 확보하고, 65만 원은 자녀를 위한 증여 목적의 새로운 저축성보험("저축성보험2")으로 배분했다. J씨는 양가 부모님으로부터 목돈을 지원받은 경험이 있어 자녀에게도 그런 준비를 해주고 싶다는 목표를 명확히 갖고 있었기에, 10년 후 5,000만 원 마련을 목표로 설정했다.

나아가 예금보다 다소 높은 수익률을 기대하며 자산을 점진적으로 증식하기 위한 전략으로, 매월 265만 원(ISA 계좌 165만 원+일반 주식 계좌 100만 원)의 자금을 분산 투자에 활용하기로 했다. J씨는 물가상승률 이상의 실질 수익을 확보하고 싶다는 니즈가 있었지만 동시에 원금 손실에 대한 불안감도 컸다. 이에 ETF를 중심으로 한 저위험·방어형 포트폴리오를 구성했다.

우선 ISA(저율과세 적용)는 주로 안정적 자산으로 구성했다. 구체적으로는 안정성과 배당수익을 함께 고려해 미국 배당주 ETF 50%, 국내 리츠 ETF 20%, 미국 장기채권 ETF 20%, 금 ETF 10%의 비중으로 배분해, 배당수익과 금리 하락 시 자본 차익을 동시에 고려한 구조로 포트폴리오를 구성했다.

다음으로 일반 주식 계좌에서는, ISA보다 자산운용의 유연성을 높이되 여전히 보수적인 기조를 유지했다. 세후 수익률과 현금흐름을 동시에 고려해, 월 100만 원 중 60만 원은 미국 월배당 ETF에 투자하고, 나머지 40만 원은 대형 성장주 기반 ETF에 배분해 입문자로서 투자의 흐름을 익히고 중장기 매매차익을 추구하도록 했다.

이렇게 구성된 포트폴리오는 예·적금보다 높은 기대 수익률을 확보하면서도, J씨에게 적합한 낮은 변동성, 분산 효과, 절세 구조를 모두 갖추고 있어 실질적인 자산 증식의 출발점이 될 수 있다.

| 상담 후 현금흐름표 |

총소득			1,000만 원
비저축성 지출(고정)			170만 원(자녀 교육비)
비저축성 지출(변동)			60만 원(생활비)
저축성 지출	목돈	저축성보험1	30만 원
		청년도약계좌	70만 원
		적금(상호금융기관)	250만 원
		저축성보험2(자녀 증여 목적)	65만 원
	투자	주식계좌	100만 원
		ISA계좌	165만 원
	노후 자금	노란우산공제	30만 원
		연금저축펀드	30만 원
		연금보험	30만 원

❖❖❖

에필로그

진정한 시작은
실천과 소유다

   책 한 권으로는 자산관리에 관한 모든 것을 설명할 수 없고, 그래야 할 필요도 없다. 이 책 외에 한두 권 정도 더 참조할 수도 있을 것이다. 그러나 글자를 통한 설명보다도 중요한 것은 바로 독자님의 실천이다.

   먼저 완벽히 공부한 다음 자산관리에 임하겠다는 태도로는 평생 시작하지 못한다. 피아노를 배우고 싶다면 우선 건반을 두드려야 하고, 수영을 배우고 싶다면 물속에 들어가야 한다. 돈도 마찬가지다. 그림 감식을 익히려면 실제로 작품을 한 점이라도 사 보아야 눈이 열리는 것처럼, 자산관리를 이해하려면 일단 어떤 자산이든 손에 쥐어야 비로소 돈에 대한 눈이 트이기 시작한다.

   가령 삼성전자 주식을 단 10만 원어치만 사도, 평소에는 관심

없던 반도체 공정 이슈나 미국의 반도체 규제 뉴스가 갑자기 중요하게 다가온다. 카카오 주식을 한 주 들고 있으면, 그동안 스쳐 지나가던 카카오톡 서비스 정책이나 카카오페이 수익 구조 같은 기사에 눈이 가기 시작한다. 은행 예금만 갖고 있던 사람은 기준금리 인상 뉴스를 그냥 듣고 넘기지만, 채권 ETF를 조금이라도 갖고 있는 사람은 그 순간 내 자산의 가치가 어떻게 바뀔지를 본능적으로 계산하게 된다. 집을 실제로 보유한 사람은 정부의 부동산 세제 개편 뉴스를 무겁게 받아들이지만, 집이 없는 사람은 그저 흘려듣기 마련이다. 달러를 보유한 사람은 환율을 하루에도 몇 번 확인하지만, 외화자산이 전혀 없는 사람은 1년 내내 환율을 검색하지 않는다. 결국 독서가 아니라 자산 소유야말로 돈 공부의 진정한 출발점인 것이다.

많은 사람들이 '관심이 있어야 사지'라고 생각하지만 실제로는 정반대다. 일단 사야 관심이 생기고 그때부터 경제신문 등을 통해 비로소 '피부에 와닿는 공부'를 시작하게 된다. 책으로만 아는 사람은 늘 머릿속으로만 위험을 따지며 망설이지만, 자산을 소유한 사람은 왜 오르는지, 왜 떨어지는지 궁금해져서 자료를 찾고, 기사와 뉴스를 새롭게 읽기 시작한다. 스타벅스 주식을 가진 사람은 원두 가격이나 환율, 글로벌 매장 수 같은 지표가 왜 중요한지 몸소 깨닫고, 테슬라 주식을 가진 사람은 전기차 판매량과 리튬 가격, 미국 정부의 보조금 정책까지도 다르게 바라본다. 애플 주식을 가진 사람은 아이폰 출시 행사가 단순한 제품 소개가 아니라 자기 자산의 가치와 직결되는 사건임을 실감한다. 격차를 만드는 것은 재테크 독서량이 아니라 이런 경험의 차이다.

  망설이지 말고 뭐라도 시작해 보자. 그리고 금융상품이라면 최소 1년은 절대 팔지 말고 지켜보자. 특정 회사의 실적발표, 중앙은행의 금리 정책, 환율변동, 심지어 정치·입법 이슈까지도 전혀 다른 무게로 느껴진다. 미국 대통령 선거나 중국 경기 둔화 같은 뉴스도 단순한 국제 소식이 아니라 내 자산의 향방을 바꾸는 현실적인 변수로 여겨지게 된다. 그렇게 세상의 다양한 현상들이 내 돈, 내 삶과 연결돼 있음을 실감할 때, 이 책의 내용도 좀 더 새롭게 다가올 것이다.

열심히 버는데
나는 왜 부자가 아닐까

첫 월급부터 은퇴까지 평생 돈이 마르지 않는 자산관리 습관

초판 1쇄 발행 2025년 9월 18일
초판 2쇄 발행 2025년 10월 2일

지은이 임재원, 나기업, 나현석, 이누리, 천하은, 황태경

발행인 선우지운 | **편집** 이주희 | **디자인** 공중정원 | **제작** 예인미술

출판사 여의도책방 | **출판등록** 2024년 2월 1일 제2024-000018호
이메일 yidcb.1@gmail.com

ISBN 979-11-994422-3-8 03320

＊ 저자와 출판사의 허락 없이 내용의 일부를 인용하거나 발췌하는 것을 금합니다.
＊ 잘못되거나 파손된 책은 구입한 서점에서 바꾸어 드립니다.
＊ 책값은 뒤표지에 있습니다.